JN028167

2024年版

論点別★重要度順

中小企業診断士試験

過去問完全マスター

経営法務

過去問完全マスター製作委員会［編］

5: MANAGEMENT LAW

同友館

はじめに

1. 中小企業診断士試験が受験生に求めているもの

　中小企業診断士試験は，受験生に対して中小企業診断士として活動するための基礎的能力を持っているかを問う試験である。

　1次試験では，考える力の土台となる幅広い知識を一定水準で持っているかを問い，2次試験では，企業を実際に診断・助言する上で必要になる情報整理力（読む力）・情報分析・考察力（考える力）・社長にわかりやすく伝える力（書く力・話す力）を持っているかを問うている。

　これらは表面上で問われている能力であるが，実はあと2つの隠れた能力を問われている。

　それは，「計画立案・実行能力」と「要点把握力」である。

　中小企業診断士には，一定の期限までにその企業を分析・診断し，効果的な助言を行うことが求められる。

　そのためには，診断助言計画を立案した上で，実行し，その結果を検証し，改善策を立案・実行する能力が必要である（計画立案・実行能力）。

　また，自分にとって未知の業種・業態の企業を診断・助言する際には，できるだけ短期間でその企業に関する専門知識を得て，社長とある程度対等に論議できるように準備する能力も必要である（要点把握力）。

　したがって，中小企業診断士試験では，1次試験で多岐にわたる領域を短期間で要領よく要点を把握し合格レベルに近づける力が問われており，試験制度全体では1年に1回しか実施しないことで，学習計画を立て効果的に学習を進める能力を問うているといえる。

2. 本書の特徴

　本書は，中小企業診断士試験の1次試験受験生に対して，上述した「計画立案・実行能力」と「要点把握力」向上をサポートするためのツールである。

　1次試験は7科目の幅広い領域から出題され，合格には平均6割以上の得点が求められるが，1年間で1次試験・2次試験の両方の勉強をするためには最大でも8か月くらいしか1次試験に時間を割くことはできないため，すべての科目のすべての領域

を勉強することは非効率である。

　したがって，受験生はいかに早く出題傾向を把握し，頻出な論点を繰り返し解くことができるかが重要となる。

　では，出題傾向や重要な論点はどのように把握すればよいのか？

　そのためには，過去問題を複数年度確認する必要がある。

　しかし，これまでの市販や受験予備校の過去問題集は年度別に編集されているので，同一論点の一覧性を確保したい場合や論点別に繰り返し解くツールが欲しい場合は，受験生自身が過去問題を出題項目ごとに並べ替えたツールを自ら作成する必要があった。

　これには時間も労力もかかるため，「市販の問題集で論点別にまとめたものがあったらいいのに…」と考える受験生も多かった。

　本書はそのようなニーズに対して応えたものである。

　平成26年度から令和5年度までの1次試験過去問題を収録し，中小企業診断協会の1次試験出題要項を参考にして並び替えたことで，受験生が短期間に頻出の論点を容易に把握し，繰り返し解き，自分の苦手な論点を徹底的に克服することができるよう工夫した。**なお，問題ランク（頻出度）Cの問題と解説については，電子ファイルで「過去問完全マスター」のホームページからダウンロードできる。**（最初に，簡単なアンケートがあります。URL：https://jissen-c.jp/）

　受験生の皆さんは，本書を活用して1次試験を効率よく突破し，2次試験のための勉強に最大限時間を確保してもらいたいというのが，本プロジェクトメンバーの願いである。

本書の使い方

1. 全体の出題傾向を把握する

　巻末に経年の出題傾向を俯瞰して把握できるよう，「**出題範囲と過去問題の出題実績対比**」を添付した。

　問題を解く前にこの一覧表で頻出論点を把握し，頻出な部分から取り組むことをお勧めする。

　また，実際に問題に取り組んでいく際，各章ごとに「**取組状況チェックリスト**」に日付と出来栄えを記入し，苦手論点を把握・克服する方法を推奨するが，出題領域のどの部分が苦手なのかという全体感の把握には活用できない。

　したがって，この一覧表をコピーし，自分が苦手な論点をマーカーなどでマークし

ておけば，苦手論点の全体把握ができるようになる。

2. 各章の冒頭部分を読む

　以下のような各章の冒頭部分に，出題項目ごとの頻出論点に関するポイントと出題傾向を記載している。まずは，この部分を読み，頻出論点の内容と傾向を把握してほしい。

---

1. 国民所得概念と国民経済計算

1－①　国民所得概念と国民経済計算

▶▶ 出題項目のポイント

　この項目では，診断先企業を取り巻く環境の1つである経済環境のうち，一国の経済の規模を把握するための指標の基礎についての理解を問われる。

　一国の経済を測定する国民経済計算とその構成要素の1つである国民所得勘定，そして，国民所得勘定の三面等価の原則，GDP を中心とした国民所得指標に関する知

---

3. 問題を解く

　各章の論点別に問題を解き，解説や各章の冒頭部分の説明を読み，論点別に理解を深める。取り組む優先順位がわかるように，各問題の冒頭には「頻出度」をベースに執筆者が「重要度」を加味して設定した「**問題ランク**」を A〜C で記載している。

　「頻出度」は，原則として平成 26 年度から令和 5 年度の過去 10 年間で 3 回以上出題されている論点は A，2 回出題されている論点は B，1 回しか出題されていない論点を C としている。ただし，平成 13 年度からの出題回数も一部加味している場合もある。

　また，「重要度」は，論点の基礎となる問題や良問と判断した問題ほど重要であるとしている。取り組む順番は A から始めて B，C と進めることが最も効率よく得点水準を高めることになる。

4. 解説を読む・参考書を調べる

　頻出論点の問題を解き，解説を読むことを繰り返していくと，類似した内容を何度も読むことになる。結果，その内容が頭に定着しやすくなる。これが本書の目指すと

ころである。

　解説については，初学者にもわかりやすいように配慮しているが，市販や受験予備校の参考書のような丁寧さは紙面の都合上，実現することができない。また，本書の解説についてはわかりやすさを優先しているため，厳密さにはこだわっていない。

　なかなか理解が進まない場合もあるかもしれないが，そのような場合は，自分がわからない言葉や論点がわかりやすく書いてある受験予備校や市販の参考書を読んで理解を深めることも必要になる。

　この「興味を持って調べる」という行為が脳に知識を定着させることにもなるので，ぜひ，積極的に調べるという行為を行ってほしい。調べた内容は，本書の解説ページの余白などにメモしておけば，本書をサブノート化することができ，再び調べるという手間を省略できる。

5. 取組状況チェックリストを活用する

　各章の冒頭部分に，「取組状況チェックリスト」を挿入してある。これは，何月何日に取り組んだのかを記載し，その時の結果を記しておくことで，自分がどの論点を苦手としているのかを一覧するためのツールである。結果は各自の基準で設定してよいが，たとえば，「解答の根拠を説明できるレベル＝◎」「選択肢の選択だけは正解したレベル＝△」「正解できないレベル＝×」という基準を推奨する。

　何度解いても◎となる論点や問題は頭に定着しているので試験直前に見直すだけでよい。複数回解いて△な論点は本番までに◎に引き上げる。何度解いても×な論点は試験直前までに△に引き上げるという取組目安になる。

　時間がない場合は，問題ランクがCやBで×の論点は思い切って捨てるという選択をすることも重要である。逆にランクがAなのに×や△の論点は試験直前まで徹底的に取り組み，水準を上げておく必要がある。

■取組状況チェックリスト（例）

1. 国民所得概念と国民経済計算							
問題番号	ランク	1回目		2回目		3回目	
令和元年度　第1問	A	1／1	×	2／1	△	3／1	◎

（おことわり）

　中小企業診断協会は 2023 年 9 月 11 日，令和 6 年度より，中小企業診断士第 1 次試験における出題内容の表記を変更する旨を発表しました。この変更は，あくまでも表記の変更であり，従前の試験科目の範囲を変更するものではないとしています。本書は，従前の出題内容の表記を用いていますので，ご留意ください。

　また，本書では，令和 5 年度第 1 次試験については，2023 年 8 月 5 日，6 日開催の試験問題についてのみ扱っています。沖縄地区における再試験問題は含まれていません。

目　　次

Ⅰ．事業開始，会社設立及び倒産等に関する知識

第1章

事業の開始

1. 法人の事業開始（株式会社）

▶▶ 出題項目のポイント

　法人とは，法律により権利義務の主体となることを認められた存在であり，会社法により認められた営利法人が会社である。株式会社は，会社の中で最も普及している形態である。

　株式会社の設立については，所定の手順を踏むことが必要である。具体的には，①発起人が定款を作成し，②公証人による定款の認証を受け，③設立時発行株式総数を発起人が引き受けるか（発起設立），または株主を募集して一部の株式を引き受けてもらう（募集設立）。④発起人およびそれ以外の株主が，設立時発行株式に相当する出資額を払い込む。⑤金融機関から払込金保管証明書の発行を受ける（募集設立のみ）。⑥法務局で設立登記の手続をする。

　また，会社法は，会社設立時の財産的基盤確保を重視し，出資は金銭で行うのを原則とする。このため，現物出資については，裁判所に検査役の選任を申し立てることを原則とした上，一定の例外においては，検査役による調査を免除している。

▶▶ 出題の傾向と勉強の方向性

　まず，上述した株式会社の設立手順を押さえる必要がある。手持ちの参考書などで，設立手続の流れに関する図を参照し，頭に入れておきたい。また，旧商法から会社法への移行時に，設立手続が簡略化された部分に関する確認が必要である。具体的には，銀行等の払込金保管証明制度の廃止（発起設立のみ），最低資本金制度の廃止，公告方法の定款記載の任意化などが挙げられる。

　次に，平成23年度を最後に出題されていないが，「現物出資」について知っておいてほしい。例外的に検査役の調査が不要とされる条件（①現物出資財産の価額総額が500万円以下，②市場価格のある有価証券，③弁護士・公認会計士などによる証明）をしっかりと覚えておきたい。

■取組状況チェックリスト

1. 法人の事業開始（株式会社）						
設立手続						
問題番号	ランク	1回目		2回目		3回目
令和2年度 第2問	A	／		／		／
令和4年度 第6問（設問2）	A	／		／		／
令和5年度 第5問	A	／		／		／

株式会社の設立	ランク	1回目	2回目	3回目
	A	／	／	／

■令和2年度　第2問

株式会社の設立に関する記述として，最も適切なものはどれか。

ア　株式会社を設立するに当たって，株式会社の定款に，発起人の氏名を記載又は記録する必要はない。

イ　発起設立における設立時取締役の選任は，定款に別段の定めがない場合，発起人の全員の同意により決定する。

ウ　発起人が複数いる場合，発起設立の場合には発起人の全員が設立時発行株式を引き受けなければならないが，募集設立の場合には，発起人の一人が設立時発行株式を引き受ければよく，発起人全員が設立時発行株式を引き受ける必要はない。

エ　発起人は，現物出資について裁判所選任の検査役の調査を経た場合，現物出資者又は当該財産の譲渡人である場合を除き，現物出資財産の不足額填補責任を負わない。

| 解答 | エ |

■解説

株式会社の設立手続について，発起人に関する会社法の規定が問われている。いずれも細かい知識であり，難問である。

ア：不適切である。発起人とは，会社設立の際，資本金の出資，定款の作成などの手続を行う者である。株式会社の定款の絶対的記載事項（漏れがあると定款そのものが無効となる）は，①目的，②商号，③本店の所在地，④設立に際して出資される財産の価額又はその最低額，⑤発起人の氏名又は名称及び住所，の5つであり（会社法27条），発起人の氏名は⑤に含まれる。

イ：不適切である。設立時取締役とは，株式会社の設立に際して取締役となる者をいう（会社法38条1項）。発起設立における設立時取締役の選任は，定款に別段の定めがない場合，発起人の「議決権の過半数」（全員の同意ではない）により決定する（会社法40条1項）。なお，募集設立における設立時取締役等の選任は，創立総会で行う（会社法88条1項）。

ウ：不適切である。株式会社の設立に際し，各発起人は，設立時発行株式を1株以上引き受けなければならない（会社法25条2項）。この点は，発起設立と募集設立とで変わりがない。

エ：適切である。株主間の公平と会社財産確保の観点から，現物出資者又は当該財産の譲渡人ではない発起人及び設立時取締役は，株式会社の設立時における現物出資財産等の価額が，定款に記載された額に著しく不足するときは，当該株式会社に対し，連帯してその不足額を支払う義務を負う（会社法52条1項）。ただし，①裁判所選任の検査役の調査を経た場合，②職務を行うについて注意を怠らなかったことを証明した場合（発起設立のみ）は，免責される（同条2項）。

なお，自身が現物出資者又は当該財産の譲渡人である発起人は，注意を怠らなかったことを証明したとしても，免責されない。免責されるためには，総株主の同意が必要である（会社法55条）。

よって，エが正解である。

会社の設立手続	ランク	1回目	2回目	3回目
	A	／	／	／

■**令和4年度　第6問（設問2）**

　以下の会話は，甲氏と，中小企業診断士であるあなたとの間で行われたものである。この会話に基づき下記の設問に答えよ。

甲　氏：「最近，私の友人が株式会社を立ち上げました。私も，株式会社をつくって，事業をやりたいと思います。友人の株式会社は，公開会社ではない株式会社と聞きました。公開会社ではない株式会社とは，どのような会社ですか。」
あなた：「公開会社ではない株式会社とは，発行する全部の株式が譲渡制限株式である会社をいいます。」
甲　氏：「公開会社ではない株式会社には，どのような特徴があるのでしょうか。」
あなた：「公開会社ではない株式会社の場合には，　A　。」
甲　氏：「ありがとうございます。今後，実際に株式会社を設立する場合，どのような点に注意すればよいのでしょうか。」
あなた：「　B　。」
甲　氏：「ありがとうございます。分からないことがあったら，またお伺いします。」

　会話の中の空欄Bに入る記述として，最も適切なものはどれか。

ア　株式会社を設立するに当たって作成する定款には，商号を記載又は記録しなければなりませんので，考えておくとよいでしょう
イ　株式会社を設立するに当たって作成する定款は，電磁的記録により作成することはできませんので，注意してください
ウ　株式会社を募集設立によって設立する場合，最低資本金の額は300万円となりますので，注意してください
エ　発起人は3名以上でなければなりませんので，甲氏のほかに発起人となってくれる人を探しておくとよいでしょう

解答	ア

■**解説**

　会社の設立手続について問われている。いずれも基本的な知識であり，確実に正答したい。

　　ア：適切である。商号は株式会社の定款における絶対的（必ず記載しなければならない）記載・記録事項である（会社法27条2号）。

　　イ：不適切である。定款は，電磁的記録により作成することができる（会社法26条2項）。その場合は，登記・供託オンライン申請システムによる電子認証が行われる。

　　ウ：不適切である。会社法が施行される前は，株式会社の設立時は1,000万円，有限会社の設立時は300万円の資本金を用意することを求められていた（最低資本金制度）。会社法では，起業をより容易にする目的で最低資本金制度が廃止され，資本金1円から会社設立が可能となった。

　　エ：不適切である。発起人の人数については定めがないため，1名以上ならば何人でもよい。

　よって，アが正解である。

株式会社の設立	ランク	1回目		2回目		3回目	
	A	/		/		/	

■令和5年度 第5問

　以下の会話は，株式会社の設立を考えている甲氏と中小企業診断士であるあなたとの間で行われたものである。この会話を読んで，下記の設問に答えよ。なお，甲氏は，定款を書面で作成することを考えている。

甲　氏：「これまで，個人で事業を行っていましたが，事業が軌道に乗ってきたので，株式会社を設立したいと思います。新しく設立する会社が発行する株式については，私が引き受ける他に，私の父が設立したX株式会社と私の友人である乙氏にも引き受けてもらうことになっています。ちょっと調べたところ，株式会社を設立する場合には，定款に発起人が署名または記名押印をしなければならないと聞きました。私は発起人になることにしていますが，乙氏も発起人にならなければならないのでしょうか。」

あなた：「　A　。」

甲　氏：「ありがとうございます。では，X株式会社は発起人になることはできるのでしょうか。」

あなた：「　B　。」

甲　氏：「また，株式会社を設立するに際しては，取締役を選任しなければならないと聞きました。会社法では，私は取締役に必ず就任しなければならないのでしょうか。」

あなた：「　C　。」

甲　氏：「定款では，その設立時取締役の定めはしない予定なのですが，この場合，設立時取締役というのは，どのような手続で選任することになるのでしょうか。」

あなた：「　D　。」

甲　氏：「いろいろとありがとうございます。分からないことがあったら，またお伺いします。」

あなた：「お気軽にご相談ください。必要があれば，知り合いの弁護士を紹介します。」

Ⅰ．事業開始，会社設立及び倒産等に関する知識

（設問 1）

　会話の中の空欄 A と B に入る記述の組み合わせとして，最も適切なものはどれか。

　　　ア　A：発起設立，募集設立のいずれの場合でも，乙氏は発起人にならなければ
　　　　　　　なりません
　　　　　B：X 株式会社は法人なので，発起人になることはできません

　　　イ　A：発起設立，募集設立のいずれの場合でも，乙氏は発起人にならなければ
　　　　　　　なりません
　　　　　B：法人も発起人になることができますので，X 株式会社も発起人になるこ
　　　　　　　とができます

　　　ウ　A：発起設立によって株式会社を設立する場合には乙氏は発起人にならなけ
　　　　　　　ればなりませんが，募集設立によって株式会社を設立する場合には，必
　　　　　　　ずしも乙氏は発起人になる必要はありません
　　　　　B：X 株式会社は法人なので，発起人になることはできません

　　　エ　A：発起設立によって株式会社を設立する場合には乙氏は発起人にならなけ
　　　　　　　ればなりませんが，募集設立によって株式会社を設立する場合には，必
　　　　　　　ずしも乙氏は発起人になる必要はありません
　　　　　B：法人も発起人になることができますので，X 株式会社も発起人になるこ
　　　　　　　とができます

（設問2）

　会話の中の空欄ＣとＤに入る記述の組み合わせとして，最も適切なものはどれか。なお，定款では設立時取締役として定められた者はいないものとする。

- ア　Ｃ：いいえ。設立時取締役は必ずしも発起人でなくてもよいので，必ずしも甲氏が設立時取締役になる必要はありません
　　　Ｄ：発起設立，募集設立のいずれの場合も，発起人全員の同意によって選任することになります

- イ　Ｃ：いいえ。設立時取締役は必ずしも発起人でなくてもよいので，必ずしも甲氏が設立時取締役になる必要はありません
　　　Ｄ：発起設立の場合は，発起人の議決権の過半数により，募集設立の場合は，創立総会の決議によって選任することになります

- ウ　Ｃ：はい。甲氏は発起人ですので，必ず設立時取締役にならなければなりません
　　　Ｄ：発起設立の場合は，発起人全員の同意により，募集設立の場合は，創立総会の決議によって選任することになります

- エ　Ｃ：はい。甲氏は発起人ですので，必ず設立時取締役にならなければなりません
　　　Ｄ：発起設立の場合は，発起人の議決権の過半数により，募集設立の場合は，創立総会の決議によって選任することになります

（設問 1）

解答	エ

■解説

　株式会社の設立について，発起設立と募集設立の違い，発起人の資格の 2 点が問われている。

　発起設立とは，発起人が設立時発行株式の全部を引き受けて会社を設立する方法である。募集設立とは，発起人が設立時発行株式の一部を引き受け，発起人以外から残りの株式を引き受ける株主を募集して会社を設立する場合である（会社法 25 条 1 項 1 号・2 号）。

空欄 A について：

　上記の募集設立の定義からわかるように，募集設立において募集に応じて株主となる者は，必ずしも発起人になる必要はない。

　したがって，空欄 A には「発起設立によって株式会社を設立する場合には乙氏は発起人にならなければなりませんが，募集設立によって株式会社を設立する場合には，必ずしも乙氏は発起人になる必要はありません」が入る。

空欄 B について：

　発起人の資格について会社法上は特に制限はなく，外国人，未成年者，破産者や法人も発起人となれる。

　したがって，空欄 B には「法人も発起人になることができますので，X 株式会社も発起人になることができます」が入る。

　よって，エが正解である。

（設問 2）

解答	イ

■解説

　株式会社の設立について，設立時の取締役の選任に関する知識が問われている。

空欄 C について：

　発起人は，出資の履行が完了した後，遅滞なく，設立時取締役（株式会社の設立に
際して取締役となる者）を選定しなければならない（会社法 38 条 1 項）。設立時取締
役を発起人に限るという規定はなく，発起人以外の者を設立時取締役としてもよい。

　したがって，空欄 C には「いいえ。設立時取締役は必ずしも発起人でなくてもよ
いので，必ずしも甲氏が設立時取締役になる必要はありません」が入る。

空欄 D について：

　定款で設立時取締役として定められた者は，出資の履行が完了した時に，設立時取
締役に選任されたものとみなされる（会社法 38 条 4 項）。

　一方，定款で設立時取締役を定めない場合，発起設立においては，設立時役員等の
選任は，発起人の議決権の過半数をもって決定する（会社法 40 条 1 項）。募集設立に
おいては，設立時役員等の選任は，創立総会の決議によって行う（会社法 88 条 1 項）。

　本問では，「定款では設立時取締役として定められた者はいない」という前提が置
かれており，上記のうち「定款で設立時取締役を定めない場合」の規定が適用される。

　したがって，空欄 D には「発起設立の場合は，発起人の議決権の過半数により，
募集設立の場合は，創立総会の決議によって選任することになります」が入る。

　よって，イが正解である。

2.　法人の事業開始（株式会社以外）

▶▶　出題項目のポイント

　会社法は，前節で扱った株式会社以外の会社として，合名会社・合資会社・合同会社の3種類を定める。これらは，社員としての地位が，流通を前提とする株式ではなく，流通を前提としない持分から構成されるため，総称して「持分会社」と呼ばれる。

　持分会社はいずれも，少数の信頼しあえる仲間の集まりで運営するのに適しているが，社員の責任の態様について違いがある。合名会社は無限責任社員のみ，合資会社は無限責任社員と有限責任社員の両方，合同会社は有限責任社員のみにより，それぞれ構成される。

　また，共同で営利目的の事業を営むための組合について，民法の特例として「有限責任事業組合契約に関する法律」が定められている。有限責任事業組合（LLP）は，構成者が有限責任を負い，かつ内部自治が柔軟に行える点で，合同会社（LLC）と似ている。一方で有限責任事業組合は法人ではなく，構成員の契約に基づく存在であるため，①組合には課税されず，出資者に直接課税される（パススルー課税），②構成員は常時2名以上必要である，という違いがある。

　さらに，非営利目的で公益に資する事業を行う団体が，「特定非営利活動促進法」に基づいて法人格を認証された場合は，「特定非営利活動法人」（以下，「NPO法人」という。）となる。NPO法人の主な特色として，①収益事業については法人税が課税される，②情報開示が義務づけられる，③最低社員数が10名である，などの特徴がある。平成23年改正法では，所轄庁の変更（内閣府から都道府県・指定都市へ），申請手続の簡素化，「収支計算書」から「活動計算書」（活動に係る事業の実績を表示するもの）への変更など，平成28年改正法では，認証申請書類の縦覧期間の短縮，貸借対照表の公告規定の新設，事業報告書等の備置期間の延長など，制度の使いやすさと信頼性向上のための見直しが行われた。

▶▶　出題の傾向と勉強の方向性

　最近10年間で持分会社は4回出題されている。有限責任事業組合と特定非営利活動法人は出題がなかった。過去の出題例を見ると，細かい知識が要求されることは少ないため，上記のポイントに沿って参考書等でこれらを比較しながら，基本的な事項を押さえておけば，出題された際に得点できるであろう。

■取組状況チェックリスト

2. 法人の事業開始（株式会社以外）						
持分会社，LLP，NPO 法人						
問題番号	ランク	1回目		2回目		3回目
平成 26 年度 第 17 問	A	／		／		／
平成 30 年度 第 1 問	A	／		／		／
令和元年度 第 1 問	A	／		／		／
令和 4 年度 第 4 問	A	／		／		／

合同会社	ランク	1回目		2回目		3回目	
	A	/		/		/	

■平成 26 年度　第 17 問

合同会社の特徴に関する記述として最も適切なものはどれか。

ア　合同会社では，会社法で規定する機関として社員総会と代表社員の設置が必要であり，日常業務は代表社員が担い，重要な意思決定は社員総会の決議による。

イ　合同会社では，定款に記載することによって，出資額が少ない社員に対する損益分配の割合を増やすように定めることができる。

ウ　合同会社では，定款で業務執行社員を定めて一部の社員を業務執行から除外することができる。逆に社員ではないが経営能力に優れた人を業務執行社員とすることもできる。

エ　合同会社には資本金の概念がない。このため会社設立にあたって必要な設立登記のための登録免許税を納付する必要がない。

解答	イ

■解説

　合同会社に関する基本的な出題である。合同会社は相互に信頼関係を有する少人数の者が共同で事業を行うための制度であることから，株式会社と同じく出資者有限責任でありながら，意思決定方法や利益配分方法を自由に決められる。

　ア：不適切である。合同会社では，社員総会は必要ではない。社員総会の開催の有無，（開催するとして）決議事項について，定款で自由に定めることができる。

　　また，合同会社では，代表社員の定めも必要ではない。定款に別段の定めがある場合を除き，各社員が業務を執行し（会社法590条1項），会社を代表する（同法599条1項）。業務執行社員を定款で定めた場合は，業務執行社員が業務を執行し，会社を代表する。さらに，定款または定款の定めに基づく社員の互選により，業務執行社員の中から会社を代表する社員を定めることは可能である（同法599条3項）。

　イ：適切である。合同会社では，定款に記載することにより，損益分配の割合を自由に定めることができる。定款の定めがないときは，出資価額による（会社法622条1項）。

　ウ：不適切である。本肢の前段は適切である（選択肢アの解説を参照）。後段については，合同会社では所有と経営が分離しておらず，業務執行社員は文字どおり「社員」でなければならない。よって，社員以外を業務執行社員にはできない。

　エ：不適切である。合同会社にも資本金の概念はあり，登記事項の1つである（会社法914条5号）。また，合同会社の設立にあたっては，株式会社（最低15万円）よりも軽減されてはいるが，登録免許税の納付は必要である（最低6万円）。

　よって，イが正解である。

株式会社と合同会社	ランク	1回目	2回目	3回目
	A	／	／	／

■平成 30 年度　第 1 問

　合同会社は，当事者間で最適な利害状況を自由に設定することを可能とすることによって，事業の円滑な実施を図り，法規制による保護ではなく，利害関係者の自己責任による問題解決に委ねるという会社類型である。

　株式会社と合同会社を比較した記述として，最も適切なものはどれか。

　　ア　株式会社の株主は，会社債権者に対して間接有限責任しか負わないが，合同会社の社員は，会社債権者に対して直接無限責任を負う。

　　イ　株式会社の場合には，資本金を増やさずに出資による資金調達を行うことはできないが，合同会社の場合には，資本金を増やさずに出資による資金調達を行うことができる。

　　ウ　株式会社の場合にも，合同会社の場合にも，純資産額が 300 万円以上でなければ配当を行うことができない。

　　エ　株式会社の場合にも，合同会社の場合にも，貸借対照表を公告しなければならない。

27

解答	イ

■解説

株式会社と合同会社の異同が問われている。

ア：不適切である。合同会社は，一部またはすべての出資者が無限責任を負う合名会社や合資会社とは異なり，株式会社と同じ間接有限責任を採用しつつ，より経営の自由度を高めた会社形態である。

イ：適切である。株式会社では，出資された財産の額のうち，少なくとも2分の1は資本金として計上しなければならない（会社法445条2項）。合同会社ではそのような制約はなく，出資された財産の額のうち，資本金に計上する額は自由に決めることができる。

ウ：不適切である。株式会社では，純資産額が300万円を下回る場合には配当ができない（会社法458条）。合同会社では，原則として利益剰余金があれば配当が可能である（会社法628条）。

エ：不適切である。株式会社では，決算ごとに貸借対照表などを公告しなければならない（会社法440条）。合同会社では，決算公告の必要はない。ただし，合併や株式会社への変更などについては株式会社と同じく公告が必要なので，誤解のないようにしたい。

よって，イが正解である。

持分会社の比較	ランク	1回目	2回目	3回目
	A	／	／	／

■**令和元年度　第1問**

　合同会社，合名会社，合資会社の比較に関する記述として，最も適切なものはどれか。

ア　合同会社，合名会社，合資会社のいずれの会社も，会社成立後に新たに社員を加入させることができる。

イ　合同会社，合名会社，合資会社のいずれの会社も，社員は2名以上でなければならない。

ウ　合同会社，合名会社，合資会社のいずれの会社も，定款の定めによっても，一部の社員のみを業務執行社員とすることはできない。

エ　合同会社と合名会社の社員は無限責任社員のみで構成されるが，合資会社の社員は無限責任社員と有限責任社員により構成される。

解答	ア

■解説

　3種類の持分会社（合同会社，合名会社，合資会社）の異同が問われている。アはやや細かい知識だが，イ〜エはごく基本的な知識であり，問題としては易しい部類に属する。

ア：適切である。合同会社，合名会社，合資会社のいずれも，会社成立後に新たに社員を加入させることができる（会社法604条1項）。ただし，いずれも「社員の氏名又は名称及び住所」が定款記載事項とされているため，加入が効力を生ずるためには定款変更の手続が必要である（同条2項）。

イ：不適切である。現行法では，合同会社と合名会社は，社員が1名でも設立でき，設立後も社員が1名以上いれば人数的な存続要件を満たす。なお，いずれも「社員が欠けた」つまりゼロになった場合は解散となる（会社法641条4号）。

　一方，合資会社は，定款に「社員の一部を無限責任社員とし，その他の社員を有限責任社員とする旨」を記載等しなければならない（会社法576条3項）。つまり，最低でも2名（無限責任社員・有限責任社員各1名）はいないと設立できない。なお，合資会社で無限責任社員のみとなった場合は，合名会社になる定款変更をしたとみなされ（会社法639条1項），有限責任社員のみとなった場合は，合同会社になる定款変更をしたとみなされる（会社法639条2項）。

ウ：不適切である。合同会社，合名会社，合資会社のいずれも，定款の定めにより，一部の社員のみを業務執行社員とすることができる。なお，業務執行社員を定款で定めた場合，業務執行社員が2人以上あるときは，持分会社の業務は，定款に別段の定めがある場合を除き，業務執行社員の過半数をもって決定する（会社法591条1項）。

エ：不適切である。合同会社とは，有限責任社員のみで構成され，かつ組織の内部自治を認める会社類型である。よって，社員の全部が有限責任社員でなければならない（会社法576条4項）。なお，合名会社が無限責任社員のみで構成される点と，合資会社が無限責任社員と有限責任社員により構成される点は正しい。

　よって，アが正解である。

株式会社と合同会社	ランク	1回目		2回目		3回目	
	A	／		／		／	

■令和4年度　第4問

株式会社と合同会社の比較に関する記述として，最も適切なものはどれか。

　ア　株式会社及び合同会社のいずれも，会社成立後の出資に際して，資本金を増やさずに出資による資金調達を行うことはできない。

　イ　株式会社においては法人は取締役となることはできないが，合同会社においては法人が業務執行社員になることができる。

　ウ　株式会社の株主は1名でもよいが，合同会社の社員は2名以上でなければならない。

　エ　株式会社の株主は有限責任であるが，合同会社の社員は無限責任である。

解答	イ

■解説

　株式会社と合同会社の異同について問われている。特に選択肢ア・イの合同会社については，やや細かい知識が問われており，難問である。

ア：不適切である。株式会社では，原則として，設立又は株式の発行に際して株主となる者が当該株式会社に対して払込み又は給付をした財産の額が資本金となる（会社法445条1項）。ただし，払込み又は給付に係る額の2分の1を超えない額は，資本金として計上せず，資本準備金に計上することができる（会社法445条2項・3項）。つまり，株式会社では，資本金を増やさずに出資による資金調達を行うことはできない。

　　一方，合同会社では，原則として，社員の出資により資本金は増加する（会社法計算規則30条1項）。ただし，合同会社には会社法445条2項・3項の適用はなく，出資された額のうち資本金に計上する額は自由に決めることができる。資本金に計上しなかった額は，合同会社には資本準備金も利益準備金もないため，資本剰余金に計上される（会社法計算規則31条1項）。つまり，合同会社では，資本金を増やさずに出資による資金調達を行うことができる。

イ：適切である。株式会社では，法人であることは取締役の欠格事由とされている（会社法331条1項1号）。合同会社では，法人が業務執行社員となることができる。その場合，当該法人は業務執行社員の職務を行うべき者を選任し，その氏名及び住所を他の社員に通知する（会社法598条1項）。

ウ：不適切である。会社法では，株式会社については株主が1名いれば成立し，合同会社も社員が1名いれば成立する。社員が2名以上いないと成立しないのは，合資会社（無限責任社員と有限責任社員が最低各1名は必要，会社法576条3項）である。

エ：不適切である。株式会社における株主は，その有する株式の引受価額を限度とする有限責任を負う（会社法104条）。合同会社における社員も有限責任である（会社法576条4項，580条2項）。

　よって，イが正解である。

第2章

組織再編と倒産処理

1. 組織再編

▶▶ 出題項目のポイント

本節では，主として合併，会社分割，事業譲渡に関する問題を扱う。

⑴ 合併

2つ以上の会社が契約によって1つの会社に合同することである。新設合併と吸収合併の2種類がある。合併の際に解散会社の株主に交付する対価は，従来は存続会社の株式に限られていたが，会社法によって柔軟化され，現金や親会社の株式も可となった。原則として株主総会の特別決議と債権者保護手続が必要である。

⑵ 会社分割

会社の一部または全部の事業を他の会社に承継する組織上の行為である。合併と同様に，新設分割と吸収分割の2種類がある。合併と同様に包括承継であるため，承継会社が分割会社に交付する対価は原則として承継会社の株式であり，原則として株主総会の特別決議と債権者保護手続が必要である。

⑶ 事業譲渡

会社ごとではなく，事業に関連する必要な資産・負債のみを売買することである。従来は「営業譲渡」と呼ばれていたが，会社法では「事業譲渡」という用語が用いられる。合併や会社分割のような組織行為ではなく，売買契約であるため，必要な資産のみを入手することができるが，個別に債権者の同意を得るなど手続は煩雑である。

▶▶ 出題の傾向と勉強の方向性

　組織再編は，ほぼ毎年出題されている頻出分野である。十分に対策し，確実に得点源としたい。

　組織再編分野では，当事者が複数登場するため，錯綜しやすい。参考書等に載っている図を活用し，自分でも図示してみる等して，ビジュアルで全体像を把握することをお勧めする。

　また，合併・会社分割・事業譲渡の類似点および相違点，例外的に株主総会の特別決議や債権者保護手続が不要とされる場合について，過去問で問われている論点を確認し，使用している参考書等に遡って押さえておくことが有効である。

　なお，平成 26 年改正会社法では，組織再編・M&A に関係する多数の改正が行われたので，手持ちのテキストで確認してほしい。その主なものは下記のとおり。

① 　支配株主の異動を伴う第三者割当増資に，株主総会決議が必要とされた。
② 　一定の要件を満たす子会社の株式等の譲渡に，株主総会特別決議が必要とされた。
③ 　特別支配株主による株式売渡請求の制度が新設された。
④ 　組織再編の差止め請求の制度が新設された。
⑤ 　債権者を害する会社分割について，分割会社の債権者は承継会社に対し債務の履行を請求できるとされた。

　さらに，令和元年改正会社法では，新たな組織再編制度として「株式交付」が設けられた。これは，株式会社（日本法人に限る）を子会社化するため，対象会社の株式を譲り受け，その譲渡人に対して対価として自社の株式を交付する手続である。株式交換と異なり，対象会社の株主のうち希望者のみからの株式取得が許容される点に特徴がある。改正会社法の施行日は，2021 年 3 月 1 日である。

■取組状況チェックリスト

1. 組織再編

組織再編全体

問題番号	ランク	1回目	2回目	3回目
平成 30 年度 第 2 問	A	／	／	／

合併

問題番号	ランク	1回目	2回目	3回目
令和 2 年度 第 5 問	A	／	／	／
令和 3 年度 第 3 問	A	／	／	／
令和 5 年度 第 6 問	A	／	／	／

会社分割

問題番号	ランク	1回目	2回目	3回目
平成 28 年度 第 3 問（設問 1）	A	／	／	／
平成 29 年度 第 2 問	A	／	／	／

事業譲渡

問題番号	ランク	1回目	2回目	3回目
平成 26 年度 第 18 問	A	／	／	／
令和元年度 第 2 問	A	／	／	／
令和 4 年度 第 5 問（設問 1）	A	／	／	／
令和 4 年度 第 5 問（設問 2）	A	／	／	／

その他

問題番号	ランク	1回目	2回目	3回目
平成 30 年度 第 5 問	C ＊	／	／	／

＊ランク C の問題と解説は，「過去問完全マスター」の HP（URL：https://jissen-c.jp/）よりダウンロードできます。

簡易再編・略式再編	ランク	1回目	2回目	3回目
	A	/	/	/

■平成 30 年度　第 2 問

　下表は，合併及び会社分割の各手続において，簡易手続及び略式手続の有無を整理したものである。空欄 A 〜 D に入る記号の組み合わせとして，最も適切なものを下記の解答群から選べ。

　なお，該当する手続があるものについては「○」，ないものについては「×」を記載することにしている。

吸収合併	吸収合併存続株式会社		吸収合併消滅株式会社	
	簡易手続	略式手続	簡易手続	略式手続
	○	○	A	B

新設合併			新設合併消滅株式会社	
			簡易手続	略式手続
			×	×

吸収分割	吸収分割承継株式会社		吸収分割株式会社	
	簡易手続	略式手続	簡易手続	略式手続
	○	○	○	○

新設分割			新設分割株式会社	
			簡易手続	略式手続
			C	D

〔解答群〕

　ア　A：○　　B：×　　C：×　　D：○

　イ　A：○　　B：×　　C：×　　D：×

　ウ　A：×　　B：○　　C：○　　D：○

　エ　A：×　　B：○　　C：○　　D：×

解答	エ

■解説

吸収合併と新設分割における簡易手続・略式手続の有無が問われている。

・空欄A・B

　吸収合併においては，簡易合併（会社法796条2項）の要件を充足する場合は存続会社において，略式合併（会社法784条1項，796条1項）の要件を充足する場合は当該要件を充足する当事会社において，株主総会の承認が不要となる。

　会社分割など簡易手続が定められている場合，承継させる側で株主総会の承認が不要となるための要件は，承継させる資産の価額が総資産の5分の1を超えないことである。吸収合併において，承継させる側（消滅会社）が「総資産の5分の1以下しか資産を承継させない」ことはできないので，消滅会社において簡易手続は論理的にあり得ない。したがって，空欄Aは×，空欄Bは〇となる。

・空欄C・D

　新設分割においては，分割会社が承継させる資産の価額が総資産の5分の1を超えない場合，簡易手続の対象となり，株主総会の承認が不要となる（会社法805条）。

　略式手続の要件は，当事会社間に特別支配関係がある（一方が他方の議決権の90％以上を保有している）ことであるが，新設分割でそのような関係はあり得ない。したがって，空欄Cは〇，空欄Dは×となる。

　よって，エが正解である。

吸収合併	ランク	1回目		2回目		3回目	
	A	／		／		／	

■**令和 2 年度　第 5 問**

会社法が定める株式会社の合併に関する記述として，最も適切なものはどれか。

ア　吸収合併消滅会社の吸収合併による解散は，吸収合併の登記がなされるまでは第三者に対抗することができない。

イ　吸収合併存続会社は，債権者異議手続が終了していない場合においても，合併契約に定めた効力発生日に，吸収合併消滅会社の権利義務を承継する。

ウ　吸収合併存続会社は，私法上の権利義務のほか，吸収合併消滅会社が有していた行政機関による許認可などの公法上の権利義務についても，その権利義務の種類を問わず，当然に，その全てを吸収合併消滅会社から引き継ぐ。

エ　吸収合併における合併の対価は，株式に限られ，金銭を対価とすることはできない。

解答	ア

■解説

会社法の定める吸収合併に関する手続と効果が問われている。

- ア：適切である。吸収合併の効力は，吸収合併契約において定められた効力発生日（会社法749条1項6号）に生じる。ただし，吸収合併においては，効力発生日と登記の日が異なる場合があり，その間の法律関係が不明確になる可能性がある。そこで，吸収合併消滅会社の合併による解散は，その登記をしなければ，第三者の善意・悪意を問わず，第三者に対抗することができないとされる（会社法750条2項）。なお，効力発生日から2週間以内に，消滅会社は解散登記を，存続会社は変更の登記を，それぞれの本店所在地においてしなければならない（会社法921条）。
- イ：不適切である。債権者保護の観点から，合併の効力を発生させるには，債権者保護手続（公告，個別催告，異議ある債権者に対する弁済や担保の提供等）を，少なくとも効力発生日前に完了しておかなければならない（会社法750条6項）。つまり，債権者保護手続きが終了していない場合は，合併契約上の効力発生日が到来しても，吸収合併存続会社への権利義務は承継されないことになる。
- ウ：不適切である。吸収合併消滅会社が有していた許認可等が吸収合併存続会社に引き継がれるかどうかは，根拠となる個々の法律ごとに異なる。たとえば，クリーニング業，理容業・美容業等においては，原則として都道府県知事に届出を行うだけで許認可を継承できる。一方，一般旅客自動車運送事業，ホテル・旅館業等においては，国土交通大臣の個別の許可を取得することが必要とされている。そのため，公法上の権利義務の全てが当然に引き継がれるという本肢の記述は誤りである。
- エ：不適切である。従来，会社の吸収合併において，消滅会社の株主に交付する対価は，原則として存続会社の株式に限定されていた。しかし，会社法の施行により，現金・存続会社以外の株式及びその他の資産（社債，新株予約権等）も，対価として認められた（対価の柔軟化，会社法749条1項2号）。これにより，現金合併（消滅会社の株主に金銭のみを対価として交付する），三角合併（存続会社の親会社の株式を対価として交付する）等のスキームも可能になった。

よって，アが正解である。

簡易合併手続	ランク	1回目	2回目	3回目
	A	／	／	／

■令和3年度　第3問

いわゆる簡易合併手続に関する会社法における記述として，最も適切なものはどれか。

ア　簡易合併手続においては，存続会社のすべての株主に株式買取請求権が認められるが，存続会社における債権者保護手続は不要である。

イ　簡易合併手続は，吸収合併契約締結から合併の効力発生日まで20日あれば，実施することが可能である。

ウ　簡易合併手続は，存続会社及び消滅会社のいずれにおいても，合併承認に係る株主総会の決議を不要とする手続である。

エ　存続会社の全株式が譲渡制限株式であり，かつ，合併対価の全部又は一部がかかる存続会社の譲渡制限株式である場合，簡易合併手続を用いることはできない。

解答	エ

■解説

　簡易合併手続に関する会社法の定めについて問われている。問題としての難易度はやや高めだが，アとウは基本的な知識なので，選択肢を2つに絞り込むことは可能なレベルではある。

　　ア：不適切である。簡易合併とは，吸収合併をするに当たり，消滅会社の規模が存続会社と比較して小さい場合に，存続会社の株主総会で合併契約の承認を要しない等，簡易な手続で足りるとする制度である。簡易合併においては，存続会社における反対株主には株式買取請求権は認められない（会社法797条1項1項ただし書き）。一方，簡易合併に該当する場合であっても，債権者保護手続は必要である（会社法799条1項1号）。よって，本肢は前半・後半のいずれも誤りである。

　　イ：不適切である。アの解説で触れたように，簡易合併に該当する場合であっても，債権者保護手続は必要である。債権者保護手続における会社債権者の異議申出期間は，1か月を下回ることができないとされている（会社法799条2項4号）。そのため，吸収合併契約締結から合併の効力発生日まで20日あれば簡易合併手続が実施できるとする本肢は，誤りである。

　　ウ：不適切である。アの解説で触れた簡易合併の定義を参照。消滅会社の株主にとっては，自らが株式を所有する会社の法人格消滅という重大な事項であるから，株主総会の決議による承認（特別決議：会社法309条2項12号，同法783条）を省略することはできない。

　　エ：適切である。譲渡制限株式は，意図しない第三者に株主としての権限が付与されないために用いる制度である。消滅会社の株主に交付される合併対価が譲渡制限株式の場合，存続会社の株主にとっては，新たな株主が参加して既得権益を害されるおそれがある。そこで，消滅会社の規模が存続会社と比較して小さい場合であっても，存続会社では株主総会の特別決議による承認を省略できないとされている（会社法796条2項ただし書き）。

　よって，エが正解である。

吸収合併と事業譲渡	ランク	1回目	2回目	3回目
	A	／	／	／

■**令和5年度　第6問**

　以下の会話は，X株式会社の代表取締役である甲氏と，中小企業診断士であるあなたとの間で行われたものである。この会話を読んで，下記の設問に答えよ。

　なお，本問における吸収合併の手続においては，X株式会社を消滅会社とすることを念頭に置いている。

甲　氏：「このたび，X株式会社の事業の全部を譲渡することを考えており，譲渡先を探していたところ，取引先であるY株式会社から，X株式会社の事業の全部を譲り受けてもよいという話がありました。知人に聞いたところ，X株式会社の事業の全部をY株式会社に移管する方法としては，事業譲渡の他に吸収合併という方法もあるという話をしていました。取引先への商品代金の支払債務について，事業譲渡と吸収合併によって違いはあるのでしょうか。」

あなた：「　A　。」

甲　氏：「なるほど。ありがとうございます。では，吸収合併と事業譲渡で，Y株式会社から受け取る対価に違いはあるのでしょうか。」

あなた：「　B　。」

甲　氏：「では，Y株式会社に吸収合併又は事業譲渡ですべての事業を移管した場合，X株式会社はどうなるのでしょうか。」

あなた：「　C　。」

甲　氏：「なかなか悩ましいですね。実は，Y株式会社の他に，私の知人である乙氏からX株式会社の事業の全部を承継してもよいという話も聞いています。乙氏は会社を設立しておらず，個人で事業を行っているのですが，事業譲渡や吸収合併は，相手先が会社でなくてもすることができるのでしょうか。」

あなた：「　D　。」

甲　氏：「分かりました。今日のお話を踏まえ，スキームを検討します。また，ご相談させてください。」

あなた：「必要があれば，弁護士を紹介しますので，お気軽にご相談ください。」

（設問1）

　会話の中の空欄AとBに入る記述の組み合わせとして，最も適切なものはどれか。

ア　A：吸収合併，事業譲渡いずれの場合でも，X株式会社の債務は当然にY
　　　　株式会社に承継されます

　　B：吸収合併，事業譲渡のいずれの対価も金銭に限られません

イ　A：吸収合併の場合は，X株式会社の債務は当然にY株式会社に承継され
　　　　ますが，事業譲渡の場合には，債権者の承諾を得なければ，X株式会社
　　　　の債務をY株式会社に承継させて，X株式会社がその債務を免れると
　　　　いうことはできません

　　B：吸収合併，事業譲渡のいずれの対価も金銭に限られません

ウ　A：吸収合併の場合は，X株式会社の債務は当然にY株式会社に承継され
　　　　ますが，事業譲渡の場合には，債権者の承諾を得なければ，X株式会社
　　　　の債務をY株式会社に承継させて，X株式会社がその債務を免れると
　　　　いうことはできません

　　B：吸収合併の対価はY株式会社の株式であることが必要ですが，事業譲
　　　　渡の対価はY株式会社の株式に限られず，金銭によることも可能です

エ　A：吸収合併の場合は，X株式会社の債務は当然にY株式会社に承継され
　　　　ますが，事業譲渡の場合には，債権者の承諾を得なければ，X株式会社
　　　　の債務をY株式会社に承継させて，X株式会社がその債務を免れると
　　　　いうことはできません

　　B：吸収合併の対価は金銭であることが必要ですが，事業譲渡の対価は金銭
　　　　に限られません

（設問 2)

　会話の中の空欄 C と D に入る記述の組み合わせとして，最も適切なものはどれか。

　　ア　C：吸収合併，事業譲渡のいずれの場合も，X 株式会社は当然に解散します
　　　　D：吸収合併，事業譲渡のいずれの場合も，相手先は会社である必要があり
　　　　　　ます

　　イ　C：吸収合併，事業譲渡のいずれの場合も，X 株式会社は当然に解散します
　　　　D：吸収合併の場合は，相手先は会社である必要がありますが，事業譲渡の
　　　　　　場合は相手先が会社である必要はありません

　　ウ　C：吸収合併，事業譲渡のいずれの場合も，X 株式会社は当然には解散しま
　　　　　　せん
　　　　D：吸収合併，事業譲渡のいずれの場合も，相手先は会社である必要があり
　　　　　　ます

　　エ　C：吸収合併の場合は，X 株式会社は当然に解散しますが，事業譲渡の場合
　　　　　　は当然には解散しません
　　　　D：吸収合併の場合は，相手先は会社である必要がありますが，事業譲渡の
　　　　　　場合は相手先が会社である必要はありません

（設問1）

解答	イ

■解説

　吸収合併と事業譲渡を比較して，債務の承継と対価の2点が問われている。

　吸収合併とは，1つの会社の法人格を存続し，他方の会社の法人格を消滅させて，消滅する会社のすべての権利義務を存続する会社に承継させる手法である。事業譲渡とは，会社が営む事業の全部または一部（本問では全部）を，第三者に譲渡（売却）する手法である。いずれも事業用財産の重要な部分を他者に移転する点では同じであるが，組織行為である吸収合併と，取引行為である事業譲渡では，本問で問われた点に代表される違いがある。

空欄Aについて：

　吸収合併では，上記の定義からわかるように，合併により消滅する会社の権利義務の全部が，合併後存続する会社に承継される（会社法2条27号）。吸収合併における債権者の保護は，債権者保護手続（会社法789条，799条）によって図られる。

　一方，事業譲渡は取引行為なので，事業を構成する債務や契約上の地位を移転する場合には，個別に契約の相手方の同意を得なければならない。（そのため，会社法には事業譲渡に関する債権者保護手続は定められていない。）

　したがって，空欄Aには「吸収合併の場合は，X株式会社の債務は当然にY株式会社に承継されますが，事業譲渡の場合には，債権者の承諾を得なければ，X株式会社の債務をY株式会社に承継させて，X株式会社がその債務を免れるということはできません」が入る。

空欄Bについて：

　吸収合併では，消滅会社の株主に交付する対価は，原則として存続会社の株式である。ただし，会社法によって対価が柔軟化され，金銭など存続会社の株式以外の財産を交付することも可能である（会社法749条1項2号）。

　一方，事業譲渡は取引行為なので，その対価は金銭であることが一般的であるが，法律上の制限はなく，当事者間で自由に定めることができる。

　したがって，空欄Bには「吸収合併，事業譲渡のいずれの対価も金銭に限られません」が入る。

　よって，イが正解である。

(設問2)

解答	エ

■解説

　吸収合併と事業譲渡を比較して，手続以降の会社の存続と相手方の態様の2点が問われている。

空欄Cについて：

　設問1の解説で触れた吸収合併の定義からわかるように，吸収合併では，消滅会社は法律上当然に解散し，消滅する。

　一方，事業譲渡は取引行為なので，譲渡会社の組織をどうするかは別論である。解散せずに異なる事業目的で存続させるか，解散手続を行って残余財産を分配するかは，譲渡会社で自由に決定することができる。

　したがって，空欄Cには「吸収合併の場合は，X株式会社は当然に解散しますが，事業譲渡の場合は当然には解散しません」が入る。

空欄Dについて：

　吸収合併では，合併により消滅する会社の権利義務の全部が，合併後存続する会社に承継される（会社法2条27号）。よって，相手先は会社（株式会社でも持分会社でもよい）に限られる。

　一方，事業譲渡は取引行為なので，当事者は会社には限定されず，会社以外の法人や自然人（個人事業主）でもよい。

　したがって，空欄Dには「吸収合併の場合は，相手先は会社である必要がありますが，事業譲渡の場合は相手先が会社である必要はありません」が入る。

　よって，エが正解である。

新設分割	ランク	1回目	2回目	3回目
	A	／	／	／

■平成 28 年度　第 3 問（設問 1）

　以下の会話は，中小企業診断士であるあなたと X 株式会社（以下「X 社」という。）の代表取締役甲氏との間で行われたものである。X 社は，a の製造販売事業（以下「a 事業」という。）を営んでいる。この会話を読んで，下記の設問に答えよ。

甲　氏：「おかげさまで弊社の a 事業は好調です。そこで，業容を拡大したいと考えていたところ，先日ちょうど，取引銀行を通じて，弊社と同じ a 事業を営んできた Y 社から，事業の選択と集中を進めたいから同事業を買収しないかという話をもらいまして，現在前向きに検討しています。Y 社は，a 事業以外の事業も営んでいるので，新設分割で a 事業をいったん切り出して子会社 Z 社を設立し，弊社が Y 社から Z 社の全株式を現金で買い取るスキームを考えています。何か注意しておいた方がいいことはありますか。」

あなた：「　A　」。（以下略）

（設問 1）

　会話の中の空欄 A に入る記述として，最も不適切なものはどれか。

ア　a 事業に関係する債務は，Z 社が承継する債務から除外することはできないので，a 事業に関係する簿外債務がないかどうかの調査が重要になります。

イ　Y 社が a 事業に関して締結している契約の中に，会社分割が解除事由として定められているものがないかの確認が重要になります。

ウ　Z 社において a 事業を営むのに新たに許認可を取得することが必要な場合には，その許認可を得るのに必要な期間やコストを把握しておく必要があり，そのコストを X 社が負担するのか Y 社が負担するのか交渉する必要があります。

エ　契約の分割等の要否を検討するために，Y 社が，a 事業とそれ以外の事業の双方で，同一の契約に基づいて使用しているリース資産やシステムがないかどうかの確認が必要になります。

解答	ア

■解説

　譲渡側が新設分割により事業を切り出した後，譲受側が分割会社の株式を取得するという形態のM＆Aについて，注意点が問われている。

　ア：不適切である。会社分割においては，吸収分割では分割契約（会社法758条），新設分割では新設分割計画（会社法763条）において，それぞれ承継する資産，債務，雇用契約その他の権利義務等を定めることになっており，任意の資産や債務を除外することを妨げない。この点，合併（すべての権利義務を当然に承継する）と混同しないようにしたい。

　イ：適切である。Ｙ社の既存契約の中に，会社分割が解除事由になっているものがあれば契約解除の可能性があるため，確認は重要である。

　ウ：適切である。Ｚ社が新たに許認可を取得する必要がある場合，その費用負担について決めておくことが望ましい。

　エ：適切である。a事業だけを切り離すため，Ｙ社のリース資産等について，a事業とそれ以外の事業とで共用されていないかを確認する必要がある。

　よって，アが正解である。

【参考】会社分割と債権者保護手続を行うべき債権者の範囲

（例）　A社（分割会社）がB社（承継会社）にY事業を承継させる場合

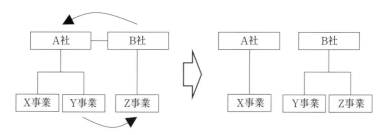

【A社の債権者について】

　①分割後はA社に対して債務の履行を請求することができなくなる債権者
→債権者保護手続が必要（会社法789条1項2号）。

　②分割後もA社に対して債務の履行を請求することができる債権者（残存債権者）
→債権者保護手続は不要。ただし，A社が残存債権者を害することを知って会社分
　割をした場合は，B社に対して債務の履行を請求できる（会社法759条4項）。

　※通常，Y事業（B社に承継される）に関する債権者は①，X事業（A社に残される）に
　　関する債権者は②に該当することが多い。

【B社の債権者について】

　→債権者保護手続が必要

会社分割と債権者保護手続	ランク	1回目	2回目	3回目
	A	／	／	／

■平成 29 年度　第 2 問

　以下の会話は，中小企業診断士であるあなたと X 株式会社（以下「X 社」という。）の代表取締役甲氏との間で行われたものである。甲氏は，X 社の発行済株式の全てを保有している。会話の中の空欄 A～C に入る記述の組み合わせとして，最も適切なものを下記の解答群から選べ。

　甲　氏：「会社分割の手続を利用して，当社の α 事業を，Y 株式会社（以下「Y 社」という。）に売却しようと考えているのですが，債権者異議手続の対象となる債権者の範囲を教えてください。まず，吸収分割により α 事業に係る権利義務を Y 社に直接承継させ，その対価として X 社が Y 社から現金を受け取る場合にはどうなりますか。」

　あなた：「売却ということで，X 社は，分割後，α 事業に対する支配権を手放すということでしょうから，分割契約において，Y 社に承継させる債務に係る債権者は，もう X 社に債務の履行を請求できないと定めることになりますよね。そうすると，　A　が債権者異議手続の対象になります。」

　甲　氏：「では，新設分割により α 事業に係る権利義務を新たに設立した Z 株式会社（以下「Z 社」という。）に承継させた上で，Z 社の株式を Y 社に譲渡する場合にはどうなりますか。」

　あなた：「Z 社の株式の譲渡の対価を X 社が受け取りたい場合には，新設分割と同時に Z 社の株式を X 社が保有する物的分割になります。また，分割計画において，Z 社に承継させる債務に係る債権者は，やはり，もう X 社に債務の履行を請求できないと定めることになりますよね。そうすると，　B　が債権者異議手続の対象になります。

　　　他方，Z 社の株式の譲渡の対価を甲さんが個人で受け取りたい場合には，新設分割と同時に Z 社の株式を甲さん個人が保有する人的分割になるでしょう。その場合には，　C　が債権者異議手続の対象になります。

　　　事業の売却ということであれば，いろいろな専門家のアドバイスも必要になってくると思いますし，よい方を紹介しますから，一緒に相談に行ってみませんか。」

〔**解答群**〕

ア　A：Y 社に承継させる債務に係る債権者と分割の効力発生日前から Y 社の債
　　　　権者であった者
　　B：Z 社に承継させる債務に係る債権者
　　C：Z 社に承継させる債務に係る債権者だけでなく，Z 社に承継されない債務
　　　　に係る債権者

イ　A：Y 社に承継させる債務に係る債権者と分割の効力発生日前から Y 社の債
　　　　権者であった者
　　B：Z 社に承継させる債務に係る債権者だけでなく，Z 社に承継されない債務
　　　　に係る債権者
　　C：Z 社に承継させる債務に係る債権者

ウ　A：Y 社に承継されない債務に係る債権者と Y 社に承継させる債務に係る債
　　　　権者と分割の効力発生日前から Y 社の債権者であった者
　　B：Z 社に承継させる債務に係る債権者
　　C：Z 社に承継させる債務に係る債権者だけでなく，Z 社に承継されない債務
　　　　に係る債権者

エ　A：Y 社に承継されない債務に係る債権者と Y 社に承継させる債務に係る債
　　　　権者と分割の効力発生日前から Y 社の債権者であった者
　　B：Z 社に承継させる債務に係る債権者だけでなく，Z 社に承継されない債務
　　　　に係る債権者
　　C：Z 社に承継させる債務に係る債権者

解答	ア

■解説

　会社分割において債権者保護手続の対象となる債権者・ならない債権者の区別が問われている。

・空欄 A について

　吸収分割について問われている。X 社（吸収分割株式会社）に対して吸収分割後は債務の履行を請求することができない X 社の債権者は，吸収分割について異議を述べることができる（会社法 789 条 1 項 2 号）。Y 社（吸収分割承継会社）の財務状態等しだいでは弁済を受けられない可能性があるからである。また，分割の効力発生日前から Y 社の債権者であった者は，吸収分割について異議を述べることができる（会社法 799 条 1 項 2 号）。X 社から承継する事業部門の財務状態等が悪化している場合には，Y 社の財務状態等を悪化させる可能性があるからである。

　したがって，「Y 社に承継させる債務に係る債権者と分割の効力発生日前から Y 社の債権者であった者」が入る。

・空欄 B について

　新設分割のうち物的分割（元の会社が新設会社の株式を持つ形態）について問われている。X 社（新設分割株式会社）に対して新設分割後は債務の履行を請求することができない X 社の債権者は，新設分割について異議を述べることができる（会社法 810 条 1 項 2 号）。Z 社（新設分割設立会社）の財務状態等しだいでは弁済を受けられない可能性があるからである。

　したがって，「Z 社に承継させる債務に係る債権者」が入る。

・空欄 C について

　新設分割のうち人的分割（元の会社の株主が新設会社の株式を持つ形態）について問われている。会社法では，人的分割を「物的分割＋剰余金の配当」と構成し，X 社（新設分割株式会社）の資産が減少することから，新設分割後も X 社に対して債務の履行を請求できる X 社の債権者まで，債権者保護手続の対象とする。（吸収分割：会社法 789 条 1 項 2 号括弧書き，新設分割：810 条 1 項 2 号括弧書き）。

　したがって，「Z 社に承継させる債務に係る債権者だけでなく，Z 社に承継されない債務に係る債権者」が入る。

　よって，アが正解である。

【参考】事業譲渡と会社分割の比較

観　点	事業譲渡	会社分割
法的性質	取引行為	組織行為
権利義務	個別承継	包括承継 （契約で簿外債務等を除外することは可能）
承認手続	事業の全部譲渡・譲受の場合は株主総会の特別決議	原則として特別決議
債権者保護手続	不要 （ただし個別の同意が必要）	原則として必要
従業員	個別の同意が必要	包括承継 （労働者保護手続が必要）
許認可	通常，再取得が必要	事業承継よりも再取得が不要な場合が多い
消費税	課税される	課税されない
登録免許税，不動産取得税	軽減措置なし	軽減措置あり

事業譲渡と会社分割	ランク	1 回目	2 回目	3 回目
	A	／	／	／

■平成 26 年度　第 18 問

　会社分割（吸収分割を前提とする）と事業譲渡の相違に関する記述として最も適切なものはどれか。

　ア　会社分割では吸収分割契約の内容を記録した書面又は電磁的記録を本店に備え置かなければならないが，事業譲渡ではこのような制度はない。

　イ　会社分割では適法に債権者保護手続を経ることで対象事業の債務を移転させることができるが，事業譲渡では個々の債権者から同意を得ずに債務を移転させることができる。

　ウ　会社分割では分割会社が取得している許認可は承継することができないが，事業譲渡ではそれを承継することができる。

　エ　会社分割では分割承継資産の対価として承継会社の株式を発行しなければならないが，事業譲渡の対価は金銭に限られる。

解答	ア

■**解説**

　会社分割（吸収分割）と事業譲渡のメリット・デメリットを答えさせる基本的な出題である。頻出分野であり，必ず正解したい問題である。

　ア：適切である。吸収分割会社では，法定の備え置き開始日から吸収分割の効力発生後6か月を経過する日までの間，吸収分割契約等を本店に備え置かなければならない（会社法782条1項）。事業譲渡では，このような制度はない。

　イ：不適切である。前段は正しいが，後段は誤りである。事業譲渡は売買契約に基づく取引行為であるため，債務の移転について債権者保護手続は不要な代わりに，債権者から個別に同意を得る必要がある。

　ウ：不適切である。吸収分割では，分割会社が取得している許認可を承継できる（行政官庁に届出を行うだけで足りる）業種が多い。事業譲渡では，譲渡会社が取得している許認可を承継することができない（行政官庁から別途許認可を受ける必要がある）業種が多い。

　エ：不適切である。吸収分割においては，承継会社の株式に代えて，金銭，新株予約権，社債，分割当事者でない会社の株式等の財産も対価として認められている（会社法758条4項）。事業譲渡は売買契約に基づく取引行為であるため，対象事業の対価は金銭で支払われることが多いが，金銭に限定されるわけではない。

　よって，アが正解である。

事業譲渡	ランク	1回目	2回目	3回目
	A	/	/	/

■**令和元年度　第2問**

　会社法が定める株式会社の事業譲渡に関する記述として，最も適切なものはどれか。なお，反対株主の買取請求権に関する会社法第469条第1項第1号及び第2号については考慮しないものとする。

　ア　事業譲渡の対価は，金銭でなければならず，譲受会社の株式を用いることはできない。

　イ　事業譲渡をする会社の株主が，事業譲渡に反対する場合，その反対株主には株式買取請求権が認められている。

　ウ　事業の全部を譲渡する場合には，譲渡会社の株主総会の特別決議によって承認を受ける必要があるが，事業の一部を譲渡する場合には，譲渡会社の株主総会の特別決議による承認が必要となることはない。

　エ　当該事業を構成する債務や契約上の地位を譲受人に移転する場合，個別にその債権者や契約相手方の同意を得る必要はない。

解答	イ

■解説

　事業譲渡について，基本的な仕組みと手続が問われている。いずれも基本的な知識であり，確実に正解したい。

　ア：不適切である。事業譲渡とは，取引行為として事業を他人に譲渡することであり，その対価は金銭であることが多い。ただし，対価が金銭に限定されているわけではなく，譲受会社の株式を用いることも論理的には可能である。

　イ：適切である。譲渡会社の株主が事業譲渡に反対する場合，その反対株主には，原則として株式買取請求権が認められる（会社法469条1項本文）。なお，本問では考慮対象外とされているが，問題文で触れている同条同項1号（事業譲渡の承認と同時に解散を決議する場合）と2号（略式手続または簡易手続の要件を満たす場合）は，重要な例外規定（反対株主に買取請求権が生じない場合）なので，覚えておきたい。

　ウ：不適切である。事業の全部を譲渡する場合に，譲渡会社の株主総会の特別決議による承認が必要である点は正しい（会社法467条1項1号）。しかし，事業の一部を譲渡する場合も，当該譲渡により譲り渡す資産の帳簿価額が当該株式会社の総資産額の5分の1（これを下回る割合を定款で定めた場合はその割合）を超えないものを除き，譲渡会社の株主総会の特別決議による承認が必要である（会社法467条1項2号）。

　エ：不適切である。会社分割とは異なり，事業譲渡においては債権者保護手続が設けられていない。そのため，譲渡される事業を構成する債務や契約上の地位を譲受人に移転する場合は，個別にその債権者や契約相手方の同意を得る必要がある。

　よって，イが正解である。

事業譲渡と会社分割	ランク	1回目	2回目	3回目
	A	／	／	／

■**令和4年度　第5問（設問1）**

　以下の会話は，X株式会社（以下「X社」という。）の代表取締役甲氏と，中小企業診断士であるあなたとの間で行われたものである。この会話に基づき下記の設問に答えよ。

　なお，本問における甲氏とあなたとの間の会話内の会社分割は，吸収分割のことを指している。

甲　氏：「弊社の事業の一部である β 事業の業績が芳しくないので， β 事業を他の会社に売って，弊社の経営資源を a 事業に集中したいと思っています。先日，資本関係にない株式会社であるY社から， β 事業を買いたいという話がありました。Y社の担当者によれば，方法としては，事業譲渡の方法と会社分割の方法があり，会社分割は吸収分割とのことでした。私は β 事業を売った対価を金銭としたいと思ったのですが，事業譲渡と会社分割とでは違いが生じるのでしょうか。」

あなた：「　　A　　。」

甲　氏：「なるほど。その後，私が，弊社の経理部長乙氏に意見を聞いたところ，乙氏は，『これを機会にY社の株式を取得して，Y社との関係を深めてはどうか。』と話していました。 β 事業を売った対価を株式とすることは，事業譲渡と会社分割のいずれでもできるのでしょうか。」

あなた：「　　B　　。」

　（以下略）

　会話の中の空欄AとBに入る記述の組み合わせとして，最も適切なものはどれか。

　ア　A：事業譲渡の場合では対価を金銭とすることはできますが，会社分割の場合では対価を金銭とすることはできません
　　　B：事業譲渡の場合では対価を株式とすることはできませんが，会社分割の場合では対価を株式とすることはできます
　イ　A：事業譲渡の場合では対価を金銭とすることはできますが，会社分割の場合では対価を金銭とすることはできません
　　　B：事業譲渡の場合でも，会社分割の場合でも，対価を株式とすることはできます
　ウ　A：事業譲渡の場合でも，会社分割の場合でも，対価を金銭とすることはできます
　　　B：事業譲渡の場合では対価を株式とすることはできませんが，会社分割の場合では対価を株式とすることはできます
　エ　A：事業譲渡の場合でも，会社分割の場合でも，対価を金銭とすることはできます
　　　B：事業譲渡の場合でも，会社分割の場合でも，対価を株式とすることはできます

解答	エ

■解説

組織再編手法のうち，事業譲渡と会社分割（本問では吸収分割に限定）の異同が問われている。本問が採りあげた対価はやや細かい論点ではあるが，過去にも出題されており，確実に押さえておきたい。

事業譲渡とは，会社ごと売買するのではなく，必要な事業に関連する資産・負債のみを売買する手法である。一方，吸収分割とは，事業の全部または一部を他の既存会社に承継する形で会社を分割する手法である。

事業譲渡では，取引行為として事業を他人に譲渡するため，その対価は金銭であることが多い。ただし，対価が金銭に限定されているわけではなく，譲受会社が発行する株式を対価とすることも可能である。一方，吸収分割では，通常は分割会社に対して承継会社の株式が対価として交付されるが，「その事業に関する権利義務の全部又は一部に代わる金銭等」でもよいとされている（会社法758条4項）。

つまり，事業譲渡と吸収分割のいずれの場合も，対価は金銭と株式のどちらでもよい，ということになる。

よって，エが正解である。

事業譲渡と会社分割	ランク	1回目		2回目		3回目	
	A	/		/		/	

■**令和4年度　第5問（設問2）**

　以下の会話は，X株式会社（以下「X社」という。）の代表取締役甲氏と，中小企業診断士であるあなたとの間で行われたものである。この会話に基づき下記の設問に答えよ。

　なお，本問における甲氏とあなたとの間の会話内の会社分割は，吸収分割のことを指している。

（前略）

甲　氏：「ありがとうございます。事業譲渡によるのか，会社分割によるのかは，弊社内で再度検討します。ところで，事業譲渡と会社分割の手続きを少しお聞きしたいのですが，それぞれの手続きで違うところはあるのでしょうか。」

あなた：「　　C　　。」

甲　氏：「分かりました。ありがとうございます。」

　会話の中の空欄Cに入る記述として，最も適切なものはどれか。

　なお，事業譲渡及び会社分割のいずれの場合においても，当該株主総会の承認決議と同時に解散決議をするものではなく，また，簡易手続（簡易事業譲渡，簡易会社分割）によるものではないものとする。

　　ア　会社法では，事業譲渡の場合，X社の株主にいわゆる反対株主の買取請求権が認められていますが，会社分割では反対株主の買取請求権は認められていません

　　イ　会社法では，事業譲渡は，登記をすることにより効力が発生するとされていますが，会社分割は，契約書に定めた効力発生日に効力が発生するとされています

　　ウ　会社法には，会社分割では，X社で契約書などの事前開示書類を一定の期間，備置することが定められていますが，事業譲渡ではそのような定めはありません

　　エ　会社法には，事業譲渡ではX社の債権者を保護するための債権者保護手続が定められていますが，会社分割ではそのような手続きは定められていません

解答	ウ

■解説

　事業譲渡と会社分割（本問では吸収分割に限定）を比較して，株式買取請求権や債権者保護手続といった制度の異同が問われている。いずれも基本的な知識であり，過去に出題された論点も含まれるため，確実に正答したい。

　ア：不適切である。事業譲渡では，譲渡会社の株主が反対する場合，その反対株主には原則として株式買取請求権が認められる（会社法469条1項本文）。吸収分割においても，分割会社の反対株主には原則として株式買取請求権が認められる（会社法785条）。

　イ：不適切である。事業譲渡では，事業譲渡契約で定められた効力発生日に効力が発生し，それは登記の日とは限らない。吸収分割においては，吸収分割契約書に定めた効力発生日に効力が発生する（会社法758条7号）。

　ウ：適切である。吸収分割では，吸収分割契約の内容その他法務省令で定める事項を記載又は記録した書面又は電磁的記録を，一定期間本店に備え置かなければならない（会社法782条）。事業譲渡については，そのような開示制度は規定されていない。

　エ：不適切である。事業譲渡では，債権者保護手続は定められていない。その理由は，事業譲渡は取引行為であるため，事業を構成する権利義務関係を移転しようとすれば，個別に債権者の承諾を得ることが必要になるからである。吸収分割においては，分割会社の債権者を対象とする債権者保護手続が規定されている（会社法789条）。

　よって，ウが正解である。

2. 倒産処理

▶▶ 出題項目のポイント

　まず，倒産処理は，私的整理と法的整理に大きく分かれる。

　私的整理とは，債権者と債務者の話し合いで利害調整を行い，処理が進められる手続である。私的整理は，裁判所の関与なしで債権者の合意により自主的に進められるため，簡便かつ自由度が高い一方で，手続の透明性に問題が生じやすい。このため，2001 年 9 月に「私的整理に関するガイドライン」が公表され，関係者間の利害調整に関する指針として利用されている。

　法的整理とは，法律に従って，裁判所の関与のもとで処理が進められる手続である。法的整理は，事業資産を残して事業を継続し，得られた収益をもとに債権回収を目指す「再建型手続」（会社更生，民事再生）と，すべての資産を換価して債権者に分配し，事業を廃止する「清算型手続」（破産，特別清算）に分かれる。この中で多く利用されるのは，再建型手続では民事再生，清算型手続では破産である。その他，会社更生は大企業の再建のため，特別清算は債務超過子会社の清算のために，それぞれ主として利用される。

▶▶ 出題の傾向と勉強の方向性

　私的整理については，過去に正面から網羅的に問われたことはない。上記「私的整理に関するガイドライン」の概略を押さえ，代表的な再生手法として，ADR，DDS，DES などを学習しておきたい。特に DDS と DES については，貸借対照表にどのような影響を与えるのかを理解しておくこと。

　法的整理については，過去に個々の手続が単体で細かく問われた例は少ない。各制度の目的とそこから導き出される特徴を押さえることが先決である。特に民事再生と会社更生，およびこれら 2 つと破産の異同については，参考書等で確認しておくことをお勧めする。試験直前期に見直せるように，横並びの一覧表などにまとめておくとよいだろう。

■取組状況チェックリスト

2. 倒産処理						
法的倒産処理全般						
問題番号	ランク	1回目		2回目		3回目
平成 28 年度 第 5 問	C *	／		／		／
令和元年度 第 3 問	C *	／		／		／
令和 3 年度 第 4 問	B	／		／		／
令和 5 年度 第 8 問	C *	／		／		／

＊ランクCの問題と解説は，「過去問完全マスター」のHP（URL：https://jissen-c.jp/）よりダ
ウンロードできます。

破産と民事再生	ランク	1回目		2回目		3回目	
	B	／		／		／	

■令和 3 年度　第 4 問

破産手続及び民事再生手続に関する記述として，最も適切なものはどれか。

ア　破産手続においては，否認権は認められているが，民事再生手続においては，否認権は一切認められていない。

イ　破産手続においては，別除権が認められているため，担保権者は破産手続によらずに担保権を行使することができるが，民事再生手続においては，別除権は認められていないため，担保権者は民事再生手続外で，担保権を行使することはできない。

ウ　破産手続においては，法人・自然人を問わず，破産者の破産手続開始時におけるすべての財産が破産財団となり，そのすべての財産を金銭に換価して配当に充てることとなるが，民事再生手続においては，必ずしも，民事再生手続開始時におけるすべての財産を換価するものではない。

エ　破産手続は，申立てによる他，裁判所の職権によって開始する場合もある。

解答	エ

■解説

　破産手続と民事再生手続を比較して，横断的に問われている。倒産処理では，本問のように複数の制度を比較して問うケースが多いので，普段から共通点・相違点を整理しながら学習しておきたい。

　　ア：不適切である。否認権とは，破産者が破産手続開始決定前にした財産減少行為等の効力を否定し，配当に回す財産に取り戻すために破産管財人に与えられる権利である（破産法 160 条）。否認権は，破産のみならず，民事再生（民事再生法 127 条），会社更生（86 条）においても認められている。

　　イ：不適切である。別除権とは，担保権（先取特権・留置権・質権・抵当権）を持つ者が，破産手続外で担保権を実行し，破産財団に属する目的財産から優先的に弁済を受ける権利である（破産法 2 条 9 号，65 条，66 条）。別除権は，破産のみならず，民事再生においても認められている（民事再生法 53 条）。ちなみに，会社更生においては，担保権も更生担保権として手続内に取り込まれ，手続外で担保権を実行して優先的な債権回収を図ることはできない。

　　ウ：不適切である。破産手続においては，法人・自然人を問わず，破産者の破産手続開始時におけるすべての財産が破産財団となり，そのすべての財産を金銭に換価して配当に充てるのが原則である（破産法 34 条 1 項）。ただし，例外として，「自由財産」という破産財団に属しない財産が認められる。この自由財産には，①99 万円以下の現金（同法 34 条 3 項 1 号），②差押禁止財産（同法 34 条 3 項 2 号），③破産手続開始後に新たに取得した財産，④破産管財人が破産財団から放棄した財産等が含まれる。よって，本肢の前半は誤りである。一方，民事再生においては，民事再生計画に沿って債権が弁済される限り，換価・配当の必要はない。よって，本肢の後半は正しい。

　　エ：適切である。破産手続は，原則として，債権者または債務者から破産手続開始の申立てがあった場合に，裁判所が手続開始を決定する（破産法 18 条，30 条）。ただし，例外として，特別清算手続中に破産原因が存在することが明らかになった場合（会社法 574 条）のように，裁判所の職権によって開始する場合もある。

　よって，エが正解である。

【参考】破産手続における財産の分配順位

優先順	名　称	内容と主な例
1	財団債権	・破産管財人の報酬 ・破産手続開始時に納期限が到来していないか，納期限から1年を経過しない租税公課 ・破産手続開始前3月間の労働者の給料
2	優先的破産債権	・破産財団に属する財産に一般の先取特権などの優先権がある破産債権 ・破産手続開始時に納期限から1年を経過した租税公課 ・財団債権とされる以外の雇用関係の請求権
3	一般の破産債権	・財団債権，優先的破産債権，劣後的破産債権，約定劣後破産債権のいずれでもない債権
4	劣後的破産債権	・破産手続開始決定後の利息，遅延損害金，延滞税，加算税など
5	約定劣後破産債権	・債権者と会社との間で，「会社が破産した場合の配当の順位は劣後的破産債権に劣後する」と取り決めがなされた債権

(注) 別除権者（破産者の財産について抵当権などを有する者）
・破産手続外で抵当権などを実行して優先的に弁済を受けることができる。
・別除権を行使しても債権全額の弁済を受けられない場合は，その不足額について破産債権として配当を受けることができる。

Ⅱ．知的財産権に関する知識

第3章

知的財産権・産業財産権総論

1. 知的財産権と産業財産権

▶▶ 出題項目のポイント

　知的財産権とは，人間の知的創造活動の成果について，その創作者に一定期間与えられる独占権である。

　知的財産権は，創作意欲の促進を目的とする「知的創造物についての権利」と，使用者の信用維持を目的とする「営業標識についての権利」に大別される（下図）。

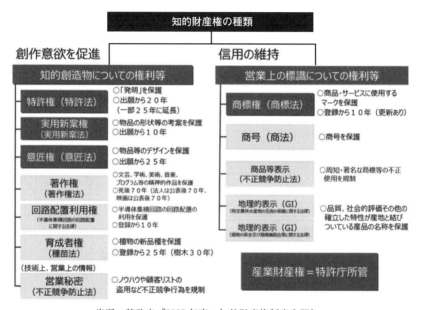

出所：特許庁『2023 年度　知的財産権制度入門』

　また，知的財産権のうち，特許権，実用新案権，意匠権および商標権の４つを「産業財産権」という。これらの権利は，特許庁に出願し登録されることによって，一定期間，独占的に実施（使用）できる権利となる。

産業財産権の種類と特徴

権利名称	特許権	実用新案権	意匠権	商標権
保護対象	発　明	考　案	意匠（デザイン）	商　標
内　　　容	自然法則を利用した技術的なアイデアのうち高度なもの	自然法則を利用した技術的なアイデアで，物品の形状，構造または組み合わせに関するもの	物品の形状，模様または色彩からなるデザイン 物品に記録・表示されていない画像や，建築物の外観・内装のデザインも含まれる	文字，図形，記号，立体的形状，または色彩からなるマークや音その他政令で定めるもので，事業者が「商品」や「サービス」について使用するもの
保 護 期 間	出願から20年	出願から10年	出願から25年	登録から10年
登録の要否	要	要（無審査）	要	要
実 体 審 査	あり	なし	あり	あり
権利期間の延　　　長	一定の場合可	不可	不可	何度でも更新可能
出　願　先	特許庁長官			

▶▶出題の傾向と勉強の方向性

　知的財産権全体，および産業財産権全体に関する横断的な問題は，過去に何度も出題されている。各知的財産権の保護対象を正確に覚え，過去問を使って各制度の守備範囲を押さえておくことが有効である。

　特に，産業財産権と著作権は，1つの事例で同時に問題となることがあり，かつ登録の要否や存続年数などの違いが大きいので，注意したい。

■取組状況チェックリスト

1．知的財産権と産業財産権

知的財産権

問題番号	ランク	1回目		2回目		3回目	
平成27年度 第11問（設問2）	B	／		／		／	
平成29年度 第6問（設問1）	C＊	／		／		／	
平成29年度 第6問（設問2）	C＊	／		／		／	
平成29年度 第8問	C＊	／		／		／	
平成30年度 第13問	C＊	／		／		／	

産業財産権

問題番号	ランク	1回目		2回目		3回目	
平成26年度 第13問（設問1）	A	／		／		／	
平成26年度 第13問（設問2）	A	／		／		／	
平成29年度 第7問	A	／		／		／	
令和元年度 第10問	A	／		／		／	
令和元年度 第15問	A	／		／		／	
令和2年度 第8問	A	／		／		／	
令和3年度 第15問	A	／		／		／	
令和4年度 第8問	A	／		／		／	

＊ランクCの問題と解説は，「過去問完全マスター」のHP（URL：https://jissen-c.jp/）よりダウンロードできます。

各種知的財産権の保護対象	ランク	1回目	2回目	3回目
	B	/	/	/

■平成 27 年度　第 11 問（設問 2）

　中小企業診断士のあなたと顧客の経営者 X 氏との以下の会話を読んで，下記の設問に答えよ。なお，実在するキャラクターや特産品を考慮する必要はない。

　X　氏：「実は，AB 市の公募で採用された『AB せん兵衛くん』という，いわゆるゆるキャラが『AB せんべい』（注：AB 市の特産品）の知名度向上に一役買っているのですが，最近，地元のイベントで『AB せん兵衛くん』の偽物が現れましてね。よく似た着ぐるみを着て，『海老みそブシューッ！』と叫びながらエビ反りになってのたうち回るなんてギャグをやったりして，子供にはうけますが，下品だと言って嫌う人もいます。こういったゆるキャラの権利を知的財産で守るような法的手段はないのでしょうか。」

　あなた：「キャラクターのデザインや絵柄の創作を保護するなら，やはり　③　で守るというのが最も素直でしょう。広告宣伝用であれば，平面だけでなく立体的な構成も　④　，あるいは　⑤　で保護が可能ですが，広告宣伝の対象となる商品やサービスを特定する必要がありますし，　④　は登録の手続が，　⑤　は権利行使のために周知性の立証が必要です。また，ぬいぐるみの量産品であれば　⑥　で保護される可能性も出てきますが，一方でそのような物品が　③　による保護の対象になるか，という問題も出てきます。結局，場面に応じた個別的な法的保護の組み合わせでキャラクターの利益を守るしかないのが現状です。」

（設問 2）

　会話の中の空欄③～⑥に入る語句の組み合わせとして最も適切なものはどれか。

　ア　③：商品化権　④：不正競争防止法　⑤：商標権　　　　⑥：意匠権

　イ　③：著作権　　④：商標権　　　　　⑤：景品表示法　　⑥：パブリシティ権

　ウ　③：著作権　　④：商標権　　　　　⑤：不正競争防止法　⑥：意匠権

　エ　③：意匠権　　④：不正競争防止法　⑤：商標権　　　　⑥：著作権

解答	ウ

■解説

キャラクターの保護について，会話形式で問う問題である。

・空欄③について

あなたの第3発言「キャラクターのデザインや絵柄の創作を保護する」から，「文芸，学術，美術又は音楽の範囲に属する，思想又は感情の表現である創作的な表現」を保護する制度である「著作権」が入る。

・空欄④・⑤について

あなたの第3発言「平面だけでなく立体的な構成」を保護するための制度として，立体的な形状からなる商標を認める「商標権」と，他人の商品形態の模倣行為を規制する「不正競争防止法」が考えられる。

同じ発言の続きには，「　④　は登録の手続が，　⑤　は権利行使のために周知性の立証が必要です。」とある。まず，④には登録を要する「商標権」が入る。次に⑤については，商品形態模倣行為（不正競争防止法2条1項3号）については周知性は必要ない。しかし，混同を惹起するおそれがあるものの，実質的に同一の形態といえるほど似てはいない場合には，周知表示混同惹起行為（同法2条1項1号）を理由として模倣を差し止めることになり，その場合は周知性の立証が必要になる。よって，⑤には「不正競争防止法」が入る。

・空欄⑥について

あなたの第3発言「ぬいぐるみの量産品であれば　⑥　で保護される可能性も出てきます」から，産業の発達を図るため，工業上利用できる（反復して量産できる）物品のデザインを保護対象とする「意匠権」が入る。

なお，同じ発言の続きにあるように，量産品が③著作権による保護の対象になるかについては問題がある。「個別的に創作されたデザイン製品は著作権法で保護し，画一的に生産される製品は意匠法で保護する」という考え方もあるが，裁判所の判決には，産業デザイン製品に対する著作権保護を否定した例と認めた例の両方があり，判断は分かれている。

よって，ウが正解である。

産業財産権の存続期間	ランク	1回目	2回目	3回目
	A	/	/	/

■**平成 26 年度　第 13 問（設問 1）　改題**

産業財産権（工業所有権）の存続期間に関する下記の設問に答えよ。

（設問 1）

次の a 〜 d の各権利とその存続期間の組み合わせとして最も適切なものを下記の解答群から選べ。ただし，法改正に伴う経過措置，存続期間の延長及び更新については考慮しないものとする。

〔権利〕

a　意匠権　　b　実用新案権　　c　特許権　　d　商標権

〔解答群〕

ア　a：出願日から 20 年　　b：出願日から 10 年
　　c：登録日から 10 年　　d：登録日から 10 年

イ　a：登録日から 10 年　　b：出願日から 6 年
　　c：出願日から 20 年　　d：出願日から 10 年

ウ　a：登録日から 20 年　　b：登録日から 10 年
　　c：登録日から 20 年　　d：出願日から 10 年

エ　a：出願日から 25 年　　b：出願日から 10 年
　　c：出願日から 20 年　　d：登録日から 10 年

解答	エ

■解説

　各産業財産権の存続期間を横断的に問う，基本的な問題である。特許権、実用新案権及び意匠権は「出願から」，商標権は「登録から」存続期間が起算されることを覚えておきたい。

　　　a：意匠権　　　　出願日から25年である（意匠法21条1項）。令和元年の法改正（2020年4月1日施行）で，「登録日から20年」から「出願日から25年」に変更された。

　　　b：実用新案権　　出願日から10年である（実用新案法15条）。

　　　c：特許権　　　　出願日から20年である（特許法67条1項）。

　　　d：商標権　　　　登録日から10年である（商標法19条1項）。

　よって，エが正解である。

産業財産権の 存続期間	ランク	1回目	2回目	3回目
	A	／	／	／

■平成 26 年度　第 13 問（設問 2）

産業財産権（工業所有権）の存続期間に関する下記の設問に答えよ。

（設問 2）

産業財産権のうち，(1)存続期間の更新登録制度があるもの，(2)存続期間の延長登録制度があるものの組み合わせとして最も適切なものはどれか。

　　ア　(1)：意匠権　　　　(2)：特許権

　　イ　(1)：実用新案権　　(2)：意匠権

　　ウ　(1)：商標権　　　　(2)：特許権

　　エ　(1)：特許権　　　　(2)：意匠権

解答	ウ

■解説

　産業財産権の存続期間に関して，更新登録制度および延長登録制度について問う基本的な問題である。

(1)　存続期間の更新登録制度

　　　特許権・実用新案権・意匠権は，産業の発展に寄与する発明等を公開する代償として，一定期間の独占的な使用を認める権利である。このため，一定期間後は権利者以外も自由に使用できるように，更新登録の制度は設けられていない。

　　　これらに対して，商標権は，商標を使用することによってその商標に付与される業務上の信用を保護するための権利である。このため，存続期間を限定すると，蓄積された業務上の信用の保護という目的に反することになる。一方，商標権者にとって必要がなくなった商標にまで保護を与える必要はない。そこで，存続期間の更新登録制度が設けられ，10 年ごとの更新を続けることで半永久的に保護を受けられるようにした（商標法 19 条 2 項・3 項）。

(2)　存続期間の延長登録制度

　　　特許権の存続期間には，延長制度が採用されている（特許法 67 条 2 項）。医薬品や農薬など一部の分野では，安全性の確保を目的とする法律等（例：薬事法，農薬取締法）の規定による許可等を得るにあたり，実験や審査に長期間を要し，その間は特許権が存続していても権利の専有による利益を享受できない。このため，こうした許可等を受ける必要があるために特許発明を実施できなかったときは，延長登録の出願により，5 年を限度として当該特許権の存続期間を延長することができるとした。

　　　一方，実用新案権・意匠権ではそこまでの保護は規定されておらず，商標法では(1)で述べたように延長ではなく更新の制度が規定されている。

　よって，(1)は商標権，(2)は特許権が該当し，ウが正解である。

産業財産権の存続期間	ランク	1回目	2回目	3回目
	A	／	／	／

■平成 29 年度　第 7 問　改題

産業財産権の存続期間に関する記述として，最も適切なものはどれか。

ア　意匠権（関連意匠の意匠権を除く）の存続期間は，出願の日から 25 年である。

イ　実用新案権の存続期間は，設定登録の日から 15 年である。

ウ　商標権の存続期間は，設定登録の日から 10 年であり，以後，1 年ごとに更新することが可能である。

エ　特許権の存続期間は，設定登録の日から 20 年である。

解答	ア

■解説

産業財産権の存続期間が横断的に問われている。基本的な出題であり，必ず正解したい。

　ア：適切である。意匠権（関連意匠の意匠権を除く）の存続期間は，出願の日から 25 年である（意匠法 21 条 1 項）。令和元年の法改正（2020 年 4 月 1 日施行）で，「登録日から 20 年」から「出願日から 25 年」に変更された。なお，関連意匠の存続期間は，基礎となる意匠の登録出願の日から 25 年である（同法 21 条 2 項）。

　イ：不適切である。実用新案権の存続期間は，「登録出願の日から 10 年」である（実用新案法 15 条）。

　ウ：不適切である。商標権の存続期間は，設定登録の日から 10 年であり，以後，更新登録の申請により「10 年ごとに」更新することが可能である（商標法 19 条）。

　エ：不適切である。特許権の存続期間は，「特許出願の日から」20 年である（特許法 67 条 1 項）。

　よって，アが正解である。

	ランク	1 回目		2 回目		3 回目	
物の形状の保護	A	/		/		/	

物の形状を保護する意匠法，商標法，不正競争防止法に関する記述として，最も適切なものはどれか。

ア　自動二輪車の形状が意匠登録された場合，その意匠権は同じ形状のチョコレートにも及ぶ。

イ　自動二輪車の形状が不正競争防止法第 2 条第 1 項第 1 号の商品等表示混同惹起行為として保護されるには，それが当該メーカーの商品等表示として需要者の間に広く認識されている必要がある。

ウ　自動二輪車の形状について意匠登録出願をした場合，所定期間内であれば立体商標の商標登録出願に出願変更することができる。

エ　自動二輪車の形状は商品そのものの形状なので，立体商標として登録されることはない。

解答	イ

■解説

　物の形状の保護について，意匠法，商標法，不正競争防止法が横断的に問われている。ウはやや細かいが，他は基本的な知識であり，確実に正解したい。

　ア：不適切である。従来，意匠登録の出願は，経済産業省令で定める物品の区分により意匠ごとにしなければならないとされていた（旧意匠法7条）。令和元年の改正法（2020年4月1日施行）で物品の区分が廃止されたが，出願において物品の用途や機能を特定することは改正法においても必要とされている。自動二輪車とチョコレートでは，用途や機能が全く異なるため，自動二輪車の意匠権は同じ形状のチョコレートには及ばない。

　イ：適切である。ある商品の形状が周知表示混同惹起行為（不正競争防止法2条1項1号）として保護されるためには，それが当該メーカーの商品等表示として，一定の地域において需要者の間に広く認識されている（周知性がある）ことが必要である。

　ウ：不適切である。産業財産権の中で，特許，実用新案，意匠の3つについては，期間等の一定の要件を満たす限り，出願日を維持しつつ出願形式を相互に変更することが認められる。しかし，商標は他の3つとは保護対象（営業上の標識）も目的（使用者の信用維持，需要者の利益保護）も異なるため，他の3つとの間で出願形式の相互変更は認められていない。

　エ：不適切である。通常，権利取得を希望する商品の形状そのものは，自他識別力を欠くものとして，立体商標として登録を認められない。ただし，特殊な例ではあるが，本田技研の「スーパーカブ」は，約半世紀にわたって発売され，見れば一目でホンダ製と識別できることなどが評価され，立体商標としての登録が認められた。よって，「商品そのものの形状なので，立体商標として登録されることはない」とは言い切れない。

　よって，イが正解である。

産業財産権全般	ランク	1回目	2回目	3回目
	A	／	／	／

■令和元年度　第15問

産業財産権法に関する記述として，最も適切なものはどれか。

ア　特許法には，特許異議申立制度が規定されている。

イ　実用新案法には，審査請求制度が規定されている。

ウ　意匠法には，出願公開制度が規定されている。

エ　商標法には，新規性喪失の例外規定が規定されている。

解答	ア

■解説

　4種類の産業財産権について，横断的に問われている。いずれも基本的な知識であり，確実に正解したい。

　　ア：適切である。特許異議申立てとは，特許付与後の一定期間（特許掲載公報発行の日から6月以内）に限り，広く第三者に特許処分の見直しを求める機会を付与し，異議の申立てがあったときは，特許庁自らが当該処分の適否について審理し，当該特許に瑕疵があるときはその是正を図ることにより，特許の早期安定化を図る制度である。特許異議申立ては，特許掲載公報発行の日から6月以内であれば，誰でも行うことができる（特許法113条）。

　　イ：不適切である。審査請求制度があるのは，特許法である。実用新案法には，実体審査のない実用新案において，登録された考案の新規性や進歩性等の有無について特許庁審査官が評価する「技術評価制度」がある（実用新案法12条）。

　　ウ：不適切である。出願公開制度があるのは，特許法と商標法である。意匠権の保護対象である物品の外観は，他人の目に触れると模倣されやすいことから，意匠法では出願公開制度は規定されていない。

　　エ：不適切である。営業上の標識を保護対象とする商標権では，そもそも新規性は登録の要件ではない。そのため，新規性喪失の例外は考慮する必要がないので，規定されていない。

　よって，アが正解である。

産業財産権全般	ランク	1回目	2回目	3回目
	A	／	／	／

■令和2年度　第8問

産業財産権に関する記述として，最も適切なものはどれか。

ア　国内優先権制度は，特許法及び意匠法には存在するが，実用新案法及び商標法には存在しない。

イ　出願公開制度は，特許法及び商標法には存在するが，実用新案法及び意匠法には存在しない。

ウ　存続期間の更新制度は，意匠法及び商標法には存在するが，特許法及び実用新案法には存在しない。

エ　訂正審判制度は，意匠法及び商標法には存在するが，特許法及び実用新案法には存在しない。

解答	イ

■解説

　産業財産権に関する横断的な理解が問われている。ア・エはやや細かい知識であるが，一番基本的なイさえ知っていれば解答でき，確実に正解したい。

　ア：不適切である。国内優先権制度とは，ある発明・考案について出願した後に，その改良である発明・考案について出願する場合，先の出願と重複する部分の発明・考案については，特許要件等の基準時を先の出願時とする制度である（特許法41条）。パリ条約に基づく国際出願の優先権と区別して，「国内」優先権と呼ばれている。国内優先権制度の対象となる権利は，特許権と実用新案権である。意匠権と商標権はその対象とされていない。

　イ：適切である。特許法は，新しい技術を公開した者にその公開の代償として独占権を与える制度である。そこから，発明を自動的に早く公開して産業の発達を促進させようとする「出願公開制度」が定められている。特許出願の日から1年6か月を経過したときは，すべての出願が自動的に公開される（特許法64条）。商標法では，他人の出願に係る商標の使用を回避するための第三者の調査等を容易にするため，商標登録出願があったときは出願公開をしなければならないとされ（商標法12条の2），早ければ出願から1～2週間で公開される。

　　一方，実用新案法及び意匠法においては，出願公開制度は定められていない。実用新案権は，出願すれば，実体的な審査を経ることなく権利として登録されるので，出願された段階でわざわざ公開する実益がないから，また，意匠権は，デザインを対象としており，出願公開されてしまうと他人に真似されるリスクが高いからである。

　ウ：不適切である。商標法は，事業者の営業活動によって蓄積された信用を保護することを目的としているため，存続期間の更新登録の申請によって10年の存続期間を何度でも更新できる（商標法20条）。特許法，意匠法，実用新案法には，更新制度は存在しない。

　エ：不適切である。訂正審判制度とは，特許登録後に，特許出願の願書に添付した明細書，特許請求の範囲または図面を訂正することを目的とする審判である（特許法126条1項）。特許無効の主張を受けた場合や，特許無効の主張が予期される場合等に，特許権者が無効理由を治癒する目的で利用される。訂正審判制度は，特許法と実用新案法には存在するが，意匠法と商標法には存在しない。

　よって，イが正解である。

産業財産権全般	ランク	1回目		2回目		3回目	
	A	／		／		／	

■**令和 3 年度　第 15 問**

産業財産権法に関する記述として，最も適切なものはどれか。

ア　意匠法には，出願公開制度が規定されている。

イ　実用新案法には，出願審査請求制度が規定されている。

ウ　商標法には，国内優先権制度が規定されている。

エ　特許法には，新規性喪失の例外規定が規定されている。

解答	エ

■**解説**

　4種類の産業財産権について，横断的に問われている。いずれも基本的な知識であり，確実に正解したい。

　　ア：不適切である。出願公開制度があるのは，特許法（64条）と商標法（12条の2）である。特許法では，出願日から1年6か月経過後に出願内容が特許公報に掲載される。商標法では，出願があったときに出願内容が商標公報に掲載される。一方，意匠権の保護対象である物品の外観は他人の目に触れると模倣されやすいことから，意匠法では出願公開制度は規定されていない。

　　イ：不適切である。出願審査請求制度は，特許法においてのみ規定されている。特許出願した発明は，出願日から3年以内に出願審査請求があった場合のみ，実体審査が行われる（特許法48条の3）。一方，実用新案法は無審査主義を採用しており，出願審査請求制度は規定されていない。

　　ウ：不適切である。国内優先権制度は，特許法と実用新案法に規定されており，意匠法と商標法には規定されていない。国内優先権とは，先にした出願に新たな内容を付加して新たな出願をした場合に，先にした出願の内容についての新規性・進歩性などの要件判断を，先の出願の日を基準に判断してもらう権利である。ただし，先の出願から1年以内に，国内優先権を主張して新たな出願をしなければならない（特許法41条）。パリ条約に基づく国際出願における優先権と区別して「国内優先権」と呼ばれる。

　　エ：適切である。新規性喪失の例外規定とは，特許を例にとると，本来は発明を公表した場合はその発明の新規性がなくなり，特許を受けることができなくなるところ，特定の条件の下で発明を公開した後に特許出願した場合には，例外的に先の公開によってその発明の新規性が喪失されないものとして取り扱う規定である。新規性喪失の例外規定は，新規性が登録要件とされる特許法（30条），実用新案法（11条1項），意匠法（4条）に規定されている。商標権は新規性が登録要件とされないため，商標法には新規性喪失の例外規定はない。

　よって，エが正解である。

産業財産権全般	ランク	1回目	2回目	3回目
	A	/	/	/

■令和 4 年度　第 8 問

産業財産権法に関する記述として，最も適切なものはどれか。

ア　意匠法には，国内優先権制度が規定されている。

イ　実用新案法には，出願公開制度が規定されている。

ウ　商標法には，出願審査請求制度が規定されている。

エ　特許法には，不実施の場合の通常実施権の設定の裁定制度が規定されている。

解答	エ

■解説

　産業財産権制度について，横断的に問われている。この出題パターンは繰り返されているため，表などで比較しながら差異を正確に押さえておきたい。本問では，正解肢のエはやや細かい知識であるが，ア～ウは基本的な知識であるため，消去法で正答したい。

　ア：不適切である。国内優先権制度は，特許法と実用新案法に規定されており，意匠法と商標法には規定されていない。国内優先権とは，先にした出願に新たな内容を付加して新たな出願をした場合に，先にした出願の内容についての新規性・進歩性などの要件判断を，先の出願の日を基準に判断してもらう権利である（特許法 41 条，実用新案法 8 条）。

　イ：不適切である。出願公開制度は，特許法と商標法に規定されており，実用新案法と意匠法には規定されていない。特許法では，出願日から 1 年 6 か月経過後に出願内容が特許公報に掲載される（特許法 64 条）。商標法では，出願があったときに出願内容が商標公報に掲載される（商標法 12 条の 2）。

　ウ：不適切である。出願審査請求制度は，特許法においてのみ規定されている。特許出願した発明は，出願日から 3 年以内に出願審査請求があった場合のみ，実体審査が行われる（特許法 48 条の 3）。

　エ：適切である。不実施の場合の通常実施権の設定の裁定制度とは，各産業財産権の制度趣旨（特許法であれば，発明の実施を促進し特許の活用を図ること）から見て，通常実施権が許諾されることが適切である場合に，行政が介入して通常実施権の成立を図る制度である。特許法では，特許発明が継続して 3 年以上日本国内において適当に実施されていない場合，その特許発明の実施をしようとする者は，特許権者又は専用実施権者に対し，通常実施権の許諾について協議を求めることができる。協議が成立せず，又は協議をすることができないときは，その特許発明の実施をしようとする者は，特許庁長官の裁定を請求することができる（特許法 83 条）。このような裁定制度は，実用新案権法と意匠法にも規定があるが，商標法には規定されていない。

　よって，エが正解である。

第4章

知的財産権・産業財産権各論

1. 特許権

▶▶ 出題項目のポイント

　特許制度の目的は，「発明の保護及び利用を図ることにより，発明を奨励し，もって産業の発達に寄与すること」である（特許法1条）。

　特許制度は，発明を世に開示することを条件に，発明者に対して一定期間の独占的実施権を与えて発明の保護を図る一方，その発明を公開して利用の機会を図ることにより，技術の進歩を促進し，産業の発達に寄与しようとするものである。

　特許法にいう「発明」とは，(1)自然法則を利用していること，(2)技術的思想であること，(3)創作であること，(4)高度なものであること，の4つの要件を満たすものである。

　さらに，実際に特許を受けるためには，(1)産業上利用することができること，(2)今までにない新しいものであること（新規性），(3)容易に思いつくものではないこと（進歩性），(4)先に出願されていないこと，(5)公共の秩序に反しないこと，(6)明細書などの記載が規定どおりであること，の各要件を満たす必要がある。

　特許を受ける権利は発明者にあり，この権利は財産権として自由に譲渡することができる。従業者が職務上行った発明に関する権利の取り扱いについては，「職務発明制度」の定めによる。

　特許出願した発明は，出願日から3年以内に出願審査請求を行い，特許庁による実体審査を経て，初めて特許として認められる。さらに，特許料を納付すると実際に特許権が発生し，原則として最長で出願から20年間存続できる。なお，出願された特許は，出願から1年6か月経過後に，特許公報にて一般に公表される。

▶▶ 出題の傾向と勉強の方向性

　知的財産権の中で，特許権は商標権・意匠権と並ぶ頻出分野である。特許権の取得に関する要件および職務発明制度については，出題されやすいため，過去問を参考に問われやすい論点を把握し，参考書等で正確に理解しておく必要がある。特許権の効力については，難易がまちまちであるが，効率を考えると，難問については過去問をざっと見ておく程度にとどめ，基本事項に集中するのが得策である。

　また，特許法は頻繁に改正される法律であるため，近年の主要な変更点を確実に押さえることが必要である。

　平成 23 年改正法では，新規性喪失の例外の拡充，通常実施権の当然対抗制度の導入，冒認出願・共同違反出願に係る救済措置等の重要な変更が行われた。

　平成 26 年改正法では，救済措置の拡充，特許異議の申立て制度の創設，平成 27 年改正法では，職務発明制度の見直し，特許法条約の実施のための規定の整備という重要な変更が行われた。

　平成 30 年改正法では，新規性喪失の例外期間の延長（6 か月→ 1 年），すべての中小企業への手数料減免等の変更がなされた。さらに，令和元年改正法では，損害賠償額算定方法の見直し（①特許権者が自らの生産・販売能力を超えた部分も賠償請求を可能にすること，②特許権侵害があったことを前提とした「ライセンス料」の相当額を賠償請求できるようにすること），査証制度（中立な技術専門家による現地調査）の創設等の変更がなされた。

　令和 3 年改正法では，①新型コロナウイルスの感染拡大に対応したデジタル化等の手続きの整備（ウェブ会議システムや電子送付の採用等），②デジタル化等の進展に伴う企業行動の変化に対応した権利保護の見直し（海外事業者による模倣品の国内持ち込みを商標権等の侵害と位置づける等），③知的財産制度の基盤の強化（特許権の侵害に関して訴訟に発展した場合に第三者から意見を募る制度の導入等）といった，時代の変化に合わせた変更がなされた。

　それぞれ，手持ちの教科書でポイントを確認しておきたい。

■取組状況チェックリスト

1. 特許権

特許権の取得

問題番号	ランク	1回目	2回目	3回目
令和 3 年度 第 10 問	A	／	／	／
令和 4 年度 第 14 問	A	／	／	／
令和 5 年度 第 14 問	A	／	／	／

職務発明

問題番号	ランク	1回目	2回目	3回目
平成 28 年度 第 7 問	B	／	／	／
平成 30 年度 第 18 問（設問 1）	B	／	／	／

特許権の効力

問題番号	ランク	1回目	2回目	3回目
平成 30 年度 第 9 問	A	／	／	／
令和元年度 第 13 問	A	／	／	／
令和 2 年度 第 13 問	A	／	／	／
令和 3 年度 第 11 問	A	／	／	／
令和 4 年度 第 9 問	A	／	／	／
令和 5 年度 第 9 問	A	／	／	／

特許権の共有，他

問題番号	ランク	1回目	2回目	3回目
平成 30 年度 第 18 問（設問 2）	A	／	／	／
令和 4 年度 第 16 問	A	／	／	／
令和 5 年度 第 11 問	A	／	／	／

特許出願	ランク	1回目	2回目	3回目
	A	／	／	／

■令和 3 年度　第 10 問

特許法の規定に関する記述として，最も適切なものはどれか。

ア　2 以上の発明は，いかなる場合も 1 つの願書で特許出願をすることはできない。

イ　願書には，明細書，特許請求の範囲，図面及び要約書をすべて必ず添付しなければならない。

ウ　特許請求の範囲に記載する特許を受けようとする発明は，発明の詳細な説明に記載したものであることが必要である。

エ　特許請求の範囲には，請求項に区分して，各請求項ごとに特許出願人が特許を受けようとする発明を特定するために必要と認める事項のすべてを記載する必要はない。

解答	ウ

■解説

特許法の特許出願に関する規定の知識が問われている。

ア：不適切である。2以上の発明については，経済産業省令で定める技術的関係を有することにより発明の単一性の要件を満たす一群の発明に該当するときは，1つの願書で特許出願をすることができる（特許法37条）。たとえば，「断熱材を形成する方法」と「その方法に使用するガン」は，方法とその方法の実施に直接使用する物という技術的関係にあり，発明の単一性の要件を満たす一群の発明に該当するため，1つの願書で特許出願をすることができる。

イ：不適切である。特許出願の願書には，明細書，特許請求の範囲，必要な図面及び要約書を添付しなければならない（特許法36条2項）。「必要な図面」と定められているのは，発明の内容によっては図面に表せない場合もあるため，図面の提出が任意とされているからである。よって，本肢は「図面」を「必ず添付しなければならない」という部分が誤りである。

ウ：適切である。特許請求の範囲には，請求項に区分して，各請求項ごとに特許出願人が特許を受けようとする発明を特定するために必要と認める事項のすべてを記載しなければならない（特許法36条5項）。そして，特許請求の範囲の記載は，①特許を受けようとする発明が発明の詳細な説明に記載したものであること，②特許を受けようとする発明が明確であること，③請求項ごとの記載が簡潔であること，④その他経済産業省令で定めるところにより記載されていること，の4点を満たすものでなければならない（特許法36条6項）。本肢は上記の①について記述しており，正しい。

エ：不適切である。ウの解説で触れたように，特許請求の範囲には，請求項に区分して，各請求項ごとに特許出願人が特許を受けようとする発明を特定するために必要と認める事項のすべてを記載しなければならない（特許法36条5項）。

よって，ウが正解である。

新規性喪失の例外	ランク	1回目	2回目	3回目
	A	／	／	／

■令和4年度　第14問

　以下の会話は，発明家である甲氏と，中小企業診断士であるあなたとの間で行われたものである。この会話の中の空欄に入る記述として，最も適切なものを下記の解答群から選べ。

甲　氏：「私は便利な掃除用具を発明しました。われながらとても良いアイデアであり，特許を取ってみたいと考えています。そこで質問があります。

　　　　　実はこの発明を1か月前に発明展に展示してしまいました。そのときはまだ特許を取るなんて全然考えていなかったので，発明展に自発的に応募して出品しました。しかし，先週になって特許を取りたいと思うようになりました。

　　　　　新規性がないということで，この発明の特許を取得することは無理でしょうか。この発明展は1週間にわたり開催されました。一般に開放したので，老若男女問わず多くの来場者がありました。新規性を喪失しても救済される制度が特許法にあると聞きました。この制度について教えていただけないでしょうか。」

あなた：「発明の新規性喪失の例外規定ですね。□□□□。知り合いの弁理士をご紹介しましょうか。」

〔解答群〕

　ア　新規性を喪失した日から1年以内に特許出願をする必要があります。そして，特許を受ける権利を有する者の行為に起因して発明が新規性を喪失した場合にも，所定の手続的要件を充足することで，この適用を受けられます

　イ　新規性を喪失した日から18か月以内に特許出願すればこの適用を受けられます。しかし，この適用を受けられるのは，特許を受ける権利を有する者の意に反して発明が新規性を喪失した場合に限られます

　ウ　新規性を喪失した日から18か月以内に特許出願をする必要があります。そして，特許を受ける権利を有する者の行為に起因して発明が新規性を喪失した場合にも，所定の手続的要件を充足することで，この適用を受けられます

　エ　新規性を喪失した日から2年以内に特許出願すればこの適用を受けられます。しかし，この適用を受けられるのは，特許を受ける権利を有する者の意に反して発明が新規性を喪失した場合に限られます

解答	ア

■解説

　新規性喪失の例外について，基本的な知識が問われている。新規性喪失の例外は，産業財産権全体，特許権，意匠権（令和元年度第 12 問）で過去に出題された論点であり，期間の数字までしっかりと押さえておきたい。

　特許が認められるための要件の 1 つとして，新規性がある。特許出願より前に公開された発明は，新規性を欠くものとして，特許を受けることができないのが原則である（特許法 29 条 1 項）。ただし，特許出願前に公開されて新規性を失った場合について，例外的に救済される場合がある（新規性喪失の例外）。

　ア：適切である。特許を受ける権利を有する者の行為に起因して発明が新規性を喪失した場合，新規性を喪失した日から 1 年以内に，特許出願と同時に例外規定の適用を受けたい旨の書面を提出（又は願書にその旨を表示）し，特許出願日から 30 日以内に公開の事実等を証明する書面を提出することにより，例外的な救済を受けることができる（特許法 30 条 2 項・3 項）。

　イ：不適切である。必要な手続きの期限は 18 か月ではなく 1 年である。また，アの解説で述べたように，例外的な救済は，特許を受ける権利を有する者の行為に起因して発明が新規性を喪失した場合にも適用される。特許を受ける権利を有する者の意に反して発明が新規性を喪失した場合（特許法 30 条 1 項）に限らない。

　ウ：不適切である。必要な手続きの期限は 18 か月ではなく 1 年である。後段の説明は正しい。

　エ：不適切である。必要な手続きの期限は 2 年ではなく 1 年である。また，イと同じ理由で後段の説明も誤りである。

　よって，アが正解である。

実用新案登録に基づく特許出願	ランク	1回目	2回目	3回目
	A	／	／	／

■**令和 5 年度　第 14 問**

　以下の会話は，衣服メーカーの社長である甲氏と，中小企業診断士であるあなたとの間で行われたものである。

　この会話の中の空欄 A と B に入る語句の組み合わせとして，最も適切なものを解答群から選べ。

甲　氏：「当社開発部が今までにない毛玉取り器の開発に成功したため，半年前に実用新案登録出願をして，実質的に無審査なのですぐに実用新案登録されました。

　　　　最近，この毛玉取り器が結構，話題になって，当社の主力商品になりつつあります。実用新案権は存続期間が短いので，特許を取りたいのですが，何かよい方法はありませんか。」

あなた：「確かに，特許権の存続期間は，原則として，特許法上　A　から 20 年と権利が長いですから，特許を取った方がベターですよね。自己の実用新案登録に基づいて特許出願をすることができる，と聞いたことがあります。いろいろと要件はあるようですが，1 つの要件として，その実用新案登録に係る実用新案登録出願の日から原則として，　B　を経過していると，実用新案登録に基づく特許出願はできません。その手続きをされる場合には，知り合いの弁理士さんを紹介できますよ。」

甲　氏：「よろしくお願いします。」

〔解答群〕

　ア　A：特許権の設定登録の日
　　　B：18 カ月

　イ　A：特許出願が出願公開された日
　　　B：18 カ月

　ウ　A：特許出願の日
　　　B：1 年

　エ　A：特許出願の日
　　　B：3 年

解答	エ

■**解説**

実用新案に基づく特許権出願について問われている。

空欄 A について：

　特許権の存続期間は，原則として<u>特許出願の日</u>から 20 年をもって終了する（特許法 67 条 1 項）。

　したがって，空欄 A には「特許出願の日」が入る。

空欄 B について：

　実用新案権者は，自己の実用新案権を放棄して，実用新案登録に基づく特許出願をすることができる（特許法 46 条の 2 第 1 項）。

　ただし，審査の重複や第三者の監視負担の増大を避けるため，以下の場合には，実用新案登録に基づく特許出願ができない。

⑴　実用新案登録出願の日から<u>3 年</u>を経過したとき（同項 1 号）

⑵　実用新案登録に係る実用新案登録出願またはその実用新案登録についての出願人または権利者から実用新案技術評価書の請求があったとき（同項 2 号）

⑶　第三者から実用新案技術評価書の請求があった旨の最初の通知を受けた日から30 日を経過したとき（同項 3 号）

⑷　実用新案登録の無効審判が請求され，最初に指定された答弁書提出期間が経過したとき（同項 4 号）

　したがって，空欄 B には「3 年」が入る。

　よって，エが正解である。

特許に関する条約，職務発明	ランク	1回目		2回目		3回目	
	B	/		/		/	

■平成 28 年度　第 7 問

　以下の文章は，特許法等の一部を改正する法律（平成 27 年 7 月 10 日法律第 55 号）のうち，主に職務発明に関するものである。

　文中の空欄A～Cに入る語句の組み合わせとして，最も適切なものを下記の解答群から選べ。

　グローバル競争が激化する中，わが国のイノベーションを促進するためには，研究者の研究開発活動に対するインセンティブの確保と，企業の競争力強化を共に実現するための環境整備が重要である。このような事情に鑑み，知的財産の適切な保護及び活用を実現するための制度を整備し，わが国のイノベーションを促進することを目的として，まず，職務発明制度の見直し，次に，特許料等の改定，さらには，　A　及び商標に関するシンガポール条約の実施のための規定の整備を行うこととした。

　　なお，従来の職務発明制度の柱は，まず，特許を受ける権利は　B　に帰属し，　C　が特許出願をするには，その権利を譲り受ける形となる点，及び，　B　は，特許を受ける権利を　C　に承継させた場合，その対価を請求することができる（いわゆる「対価請求権」）というものであった。

　　また，従来の職務発明制度では，異なる　C　における共同発明者甲及び乙が存在する場合，　C　が，自社の発明者（甲）から特許を受ける権利を継承する場合，他社の発明者（乙）の同意も得る必要があるため，権利の承継に係る手続負担が課題となっていた。また，例えば共同研究の途中で，従業者（共同発明者）の人事異動が発生した場合は，再度，当該事業者から同意を取り直す等，権利の承継に係る手続きがより複雑化していた。これらは，昨今共同研究の必要性が高まる中，企業のスピーディーな知財戦略実施の阻害要因のひとつとなっていた。

　　そこで，特許を受ける権利を初めから　C　に帰属させることにより，この問題を解決することとした。

〔解答群〕

　ア　　A：特許協力条約　　B：使用者等　　C：発明者

　イ　　A：特許協力条約　　B：発明者　　C：使用者等

　ウ　　A：特許法条約　　B：使用者等　　C：発明者

　エ　　A：特許法条約　　B：発明者　　C：使用者等

解答	エ

■解説

　平成 27 年 7 月に成立し，翌年 4 月 1 日から施行された改正特許法について，国際条約と職務発明制度が問われている。

（空欄 A について）

　国際条約に関する変更点について問われている。問題文の「特許法等の一部を改正する法律（平成 27 年 7 月 10 日法律第 55 号）」では，下記の条約の締結に伴う改正がなされた。

①　特許法条約

　締結各国で異なる手続きの統一化・簡素化，および手続き上のミスへの救済措置の設置等，出願人への便宜が図られた。

②　シンガポール条約（STLT）

　商標出願手続に関して，従来の「商標法条約」に，出願方法の多様化への対応，手続きの簡素化と調和，期限に関する救済措置等が加えられた。

　よって，A には「特許法条約」が入る。

（空欄 B および C について）

　B および C では，職務発明制度に関する改正点が問われている。従来の職務発明制度では，特許を受ける権利は発明者，すなわち研究・開発を行った従業者本人に帰属し，使用者等が特許を申請する場合には，発明者から出願の権利を譲り受け，かつ相当の対価を支払う必要があった。

　これに対して改正後の職務制度では，就業規則等の取決めにより，特許を受ける権利を発生時から使用者等に帰属させることができるようになった。ただし，発明者の利益を守るため，「相当の金銭その他の経済上の利益」を与えることが必要である。

　よって，B には「発明者」，C には「使用者等」が入る。

　よって，エが正解である。

職務発明，職務著作	ランク	1回目	2回目	3回目
	B	/	/	/

■平成 30 年度　第 18 問（設問 1）

　以下の会話は，中小企業診断士であるあなたと，X株式会社の代表取締役甲氏との間で行われたものである。この会話を読んで，下記の設問に答えよ。

甲　氏：「当社が労務管理のソフトウエアを開発している会社であることはご存知かと思いますが，新たに採用管理のソフトウエアの開発を検討しております。他社にまねをされないよう，どうにかして保護することはできないでしょうか。」

あなた：「ソフトウエアであれば，著作権により保護される可能性があります。また，特許権による保護もあり得ます。」

甲　氏：「著作権とか特許権というのは聞いたことがあります。開発をするのは，当社のソフトウエア開発の部署の従業員なのですが，著作権や特許権は当社に帰属しますか。」

あなた：「そうだとすると，いわゆる職務著作や職務発明に該当する可能性があります。その場合，著作権と特許権では，取り扱いが異なります。　A　を最初から貴社に帰属させるためには，あらかじめ契約，勤務規則その他の定めにおいて，その旨を定めなければなりません。　B　。」（以下略）

（設問 1）

　会話の中の空欄AとBに入る語句の組み合わせとして，最も適切なものはどれか。

ア　A：著作権
　　B：しかも，定めていない場合には，当該ソフトウエアを販売することもできません

イ　A：著作権
　　B：ただし，定めていない場合でも，当該ソフトウエアを販売することはできます

ウ　A：特許権
　　B：しかも，定めていない場合には，当該ソフトウエアを販売することもできません

エ　A：特許権
　　B：ただし，定めていない場合でも，当該ソフトウエアを販売することはできます

解答	エ

■**解説**

　ソフトウェア開発を題材として，著作権と特許権の異同が問われている。

　著作権では，その法人等の業務に従事する者が職務上創作した著作物であること等，一定の要件を満たす場合は，法人等の組織が著作者となる（著作権法15条）。

　一方，特許権では，最初から使用者等に特許権を帰属させるためには，あらかじめ契約，勤務規則等でその旨を定める必要がある（特許法35条3項)。よって，空欄Aには「特許権」が入る。

　職務発明について，使用者等は通常実施権を有する（特許法35条1項）。よって，空欄Bには「ただし，定めていない場合でも，当該ソフトウエアを販売することはできます」が入る。

　よって，エが正解である。

特許発明の実施	ランク	1回目	2回目	3回目
	A	／	／	／

■平成 30 年度　第 9 問

特許発明の「実施」として，最も不適切なものはどれか。

ア　特許発明がレンズの生産方法であって，同特許発明の技術的範囲に属する方法を使用してレンズを製造する行為。

イ　特許発明がレンズの生産方法であって，同特許発明の技術的範囲に属する方法により生産されたレンズを販売する行為。

ウ　特許発明がレンズの生産方法ではなく，その製造装置であって，同特許発明の技術的範囲に属する製造装置により製造されたレンズを販売する行為。

エ　特許発明がレンズの研磨プログラムであって，同特許発明の技術的範囲に属するプログラムを電気通信回線を通じて提供する行為。

解答	ウ

■**解説**

特許発明の実施に関する知識が問われている。

ア：適切である。方法の発明は，その方法を使用する行為が「実施」にあたる（特許法2条3項2号）。

イ：適切である。物を生産する方法の発明は，その方法により生産した物の使用，譲渡等の行為も「実施」にあたる（特許法2条3項3号）。

ウ：不適切である。物の発明は，その物の生産，使用，譲渡等が「実施」にあたる（特許法2条3項1号）。その物（製造装置）により製造された物を販売する行為は，「実施」にあたらない。

エ：適切である。プログラムについては，電気通信回線を通じた提供も「実施」にあたる（特許法2条3項1号）。

よって，ウが正解である。

特許権の効力	ランク	1回目	2回目	3回目
	A	/	/	/

■令和元年度　第 13 問

特許権に関する記述として，最も適切なものはどれか。

ア　他人の特許権又は専用実施権を侵害しても，その侵害の行為について過失があったものと推定されない。

イ　特許権が共有に係るときは，各共有者は，契約で別段の定めをした場合を除き，他の共有者の同意を得なければ，特許発明の実施をすることができない。

ウ　特許権について専用実施権を設定した場合には，特許権者は専用実施権者が専有する範囲について業として特許発明の実施をすることができない。

エ　特許権の存続期間は，登録の日から 20 年をもって終了する。

解答	ウ

■**解説**

　特許権の効力について，幅広く問われている。いずれも基本的な知識であり，確実に正解したい。

　　ア：不適切である。他人の特許権又は専用実施権を侵害した場合，その侵害の行為について過失があったものと推定される（特許法 103 条）。意匠権と商標権についても同様の過失推定規定が設けられており，産業財産権を取得する主要なメリットの 1 つである。

　　イ：不適切である。特許権が共有に係る場合，他の共有者の同意を得なければ，第三者に対する特許権の譲渡や実施権の設定をすることはできない（特許法 33 条）。しかし，特許発明の実施については，他の共有者の同意を得る必要はない。

　　ウ：適切である。専用実施権者は，設定行為で定めた範囲内において，業としてその特許発明の実施をする権利を専有する（特許法 77 条 2 項）。専用実施権を設定した場合，特許権者といえども，専用実施権者が専有する範囲について業として特許発明の実施をすることはできなくなる（特許法 68 条ただし書き）。

　　エ：不適切である。特許権の存続期間は，登録の日からではなく，「特許出願の日から」20 年をもって終了する。

　よって，ウが正解である。

特許権侵害の警告に対する対抗策	ランク	1回目	2回目	3回目
	A	/	/	/

■令和2年度 第13問

　以下の会話は，中小企業診断士であるあなたと，E株式会社の代表取締役甲氏との間で行われたものである。

　会話の中の空欄AとBに入る記述の組み合わせとして，最も適切なものを下記の解答群から選べ。

あなた：「御社の紙製ストローの販売が好調のようですね。」

甲　氏：「おかげさまで，タピオカミルクティー用の紙製ストローが，プラスチック製ストローの代替製品として好評です。しかし，好事魔多しです。おととい，同業者であるF社からこの紙製ストローが同社の最近登録された特許権を侵害するとの警告書が来ました。どうしたらよいでしょうか。」

あなた：「一般的には，①特許発明の技術的範囲に属していないと反論する，②相手の特許権に対抗する正当権限を主張する，③相手の特許権自体を無効にする，④対抗することが難しい場合はライセンス交渉や設計変更を考える，といった選択肢があります。」

甲　氏：「正当権限とはどのようなものですか。」

あなた：「最も一般的なのは先使用権です。この権利を主張するためには，　A　の際，現に，日本国内においてその発明の実施である事業をしている者又はその事業の準備をしている者である必要があるので，しっかりした証拠を集めないといけません。」

甲　氏：「当社は，ずいぶん前から，大口顧客に試作品を提供して意見を聞いていましたから，証拠はそろえられると思います。ああ，そうだ，このように当社の試作品が早いのですから，相手方の特許発明はすでに新規性がなかったとして特許権を無効とすることはできませんか。」

あなた：「その顧客が店頭で試験的に使用していた可能性もありますね。いずれにしろ，新規性を喪失しているかどうかは，御社試作品の実施の事実が　B　かどうかが問題となります。」

甲　氏：「なるほど。」

あなた：「いずれにしろ，警告書に対する回答書を出さなければならないでしょう。よろしければ，特許紛争に強い弁護士を紹介します。」

甲　氏：「ぜひ，よろしくお願いします。」

〔解答群〕

　ア　A：特許の出願　　B：公然の実施に当たる
　イ　A：特許の出願　　B：多数に対する実施に当たる
　ウ　A：特許の登録　　B：公然の実施に当たる
　エ　A：特許の登録　　B：多数に対する実施に当たる

解答	ア

■解説

　他社から特許権侵害の警告を受けた場合の対抗策について問われている。

　本問の「あなた」の第2発言にあるように，方向性として，①特許発明の技術的範囲に属していないと反論する，②相手の特許権に対抗する正当権限を主張する，③相手の特許権自体を無効にする，④対抗することが難しい場合はライセンス交渉や設計変更を考える，の4パターンがあることを押さえておきたい。

空欄 A について：

　上記②の正当権限として先使用権を主張するための要件が問われている。先使用権とは，他者がした特許出願の時点で，その特許出願に係る発明の実施である事業やその事業の準備をしていた者に，公平の観点から，無償の通常実施権を認める制度である（特許法79条）。この定義からわかるように，本問において先使用権の主張が認められるためには，F社の特許出願の時点で，E株式会社がF社の特許出願に係る発明の実施である事業やその事業の準備をしていたことが必要である。

　よって，空欄 A には「特許の出願」が入る。

空欄 B について：

　上記③の相手の特許権自体を無効にする方法として，新規性がないことを主張する場合について問われている。特許出願前に公然知られた発明や公然実施された発明は，特許を受けることができず（特許法29条1項），既に特許を受けていた場合は特許無効審判の対象となる。ここにいう「公然」とは，不特定多数の者が知り得る状況であることを意味し，必ずしも「多数に対する」ものでなくても構わない。

　よって，空欄 B には「公然の実施に当たる」が入る。

　よって，アが正解である。

特許権等の侵害, 発明の実施	ランク	1回目		2回目		3回目	
	A	/		/		/	

■令和3年度　第11問

特許権等の侵害や発明の実施に関する記述として，最も適切なものはどれか。

ア　他人の専用実施権を侵害しても，その侵害の行為について過失があったもの
　　と推定されない。

イ　物を生産する機械の発明において，その機械により生産した物を輸入する行
　　為は，当該発明の実施行為に該当する。

ウ　物を生産する方法の発明において，その方法により生産した物を輸出する行
　　為は，当該発明の実施行為には該当しない。

エ　物を生産する方法の発明について特許がされている場合において，その物が
　　特許出願前に日本国内において公然知られた物でないときは，その物と同一
　　の物は，その方法により生産したものと推定される。

解答	エ

■解説

　特許権等の侵害や発明の実施について問われている。いずれも基本的な知識であり，過去に出題された論点も含まれるため，確実に正解したい。

ア：不適切である。他人の特許権又は専用実施権を侵害した場合，その侵害の行為について過失があったものと推定される（特許法103条）。民法の原則では，不法行為責任を追及するためには，被害者が加害者の故意・過失を立証することが求められるが，その立証は困難である。特許法では，特許権侵害に対する実質的な救済を図る目的で立証責任を転換し，加害者が過失がなかったことを立証しなければならないとされる。

イ：不適切である。発明は「物の発明（プログラム等を含む）」，「方法の発明」，「物を生産する方法の発明」の３種類に分かれる。本肢の「物を生産する機械の発明」は，「物の発明」に含まれる。そして，「物の発明」における「実施」とは，「その物の生産，使用，譲渡・貸渡し，輸出若しくは輸入又は譲渡等の申出をする行為」をいう（特許法２条３項１号）。「その機械により生産した物を輸入する行為」は，上記の「実施」には含まれず，特許権を侵害する実施行為には当たらない。

ウ：不適切である。「物を生産する方法の発明」における「実施」には，「その方法の使用をする行為」と「その方法により生産した物の使用，譲渡等，輸出若しくは輸入又は譲渡等の申出をする行為」が含まれる（特許法２条２号，同条３号）。「その方法により生産した物を輸出する行為」は，特許権を侵害する実施行為に当たる。

エ：適切である。「物を生産する方法の発明」について特許がされている場合において，その物が特許出願前に日本国内において公然知られた物でないときは，その物と同一の物は，その方法により生産したものと推定される（特許法104条）。アの過失推定と同様，被害者が侵害品はその方法により生産されたと立証することは困難であるため，立証責任を転換したものである。

　よって，エが正解である。

特許権の効力	ランク	1回目		2回目		3回目	
	A	／		／		／	

■**令和 4 年度　第 9 問**

特許法に関する記述として，最も適切なものはどれか。

ア　専用実施権者は，自己の専用実施権を侵害する者又は侵害するおそれがある者に対して，その侵害の停止又は予防を請求することができない。

イ　特許権が共有に係るときは，各共有者は，契約で別段の定をした場合を除き，他の共有者の同意を得ないでその特許発明の実施をすることができる。

ウ　特許権者がその特許権について，専用実施権を設定し，その専用実施権の登録がなされた場合，当該設定行為で定めた範囲内において，特許権者と専用実施権者とは，業としてその特許発明の実施をする権利を共有する。

エ　未成年者は特許を受ける権利の権利主体となることができない。

解答	イ

■解説

　特許権の効力を中心に，幅広く問われている。過去にも問われた論点が繰り返し出題されており，過去問学習の重要さがわかる。いずれも基本的な知識であり，確実に正答したい。

　　ア：不適切である。専用実施権とは，設定行為で定めた範囲内で他人の特許発明を独占的かつ排他的に実施できる権利であり（特許法 77 条），特許庁への登録が必要とされる（特許法 98 条 1 項 2 号）。専用実施権者は，自己の専用実施権を侵害する者又は侵害するおそれがある者に対して，その侵害の停止又は予防を請求することができる（特許法 100 条 1 項）。

　　イ：適切である。特許権が共有に係る場合，他の共有者の同意を得なければ第三者に対する特許権の譲渡や実施権の設定をすることはできない（特許法 33 条）。しかし，契約で別段の定めをした場合を除き，特許発明の実施について，他の共有者の同意を得る必要はない。

　　ウ：不適切である。特許権者がその特許権について専用実施権を設定し，その専用実施権の登録がなされた場合，専用実施権者は，設定行為で定めた範囲内において，業としてその特許発明を実施する権利を専有する（特許法 77 条 2 項）。専用実施権を設定した場合，特許権者といえども，専用実施権者が専有する範囲について業として特許発明を実施することはできなくなる（特許法 68 条ただし書き）。

　　エ：不適切である。未成年者であっても，特許出願して特許を受けることができる。ただし，未成年者を保護するため，未成年者が独立して法律行為をすることができる場合（法定代理人から営業を許された場合。民法 6 条 1 項）を除き，法定代理人によらなければ手続をすることができないとされている（特許法 7 条）。

　よって，イが正解である。

発明の実施	ランク	1回目	2回目	3回目
	A	/	/	/

■令和5年度　第9問

特許法に関する記述として，最も適切なものはどれか。

ア　物の発明において，その物を輸出する行為は，その発明の実施行為に該当しない。

イ　物の発明において，その物を輸入する行為は，その発明の実施行為に該当しない。

ウ　物を生産する装置の発明において，その装置により生産した物を譲渡する行為は，その発明の実施行為に該当しない。

エ　物を生産する方法の発明において，その方法を使用する行為は，その発明の実施行為に該当しない。

解答	ウ

■**解説**

　特許法の定める発明の実施について問われている。頻出の論点かつ基本的な内容であり，確実に正解したい。

　特許法2条3項が定める「実施」の定義は，以下のとおりである。

①物（プログラム等を含む）の発明について：

　　その物の生産，使用，譲渡等（譲渡及び貸渡しをいい，その物がプログラム等である場合には，電気通信回線を通じた提供を含む），輸出もしくは輸入又は譲渡等の申出（譲渡等のための展示を含む）をする行為

②方法の発明について：

　　その方法の使用をする行為

③物を生産する方法の発明について：

　　その方法の使用をする行為のほか，その方法により生産した物の使用，譲渡等，輸出もしくは輸入又は譲渡等の申出をする行為

　　ア：不適切である。物の発明において，その物を輸出する行為は，その発明の「実施」に当たる（上記①を参照）。

　　イ：不適切である。物の発明において，その物を輸入する行為は，その発明の「実施」に当たる（上記①を参照）。

　　ウ：適切である。「物を生産する装置」の発明は，上記の③物を生産する方法の発明ではなく，①物の発明である。その装置により生産した物を譲渡する行為は，その発明の「実施」に該当しない。なお，その装置を特許権者に無断で製造したとすれば，そのことは①物の発明の特許権を侵害する実施行為に該当する。

　　エ：不適切である。物を生産する方法の発明において，その方法を使用する行為は，その発明の「実施」に当たる（上記③を参照）。

　よって，ウが正解である。

特許権・著作権の共有	ランク	1回目	2回目	3回目
	A	╱	╱	╱

■平成30年度　第18問（設問2）

　以下の会話は，中小企業診断士であるあなたと，X株式会社の代表取締役甲氏との間で行われたものである。この会話を読んで，下記の設問に答えよ。

甲　氏：「当社が労務管理のソフトウエアを開発している会社であることはご存知かと思いますが，新たに採用管理のソフトウエアの開発を検討しております。他社にまねをされないよう，どうにかして保護することはできないでしょうか。」

あなた：「ソフトウエアであれば，著作権により保護される可能性があります。また，特許権による保護もあり得ます。」（中略）

甲　氏：「なるほど。ソフトウエアの開発にあたっては，Y株式会社との共同開発も視野に入れているのですが，その場合の権利の帰属はどうなりますか。」

あなた：「Y株式会社とその従業員との契約等によりますが，著作権も特許権も，貴社とY株式会社の共有になる可能性があります。」

甲　氏：「その場合，当社は，当該ソフトウエアを，販売したり，作って販売することを第三者に許諾したり，または，自らの権利の持分を譲渡したりするときに，Y株式会社の承諾が必要になるのでしょうか。」

あなた：「Y株式会社との間で別段の定めをせず，著作権と特許権の双方で保護されることを前提とします。まず，貴社が作って販売することは承諾が　C　。次に，作って販売することを第三者に許諾することは承諾が　D　。従業員との契約，勤務規則などの資料を持って，弁護士に相談に行きましょう。」

（設問2）

　会話の中の空欄CとDに入る語句の組み合わせとして，最も適切なものはどれか。

　ア　C：ない場合，できません　　D：ない場合，できません
　イ　C：ない場合，できません　　D：なくても可能です
　ウ　C：なくても可能です　　　　D：ない場合，できません
　エ　C：なくても可能です　　　　D：なくても可能です

解答	ア

■**解説**

　ソフトウェア開発を題材として，著作権と特許権の異同が問われている。

　著作権が共有の場合，共有者全員の合意によらなければ行使することができないとされるため（著作権法65条2項），空欄Cには「ない場合，できません」が入る。

　また，特許権が共有の場合，第三者に通常実施権を許諾するためには他の共有者の同意が必要とされるため（特許法73条3項），空欄Dには「ない場合，できません」が入る。

　よって，アが正解である。

特許権・著作権の共有	ランク	1回目		2回目		3回目	
	A	／		／		／	

■令和4年度　第16問

特許権及び著作権の共有に関する記述として，最も適切なものはどれか。なお，共有者間の契約で別段の定めはないものとする。

ア　特許権：各共有者は，他の共有者の同意を得ないで，その持分を譲渡することができる。

　　著作権：各共有者は，他の共有者の同意を得ないで，その持分を譲渡することができる。

イ　特許権：各共有者は，他の共有者の同意を得ないで，自らその特許発明の実施をすることができる。

　　著作権：各共有者は，その共有者全員の合意によらないで，自ら複製等の著作権の利用をすることができる。

ウ　特許権：各共有者は，他の共有者の同意を得なければ，その特許権について，他人に通常実施権を許諾することができない。

　　著作権：各共有者は，その共有者全員の合意によらなければ，他人に複製等の著作権の利用を許諾することができない。

エ　特許権：各共有者は，他の共有者の同意を得なければ，自らその特許発明の実施をすることができない。

　　著作権：各共有者は，その共有者全員の合意によらなければ，自ら複製等の著作権の利用をすることができない。

解答	ウ

■解説

　特許権と著作権を比較して，権利の共有について問われている。平成30年度第18問（設問2）で，一部同じ論点が出題されている。

　ア：不適切である。特許権が共有に係るときは，各共有者は，他の共有者の同意を得なければ，その持分を譲渡することができない（特許法73条1項）。著作権が共有に係るときは，各共有者は，他の共有者の同意を得なければ，その持分を譲渡することができない（著作権法65条1項）。前段・後段のいずれも誤りである。

　イ：不適切である。特許権が共有に係るときは，各共有者は，契約で別段の定をした場合を除き，他の共有者の同意を得ないでその特許発明の実施をすることができる（特許法73条2項）。著作権が共有に係るときは，共有者全員の合意によらなければ，行使することができない（著作権法65条2項）。著作物の複製等は「行使」にあたる。前段は正しく，後段は誤りである。

　ウ：適切である。特許権が共有に係るときは，各共有者は，他の共有者の同意を得なければ，その特許権について専用実施権を設定し，又は他人に通常実施権を許諾することができない（特許法73条3項）。著作権が共有に係るときは，共有者全員の合意によらなければ，行使することができない（著作権法65条2項）。他人への著作物の複製等の許諾は「行使」にあたる。前段・後段ともに正しい。

　エ：不適切である。特許権が共有に係るときは，各共有者は，契約で別段の定をした場合を除き，他の共有者の同意を得ないでその特許発明の実施をすることができる（特許法73条2項）。著作権が共有に係るときは，共有者全員の合意によらなければ，行使することができない（著作権法65条2項）。著作物の複製等は「行使」にあたる。前段は誤っており，後段は正しい。

　よって，ウが正解である。

特許権・特許を受ける権利の共有	ランク	1回目	2回目	3回目
	A	／	／	／

■令和5年度　第11問

特許法に関する記述として，最も適切なものはどれか。

ア　特許権が共有に係るときは，各共有者は，他の共有者の同意を得なくても，その持分を譲渡することができる。

イ　特許権が共有に係るときは，各共有者は，他の共有者の同意を得なければ，その特許権について他人に通常実施権を許諾することができない。

ウ　特許を受ける権利が共有に係るときは，各共有者は，特許法第38条の規定により，他の共有者と共同でなくとも，特許出願をすることができる。

エ　特許を受ける権利が共有に係るときは，各共有者は，他の共有者の同意を得なくても，その特許を受ける権利に基づいて取得すべき特許権について，仮専用実施権を設定することができる。

解答	イ

■解説

　特許権や特許を受ける権利の共有について問われている。

　　ア：不適切である。特許権が共有に係るときは，各共有者は，他の共有者の同意
　　　　を得なければ，その持分を譲渡し，又はその持分を目的として質権を設定す
　　　　ることができない（特許法 73 条 1 項）。

　　イ：適切である。特許権が共有に係るときは，各共有者は，他の共有者の同意を
　　　　得なければ，その特許権について専用実施権を設定し，又は他人に通常実施
　　　　権を許諾することができない（特許法 73 条 3 項）。

　　ウ：不適切である。特許を受ける権利が共有に係るときは，各共有者は，他の共
　　　　有者と共同でなければ，特許出願をすることができない（特許法 38 条）。

　　エ：不適切である。仮専用実施権とは，特許出願段階におけるライセンスのこと
　　　　であり，特許権取得後にはその特許発明について独占的に実施することがで
　　　　きるという確約を与えるものである。特許を受ける権利が共有に係るときは，
　　　　各共有者は，他の共有者の同意を得なければ，その特許を受ける権利に基づ
　　　　いて取得すべき特許権について，仮専用実施権を設定し，又は他人に仮通常
　　　　実施権を許諾することができない（特許法 33 条 4 項）。

　よって，イが正解である。

2.　実用新案権

▶▶ 出題項目のポイント

　実用新案制度は，特許制度と同種の制度であるが，物品に関する技術的な工夫が産業上役立つことも多く，日常生活の便宜を増大することから，いわゆる小発明（考案）を保護するために設けられた制度である。

　実用新案法では，「考案」を「自然法則を利用した技術的思想の創作」と定義しており，保護対象を産業上利用できる「物品の形状，構造または組み合わせに係る考案」に限定している。このため，「方法」や「物質」は，実用新案法の保護対象とはならない。

　特許法では，審査をしてから特許権を付与する審査主義を採用しているが，実用新案制度では早期権利付与の観点から，平成 6 年より，形式的な審査のみを行う無審査主義を採用している。

　また，権利の濫用を防ぐとともに，第三者に不測の損害を与えないようにする観点から，権利者に対し，権利行使に先立って，実用新案技術評価書を提示して警告することを義務づけている。

　特許制度との主な違いとしては，上記の保護対象，無審査主義，権利行使に先立つ実用新案技術評価書の提示の必要性のほか，権利の存続期間（特許権は出願から 20 年，実用新案権は出願から 10 年），費用（第 1 年から第 3 年について，特許料は毎年 4,300 円＋（請求項の数×300 円），実用新案登録料は毎年 2,100 円＋（請求項の数×100 円））がある。

▶▶ 出題の傾向と勉強の方向性

　過去に実用新案制度が単体で問われた例は少ない。上述した実用新案制度の基本的枠組みを頭に入れたうえ，参考書等に載っている特許制度と実用新案制度の比較表などを用いて，特許制度と比較して整理しておけば足りる。

　平成 23 年改正法では，特許法の改正と併せて，実用新案権と意匠権についても，通常実施権の当然対抗制度および冒認出願・共同出願違反の出願に係る救済制度が盛り込まれ，平成 24 年 4 月 1 日から施行された。

　令和元年改正法では，同時に改正された特許法と同様に，①実用新案権者が自らの生産・販売能力を超えた部分も賠償請求を可能にすること，②実用新案権侵害があっ

たことを前提とした「ライセンス料」の相当額を賠償請求できるようにすること，の2点の改正が行われた。

■取組状況チェックリスト

2. 実用新案権						
実用新案権						
問題番号	ランク	1回目		2回目		3回目
平成28年度 第6問	A	／		／		／
平成30年度 第10問	A	／		／		／
令和2年度 第12問	A	／		／		／
令和4年度 第12問	A	／		／		／
令和5年度 第10問	A	／		／		／

実用新案登録技術評価	ランク	1 回目	2 回目	3 回目
	A	／	／	／

■平成 28 年度　第 6 問

実用新案登録技術評価に関する記述として，最も適切なものはどれか。

ア　実用新案法には，2 以上の請求項に係る実用新案登録出願については，実用新案技術評価の請求は，請求項ごとにすることができない旨が規定されている。

イ　実用新案法には，実用新案技術評価の請求をした後においては，実用新案登録出願を取り下げることができない旨が規定されている。

ウ　実用新案法には，実用新案権の消滅後においても，常に当該実用新案技術評価の請求をすることが可能である旨が規定されている。

エ　実用新案法によれば，実用新案権者は，その登録実用新案に係る実用新案技術評価書を提示して警告をした後でなければ，自己の実用新案権の侵害者等に対し，その権利を行使することができない。

解答	エ

■解説

実用新案技術評価について，できる場合や必要性について問われている。

ア：不適切である。2以上の請求項に係る実用新案登録出願については，実用新案技術評価の請求は，請求項ごとにすることが「できる」旨が規定されている（実用新案法12条1項）。

イ：不適切である。実用新案技術評価の請求をした後は実用新案登録出願を取り下げることができないという規定はない。なお，実用新案技術評価の請求そのものは，取り下げることができない（同法12条6項）。

ウ：不適切である。実用新案法では，実用新案権の消滅後においても，当該実用新案技術評価の請求をすることが可能である。ただし，実用新案登録無効審判により無効にされた後（同法12条2項）や，実用新案登録に基づく特許出願がなされた後（同法同条3項）は，実用新案技術評価の請求はできなくなるため，「常に」できるとはいえない。

エ：適切である。実用新案権者は，実用新案技術評価書を提示して警告をした後でなければ，自己の実用新案権の侵害者等に対し，その権利を行使することができない（同法29条の2）。

よって，エが正解である。

特許と実用新案	ランク	1回目		2回目		3回目	
	A	/		/		/	

■平成 30 年度　第 10 問

特許と実用新案に関する記述として，最も適切なものはどれか。

ア　権利侵害に基づく差止請求権を行使する場合，特許権は事前に相手方に警告を行わなければならないが，実用新案権はその際，さらに技術評価書を提示しなければならない。

イ　他人の特許権又は実用新案権を侵害した者は，その侵害の行為について過失があったものと推定する。

ウ　特許権の存続期間の起算日は出願日であるが，実用新案権の存続期間の起算日は登録日である。

エ　方法の発明は特許を受けることができるが，方法の考案は実用新案登録を受けることができない。

解答	エ

■**解説**

特許と実用新案を比較して，横断的な理解が問われている。

ア：不適切である。特許権者は自己の特許権を侵害する者又は侵害するおそれが
　　ある者に対し，その侵害の停止又は予防を請求することができ（特許法100
　　条1項），事前の警告は権利行使の要件ではない。なお，警告は，特許出願
　　中に出願公開された発明を実施している者に対して，特許登録後に実施料相
　　当額の支払いを請求するための要件である。実用新案権者が差止請求権を行
　　使する場合，技術評価書を提示しなければならないという点は正しい（実用
　　新案法29条の2）。

イ：不適切である。他人の特許権又は専用実施権を侵害した者は，その侵害の行
　　為について過失があったものと推定される（特許法103条）。一方，実用新
　　案権は実体審査を受けずに登録されるため，権利が有効であるという保証が
　　ない。そこで，実用新案権においては，特許法や意匠法と異なり過失の推定
　　が適用されず，民法の原則どおり，権利者が侵害者の故意・過失を証明しな
　　ければならない。

ウ：不適切である。特許権，実用新案権とも，存続期間の起算日は出願日である
　　（特許法67条1項，実用新案法15条）。

エ：適切である。方法の発明は特許を受けることができる（特許法2条）。実用
　　新案権の保護対象は，物品の形状，構造又は組合せに係る考案に限られ，方
　　法の考案は登録を受けることができない。

　よって，エが正解である。

	ランク	1回目		2回目		3回目	
特許と実用新案	A	／		／		／	

■令和 2 年度　第 12 問

実用新案法と特許法の比較に関する記述として，<u>最も不適切なものはどれか</u>。
ただし，存続期間の延長は考慮しないものとする。

ア　権利侵害に基づく差止請求を行使する場合，実用新案権は特許庁による技術
　　評価書を提示する必要があるが，特許権は不要である。

イ　実用新案権の存続期間は出願日から 10 年，特許権の存続期間は出願日から
　　20 年である。

ウ　実用新案出願は審査請求を行わなくとも新規性や進歩性などを判断する実体
　　審査が開始されるが，特許出願は出願日から 3 年以内に審査請求を行わない
　　と実体審査が開始されない。

エ　物品の形状に関する考案及び発明はそれぞれ実用新案法及び特許法で保護さ
　　れるが，方法の考案は実用新案法では保護されず，方法の発明は特許法で保
　　護される。

解答	ウ

■解説

　実用新案権と特許権の異同について問われている。いずれも基本的な知識であり，確実に正解したい。

ア：適切である。実用新案権では無審査主義が採用されており，その権利の有効性について実体審査は行われていない。そこで，実用新案権については，特許庁による技術評価書を提示して警告した後でなければ，差止請求や損害賠償請求ができないとされる（実用新案法29条の2）。一方，特許権については，登録前に実体審査を経ており，権利の有効性について判断済みであるため，そのような制約は課されていない。

イ：適切である。実用新案権の存続期間は出願日から10年（実用新案法15条），特許権の存続期間は原則として出願日から20年（特許法67条1項）である。なお，本問では「存続期間の延長は考慮しない」とされているが，一定の場合には特許権の延長が認められる（同条2項）点も押さえておきたい。

ウ：不適切である。本肢の前半の記述は誤りである。実用新案権については，方式審査と基礎的要件の審査が行われるだけで，実体審査は行われない（無審査主義）。後半の記述は正しい。特許出願は，出願日から3年以内に審査請求を行わないと実体審査が開始されない（特許法48条の3）。

エ：適切である。実用新案法の保護対象である「考案」は，「物品の形状，構造，又は組み合わせ」に関するものであり（実用新案法1条），方法を含まない。一方，特許法の保護対象である「発明」には，物の発明，物を生産する方法の発明，物の生産を伴わない方法の発明が含まれる（特許法2条）。よって，「方法の考案は実用新案法では保護されず，方法の発明は特許法で保護される」ということになる。

　よって，ウが正解である。

	ランク	1回目	2回目	3回目
実用新案権	A	／	／	／

■**令和 4 年度　第 12 問**

実用新案法に関する記述として，最も適切なものはどれか。

ア　実用新案権の存続期間は，実用新案登録の日から 10 年をもって終了する。

イ　実用新案登録出願の願書には，明細書，実用新案登録請求の範囲，図面及び要約書を添付しなければならない。

ウ　実用新案法は，物品の形状と模様の結合に係る考案のみを保護している。

エ　他人の実用新案権を侵害した者は，その侵害の行為について過失があったものと推定される。

解答	イ

■解説

　実用新案権について，保護対象，取得手続き，存続期間など幅広く問われている。実用新案権は単体での出題は多くはないが，特許権と比較しながら本問で問われたポイントを押さえておきたい。

ア：不適切である。実用新案権の存続期間は，実用新案登録出願の日から10年をもって終了する（実用新案法15条）。起算点は登録の日ではないので，間違えないようにしたい。

イ：適切である。実用新案登録出願の願書には，明細書，実用新案登録請求の範囲，図面及び要約書を添付しなければならないと規定されている（実用新案法5条2項）

ウ：不適切である。実用新案法は，保護対象である「考案」について，「物品の形状，構造又は組合せ」（実用新案法1条）と定義しており，本肢の説明は誤りである。

エ：不適切である。たとえば特許権については，他人の特許権又は専用実施権を侵害した場合，その侵害の行為について過失があったものと推定される（特許法103条）。この過失推定は，特許権，意匠権，商標権については規定されているが，実用新案権については規定されていない。

　よって，イが正解である。

特許と実用新案	ランク	1回目		2回目		3回目	
	A	/		/		/	

■令和5年度　第10問

特許法及び実用新案法に関する記述として，最も適切なものはどれか。

ア　国内優先権制度は，特許法と実用新案法のいずれにも規定されている。

イ　出願公開制度は，特許法と実用新案法のいずれにも規定されている。

ウ　不実施の場合の通常実施権の設定の裁定制度は，特許法には規定されているが，実用新案法には規定されていない。

エ　物を生産する方法は，特許法上の発明と，実用新案法上の考案のいずれにも該当する。

解答	ア

■解説

　特許と実用新案を比較して，横断的な理解が問われている。過年度の類題よりも細かい知識まで出題されている。

　　ア：適切である。国内優先権制度は，特許法と実用新案法のいずれにも規定されている（特許法41条1項，実用新案法8条1項）。国内優先権制度とは，特許または実用新案登録の出願（先の出願）後1年以内に，先の出願に基づいて新たな特許または実用新案登録（後の出願）を出願する場合，先の出願書類に記載されていた部分については，先の出願の出願日を基準に新規性・進歩性などの登録要件が判断される制度である。ある発明・考案の改良である発明・考案を含めて，一括して特許権や実用新案権が認められるというメリットがある。

　　イ：不適切である。出願公開制度は，特許法と商標法において規定されている。特許法では，特許出願の日から1年6か月を経過したときは，すべての出願が自動的に公開される（特許法64条）。その目的は，出願内容を早く公開して産業の発達を促進することである。一方，実用新案権では，出願公開制度は存在しない。実用新案権は，出願すれば実体的な審査を経ることなく権利として登録されるので，別途出願公開制度を定める実益がないからである。

　　ウ：不適切である。不実施の場合の通常実施権の設定の裁定制度は，特許権と実用新案権にいずれにも規定されている（特許法83条，実用新案法21条）。その理由は，特許権者や実用新案権者が特許発明や登録実用新案を実施せず，かつ他人にも実施許諾をしないことは，特許制度や実用新案制度の趣旨に反するからである。特許法83条では，特許発明の実施が3年以上日本国内において適当にされておらず，かつ出願日から4年を経過していないときは，その特許発明を実施しようとする者は，特許権者又は専用実施権者に対し，通常実施権の許諾について協議を求めることができるとする（同条1項）。協議が成立せず，又は協議をすることができないときは，その特許発明の実施をしようとする者は，特許庁長官の裁定を請求することができる（同条2項）。実用新案法21条の規定も同様である。

　　エ：不適切である。特許法における発明は，「物を生産する方法」を含む（特許法2条3項）。実用新案法における考案は，「物品の形状，構造又は組合せに係る考案」に限られ，「方法」を含まない（実用新案法1条）。

　よって，アが正解である。

3.　意匠権

▶▶ 出題項目のポイント

　意匠法は，意匠の保護を図ることにより，意匠の創作を奨励し，産業の発達に寄与することを目的とする。特許法が自然法則を利用した技術的思想の創作を保護するのに対し，意匠法は，形状，模様，色形といった視覚に訴える意匠の創作を保護する。

　意匠権の保護対象は，以前は物品（有体物かつ動産）の形状等と物品に記録された画像のみとされていた。令和元年の法改正で，物品に記録されていない画像（クラウド上に保存された画像）や建築物の外装・内装のデザインも対象となった。いずれも，視覚を通じて美観を起こさせることが要件となる。

　その上で，出願された意匠のうち，審査により適格性を備えるとされたものだけが登録される。主な登録要件としては，(1)工業上の利用可能性，(2)新規性（出願前に同一または類似の意匠が公に知られていないこと），(3)創作性（容易に創作できた意匠でないこと），(4)公序良俗に反するものでないこと，などがある。なお，権利の存続期間は出願から 25 年である。

　出願から意匠権取得までの流れとしては，意匠法には審査請求制度がないこと，登録された意匠は意匠公報によりその内容が公開されること，登録の日から 3 年以内を限度に登録意匠を秘密（非公開）とすることができることを押さえておきたい。

▶▶ 出題の傾向と勉強の方向性

　意匠権は，平成 25 年度以降頻繁に出題されている重要分野である。試験対策としては，上記の意匠権の基本的性質を知り，審査請求の要否や権利の存続期間，部分意匠など各種の意匠の概要，および近年の改正点を理解しておきたい。

　平成 23 年改正法では，特許法の改正と併せて，実用新案権と意匠権についても，通常実施権の当然対抗制度および冒認出願・共同出願違反の出願に係る救済制度が盛り込まれ，平成 24 年 4 月 1 日から施行された。

　また，平成 26 年改正法では，「意匠の国際登録に関するハーグ協定のジュネーブ改正協定」加入に向け，複数国に対して意匠を一括出願するための規定が整備された。

　さらに，令和元年の改正法では，重要かつ大幅な変更が行われた。主なポイントは次頁の表のとおりである。他，同時に改正された特許法・実用新案法と同様に，損害賠償の算定方法の見直しも行われた。

項　目	改正前	改正後
①物品に記録・表示されていない画像の保護	画像は物品に記録された場合のみ保護対象とされていた。	画像は物品に記録されていない場合（例：クラウド上に保存されている）も保護対象とされた。
②建築物の外観・内装のデザインの保護	物品（有体物かつ動産）の形状，模様もしくは色彩又はこれらの結合を保護対象とし，建築物は対象外であった。	建築物（不動産）の内装・外装も保護対象とされた。
③関連意匠制度の見直し	関連意匠を出願できる期間は，「本意匠の登録出願の日から意匠公報掲載まで」とされていた。また，対象は「本意匠に類似する意匠」に限られていた。	関連意匠を出願できる期間が，「本意匠の登録出願日から10年を経過する日」までとされた。また，対象が「関連意匠にのみ類似する意匠」にまで拡大された。
④存続期間の変更	設定登録の日から20年	登録出願の日から25年
⑤複数意匠の一括出願と物品の区分の廃止	意匠登録出願は，意匠ごとにしなければならないとされていた（一意匠一出願の原則）。	複数意匠の一括出願が可能とされた。これに伴い，物品の区分が廃止された。

　令和5年の改正法では，新規性喪失の例外規定の要件が緩和され，例外適用証明書は最初の1つの行為について提出すれば足りるとされた。

■取組状況チェックリスト

3. 意匠権				
意匠権				
問題番号	ランク	1回目	2回目	3回目
平成26年度　第7問	A	／	／	／
平成27年度　第12問	A	／	／	／
平成28年度　第8問	A	／	／	／
平成28年度　第9問	A	／	／	／
平成29年度　第9問	A	／	／	／
平成30年度　第8問	A	／	／	／
令和元年度　第12問	A	／	／	／
令和3年度　第9問	A	／	／	／

意匠権	ランク	1回目	2回目	3回目
	A	／	／	／

■平成 26 年度　第 7 問

意匠制度に関する記述として最も適切なものはどれか。

ア　意匠登録出願人は，意匠権の設定の登録の日から 3 年以内の期間を指定して，その期間その意匠を秘密にすることを請求することができる。

イ　関連意匠の意匠登録を受けた意匠が本意匠に類似しないものであることを理由として，その関連意匠の意匠登録に対して意匠登録無効審判を請求することができる。

ウ　組物を構成する物品に係る意匠としてなされた意匠登録出願に対して，組物全体として統一性がないことを理由として意匠登録無効審判を請求することができる。

エ　「乗用自動車」の意匠が公然知られている場合に，その乗用自動車と形状の類似する「自動車おもちゃ」について意匠登録出願したときは，その出願は新規性がないとして拒絶される。

解答	ア

■解説

意匠権に関して，各種の意匠などを幅広く問う問題である。

ア：適切である。秘密意匠制度とは，登録から最長3年を限度として登録意匠の内容を秘密にできる制度であり（意匠法14条），産業財産権の中で意匠権だけに認められる。意匠は公開されると模倣されやすいため，一定期間内は他者に自社の意匠に係る図面，物品，意匠分類が公開されないようにしたものである。

イ：不適切である。意匠登録無効審判の請求理由について定める意匠法48条1項には，「登録された関連意匠が本意匠に類似しないものであること」等の規定はない。このため，関連意匠が本意匠に類似しないことを理由として，意匠登録無効審判を請求することはできない。

ウ：不適切である。意匠登録無効審判の請求理由について定める意匠法48条1項には，「組物の意匠の意匠登録について組物全体として統一がないこと」等の規定はない。このため，組物全体として統一性がないことを理由として，意匠登録無効審判を請求することはできない。

エ：不適切である。新規性ありといえるためには，既に知られている意匠と同一または類似でないことを要する。この同一・類似性は，形態と物品の用途や機能の両方から判断される。「乗用自動車」と「自動車おもちゃ」では，形態が類似であっても物品の用途や機能は非類似であるため，「自動車おもちゃ」として新規性がないとはいえない。

（ただし，意匠法は，新規性はあっても当業者が世の中にあるデザインに基づき容易に創作できるものには登録を認めない（創作非容易性の要件。意匠法3条2項）。特許庁は，本物のオートバイのおもちゃを作るなど，非類似の物品の間に当業者にとって転用の商慣行がある場合において，転用されたおもちゃの意匠には登録を認めていない。本問のように，公然知られた「乗用自動車」と形状が類似する「自動車おもちゃ」については，実際には意匠登録は認められない場合が多いと考えられる。）

よって，アが正解である。

	ランク	1回目		2回目		3回目	
各種の意匠	A	/		/		/	

■平成 27 年度　第 12 問　改題

意匠登録制度に関する記述として最も適切なものはどれか。

ア　関連意匠制度とは，本意匠に類似する意匠について意匠登録を受けることができる制度であって，関連意匠に類似する意匠は意匠登録を受けることができない。

イ　組物意匠制度とは，セットで販売される物品であって，組物全体として統一感があるものについて一意匠として意匠登録を受けることができる制度である。

ウ　部分意匠制度とは，物品の部分に関する意匠について意匠登録を受けることができる制度である。

エ　秘密意匠制度とは，意匠権の設定の登録の日から 5 年以内の期間に限り，意匠を秘密にすることを請求することができる制度である。

解答	ウ

■解説

　各種の意匠について，幅広く問う問題である。基本的な知識があれば正解に至ることができる。

　　ア：不適切である。関連意匠とは，1つのデザインコンセプトから創作されるバリエーションの意匠を効果的に保護するため，基礎となる意匠と類似する意匠の登録を認める制度である（意匠法10条1項）。令和元年の改正法で，本意匠に類似する意匠のみならず，関連意匠にのみ類似する意匠についても，関連意匠として意匠登録を受けることができるとされた（意匠法10条4項）。

　　イ：不適切である。組物意匠とは，同時に使用される2つ以上の物品であって，組成物品に全体として統一性がある場合に，複数の物品の組み合わせを全体として1つの意匠と認め，意匠権を付与する制度である（意匠法8条）。必ずしも「セットで販売される」ことを必要としない。

　　ウ：適切である。部分意匠とは，物品の部分に係る意匠について意匠登録を認める制度である（意匠法2条1項）。物品の全体から物理的に切り離せないある部分にデザイン上の特徴がある形状や，物品全体として出願するとその特徴部分の評価が埋没してしまう形状について意匠登録を受けたい場合に有効である。

　　エ：不適切である。秘密意匠とは，意匠権の設定の登録の日から「3年」以内の期間に限り，意匠を秘密にすることを請求できる制度である（意匠法14条）。意匠は公開されると一目で内容がわかり，模倣されやすい。そこで，一定期間内は他者に自社の意匠の内容を示す図面および物品や意匠分類が公開されないようにし，自社の新製品発表まで他者の模倣を避けられる制度が設けられた。

　よって，ウが正解である。

意匠登録の対象	ランク	1回目	2回目	3回目
	A	／	／	／

■平成28年度　第8問

　中小企業診断士であるあなたは，意匠登録出願をしようとしている顧客の経営者X氏から相談を受けている。あなたとX氏との会話の組み合わせのうち，あなたの回答が最も適切なものはどれか。

ア　X　氏：弊社が開発した，ビデオディスクレコーダーの録画予約機能を発揮できる状態にするために行われる操作に用いられる画像は，意匠登録の対象となるでしょうか。

　　あなた：いいえ，意匠登録の対象とはなりません。ビデオディスクレコーダーの操作画像でテレビ受像器に表示されたものは，意匠登録の対象である「物品の形状，模様若しくは色彩又はこれらの結合」に該当せず，意匠登録を受けられる場合はありません。

イ　X　氏：弊社のアイスクリームのヒット商品「診断くん」のデザインを一新しました。ぜひとも意匠登録をして模倣品対策をしたいのですが，意匠登録は可能でしょうか。

　　あなた：はい，意匠登録は可能です。アイスクリームは，時間の経過によりその形態が変化してしまいます。しかし取引時には固定した形態を有しているので，意匠登録の対象となることはあります。

ウ　X　氏：弊社のバラの造花は，デザイン性が高いため，売れ行きが非常に好調です。そこで，類似品が販売されるのを防止するため意匠登録をしたいと考えています。このようなバラの造花は，意匠登録の対象となることはありますか。

　　あなた：いいえ，意匠登録の対象となることはありません。貴社のバラの造花は，自然物の形状，模様，色彩を模したものですから，意匠登録の対象となることはありません。

エ　X　氏：弊社は，仏壇の製造販売を行っています。このたび，大変斬新な形態の仏壇のデザインができたため，意匠登録をしようと考えています。この仏壇のデザインは意匠権に加えて，著作権によっても保護されますか。

　　あなた：いいえ，著作権によっては保護されません。美術的作品であっても，仏壇のように量産されるものであるときは，著作権により保護されることはありません。貴社の仏壇は，著作権によってではなく，意匠権によってのみ保護されます。

解答	イ

■解説

意匠権について，具体的な事例を挙げて，意匠登録の対象となる否かを識別させる問題である。

ア：不適切である。令和元年改正法では，物品の形状等に限らず，建築物の形状等や，画像（物品に記録・表示されないものを含む）も，意匠登録の対象とされた（意匠法2条1項）。よって，情報家電等の操作画面のデザイン（別の表示機器に表示される画面）も意匠登録の対象となる。

イ：適切である。アイスクリームは時間が経つと溶けて形が崩れるが，一定の時間は定形性があり，取引行為は固形の状態で行われる。よって，物品の形状のデザインとして，意匠登録の対象となる。

ウ：不適切である。バラの造花は，有体物の形状，模様，色彩を模したものであるから，「視覚を通じて美感を起こさせる」のであれば，意匠登録の対象になる。

エ：不適切である。判例（幼児用椅子に関する知財高裁平成27年4月14日判決，仏壇彫刻に関する神戸地裁昭和54年7月9日判決ほか）は，美術的作品でありかつ量産されるものでもあるときは，著作権法と意匠法のいずれによっても保護されるとする。

よって，イが正解である。

秘密意匠制度	ランク	1回目	2回目	3回目
	A	／	／	／

■平成 28 年度　第 9 問

　意匠法に規定される秘密意匠制度は，意匠登録出願人が，意匠権の設定の登録の日から 3 年以内の期間を指定して，その期間その意匠を秘密にすることを請求することができる制度である（意匠法第 14 条）。これは，先願により意匠権を確保しておく必要があるものの，直ちに当該意匠の実施を行わない場合に意匠公報が発行されることによる第三者の模倣を防止しようとする趣旨によるものである。

　このような秘密意匠制度に関する記述として，最も適切なものはどれか。

　ア　甲は，出願公開された特許出願を意匠登録出願に変更した。この場合，当該変更出願に係る意匠はすでに新規性を失っている。したがって，これを秘密にすべき利益を失っているため，甲は，その意匠登録出願について秘密にすることを請求することができない。

　イ　乙は，本意匠Aとそれに類似する関連意匠Bを同日に意匠登録出願した。この意匠登録出願の際，乙は，Aのみを秘密にすることを請求していた。この場合，その期間が経過するまで，Bについても秘密にすべき利益を保護する必要が生じる。したがって，Bに係る意匠登録出願の願書に添付した図面の内容が意匠公報に掲載されることはない。

　ウ　丙は，意匠登録出願前に意匠が記載されたカタログを重要顧客に頒布した場合であっても，その意匠を秘密にすることを請求することができる。

　エ　丁は，パリ条約の同盟国において意匠登録出願をした。その意匠が公報に掲載された後に，丁が日本国においてこの意匠登録出願に基づきパリ条約による優先権主張を伴う意匠登録出願をするときは，既に登録意匠を秘密にすべき利益を失っている。したがって，丁は，その意匠を秘密にすることを請求することができない。

解答	ウ

■**解説**

　秘密意匠制度について問われている。秘密意匠制度とは，出願と同時，または1年分の登録料支払と同時に申請することにより，最長で登録から3年間当該意匠を非公開とするものである。製品の販売時期と意匠の公開時期を合わせたい等，営業戦略上の理由で意匠登録された後も公開したくない場合等に用いられる。

　ア：不適切である。特許出願を意匠登録出願に変更した場合，新たな意匠登録出願は，もとの特許出願の時にしたものとみなされる（意匠法13条5項，同法10条の2第2項）。よって，もとの特許出願時に新規性があったならば，出願変更によって新規性が失われることはない。また，出願公開された特許出願から意匠登録出願への変更について，秘密意匠制度を利用できないという規定はない。

　イ：不適切である。意匠Aと意匠Bは異なる意匠として登録申請されているため，類似するからといって意匠Bも自動的に秘密になることはない。本ケースで意匠を保護するためには，意匠A，意匠Bともに秘密にすることを請求する必要がある。

　ウ：適切である。顧客に出願意匠を掲載したカタログを頒布した場合であっても，頒布から1年以内であれば新規性喪失の例外が認められる（意匠法4条2項）。また，カタログ頒布のように，意匠登録を受ける権利を有する者の行為に起因して当該意匠を公開した場合について，秘密意匠制度を利用できないという規定はない。

　エ：不適切である。パリ条約による優先権の主張を伴う出願については，同盟国における公開日から1年以内に日本へ出願した場合は，新規性喪失の例外規定の対象となる。また，パリ条約の同盟国において意匠登録出願し，その意匠が公報に掲載された後に，日本国において当該意匠に関するパリ条約による優先権主張を伴う意匠登録出願をする場合について，秘密意匠制度を利用できないという規定はない。

　よって，ウが正解である。

特殊な意匠	ランク	1回目	2回目	3回目
	A	／	／	／

■平成 29 年度　第 9 問

　以下の会話は，中小企業診断士であるあなたと X 株式会社の代表取締役甲氏との間で行われたものである。

　会話の中の空欄 A と B に入る語句の組み合わせとして，最も適切なものを下記の解答群から選べ。

あなた：「意匠制度には特殊な出願制度があります。下図は ☐ A ☐ 意匠制度と，☐ B ☐ 意匠制度について，全体の意匠出願中の利用率を示した特許庁の統計です。」

甲　氏：「それぞれ，どのような制度なのかな。」

あなた：「☐ A ☐ 意匠制度は図面の一部に破線を用いるなどして余分な限定を排除する制度で，☐ B ☐ 意匠制度は互いに類似する複数の意匠を重ねて登録することでより広い権利範囲を特定する制度です。いずれも，より強い意匠権を獲得できるメリットがあります。」

甲　氏：「☐ A ☐ 意匠制度は利用率が 40％ にも達していて，人気があるようだね。次回，意匠登録出願をする場合は，検討してみよう。」

〔解答群〕

ア　A：秘密　　B：関連

イ　A：秘密　　B：組物の

ウ　A：部分　　B：関連

エ　A：部分　　B：組物の

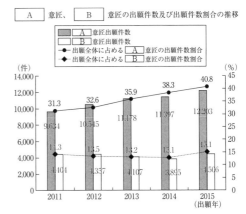

特許行政年次報告書 2016 年度版　図 1 - 1 - から作成

解答	ウ

■解説

　特殊な意匠である，部分意匠と関連意匠について問われている。会話の中では制度の利用状況に言及されているが，それを知らなくとも，部分意匠と関連意匠の定義さえ押さえていれば正解できる。基本的な出題であり，必ず正解したい。

・空欄 A について

　問題文の「図面の一部に破線を用いるなどして余分な限定を排除する」という記述から，商品の部分に係る意匠を保護する「部分」意匠（意匠法 2 条 1 項）の説明とわかる。部分意匠においては，意匠登録を受けようとする部分を実線で，その他の部分を破線で描くことにより，部分意匠として登録を受けようとする部分を特定する。

・空欄 B について

　問題文の「互いに類似する複数の意匠を重ねて登録する」という記述から，1 つのデザインコンセプトから創作されるバリエーションの意匠を保護する「関連」意匠（意匠法 10 条 1 項）の説明とわかる。関連意匠の権利存続期間は，基礎とした本意匠または関連意匠の登録出願の日から 25 年である（意匠法 21 条 2 項）。

　よって，ウが正解である。

意匠の類似	ランク	1回目	2回目	3回目
	A	/	/	/

■平成 30 年度　第 8 問　改題

意匠制度における「意匠の類似」に関する記述として，最も適切なものはどれか。

ア　出願前に頒布された刊行物に記載された意匠に類似する意匠は，登録を受けることができない。

イ　類似の意匠について同日に 2 以上の意匠登録出願があり，意匠登録出願人間で行われる協議が成立しなかった場合は，特許庁長官が行う公正な方法によるくじにより定めた一の意匠登録出願人のみが意匠登録を受けることができる。

ウ　意匠権者は，業として登録意匠の実施をする権利を専有するが，これに類似する意匠についてはそれを実施する権利を専有しない。

エ　意匠登録を受けようとする関連意匠にのみ類似する意匠については関連意匠として意匠登録を受けることができない。

解答	ア

■解説

類似する意匠について，登録の可否や効果が問われている。

ア：適切である。出願前に頒布された刊行物に記載された意匠に類似する意匠は，登録要件の１つである新規性を満たさないため，登録を受けることができない。

イ：不適切である。類似の意匠について同日に２以上の意匠登録出願があり，意匠登録出願人間で協議が成立しなかった場合は，いずれもその意匠について意匠登録を受けることができない（意匠法９条２項）。くじが用いられるのは，商標においてである（商標法８条５項）。

ウ：不適切である。意匠権者は，登録意匠及びそれに類似する意匠を独占的に実施することができる（意匠法23条）。

エ：不適切である。令和元年の改正法で，本意匠に類似する意匠のみならず，関連意匠にのみ類似する意匠についても，関連意匠として意匠登録を受けることができるとされた（意匠法10条４項）。

よって，アが正解である。

新規性喪失の例外	ランク	1回目	2回目	3回目
	A	/	/	/

■**令和元年度　第12問**

　以下の会話は，中小企業診断士であるあなたと，玩具メーカーのX株式会社の代表取締役甲氏との間で本年8月に行われたものである。会話の中の空欄AとBに入る語句の組み合わせとして，最も適切なものを下記の解答群から選べ。

あなた：「先月の業界誌で，御社の新製品が好評との記事を読みました。」

甲　氏：「はい，6月に大規模展示施設の展示会で発表したのですが，おかげさまで，クリスマス商戦に向けて引き合いがたくさん来ています。」

あなた：「この製品，外観がとてもユニークですが，意匠登録出願はされましたか。」

甲　氏：「実をいうと，こんなに売れるとは思っていなかったので，意匠登録出願に費用をかけなかったんです。こんなに好評なら，模倣品対策のため，発表前に出願しておけばよかったです。」

あなた：「　A　の規定を用いれば，意匠登録出願することができる場合がありますよ。」

甲　氏：「本当ですか。どのくらいの期間認められているのでしょう。」

あなた：「今回の場合は，展示会に出品した日が起算日になると思いますが，その日から　B　間です。」

甲　氏：「よかった，まだ間に合いそうです。急いで特許事務所に相談してみます。」

〔解答群〕

　ア　A：国内優先権　　　　　B：6か月

　イ　A：国内優先権　　　　　B：1年

　ウ　A：新規性喪失の例外　　B：6か月

　エ　A：新規性喪失の例外　　B：1年

解答	エ

■**解説**

　会話文の形式で，意匠登録出願における新規性喪失の例外について問われている。問題文には会話が「本年（令和元年）8月に行われた」とあることから，平成30年の法改正（平成30年6月9日に施行され，同日以降の出願に適用される）を前提に解答することが求められている。

・空欄 A

　「国内優先権」（特許法41条1項）とは，特許出願（または実用新案登録出願）を基礎として新たな特許出願をしようとする場合に，基礎とした特許出願の日から1年以内に限り，その出願に基づいて優先的な取扱いを主張できる制度である。

　この優先的な取扱いとは，後の出願の特許請求の範囲に記載された発明において，先の出願の明細書等に記載されていた部分については，後の出願の発明の新規性・進歩性等の判断に関し，判断の基準時を先の出願時とするというものである。

　甲氏はまだ意匠登録出願をしていないし，そもそも意匠登録出願を国内優先権の主張の基礎とすることはできないので，「国内優先権」は当てはまらない。

　会話の内容は，「本年6月に展示会で自社製品を発表したがまだ意匠登録出願をしていないという状況で，これから意匠登録出願はできるか」というものであるから，「新規性喪失の例外」（既に発表した場合でも，ある一定の条件において登録申請の権利を喪失しない救済措置）が当てはまる。

・空欄 B

　平成30年の法改正では，登録を受ける権利を有する者の行為に起因して公知となった意匠について，公知となってから1年以内に登録出願すれば，新規性を喪失しなかったとみなすことになった（意匠法4条2項，改正前は「6か月」）。

　よって，「1年」が当てはまる。

　よって，エが正解である。

意匠登録制度	ランク	1回目		2回目		3回目	
	A	／		／		／	

■令和3年度　第9問

意匠登録制度に関する記述として，最も適切なものはどれか。

ア　アイスクリームの形状は時間の経過により変化するため，意匠登録できる場合はない。

イ　意匠登録出願人は，意匠権の設定の登録の日から3年以内の期間を指定して，その期間その意匠を秘密にすることを請求することができる旨が意匠法に規定されている。

ウ　乗用自動車の形状は意匠登録できる場合はない。

エ　同時に使用される一組の飲食用ナイフ，フォーク，スプーンのセットの各々に同一の模様を施したとしても，これらを一意匠として出願し登録することはできない。

解答	イ

■解説

　意匠登録制度について幅広く問われている。いずれも基本的な知識であり，過去に出題された論点も含まれるため，確実に正解したい。

ア：不適切である。意匠法は，「意匠」を「<u>物品</u>（物品の部分を含む。）の形状，模様若しくは色彩若しくはこれらの結合，<u>建築物</u>（建築物の部分を含む。）の形状等又は<u>画像</u>（機器の操作の用に供されるもの又は機器がその機能を発揮した結果として表示されるものに限り，画像の部分を含む。）」であって，「視覚を通じて美感を起こさせるもの」と定義する（意匠法2条1項）。アイスクリームは，時間の経過により形態が変化するものの，取引時には固定した形態を有することから，意匠法上の「物品」に該当し，意匠登録の対象となる。

イ：適切である。意匠は，意匠権設定登録後，その内容が意匠公報に掲載され，公開されるのが原則である（意匠法20条3項）。しかし，意匠は物品の美的外観に関する創作であるため，公開されると容易に模倣・盗用されうる。そこで，登録日から3年以内の期間を指定し，登録意匠を秘密にしておくことが認められている（意匠法14条1項：秘密意匠制度）。

ウ：不適切である。意匠登録の対象となる「物品」（意匠法2条1項）とは，有体物たる動産で，固有の形態（定型性）を有し，市場において流通するもの（取引性）である。乗用自動車は物品性を備えており，実際に意匠登録されている。

エ：不適切である。意匠法は，「同時に使用される二以上の物品，建築物又は画像であって経済産業省令で定めるもの（「組物」という）を構成する物品，建築物又は画像に係る意匠は，組物全体として統一があるときは，一意匠として出願をし，意匠登録を受けることができる」と定める（意匠法8条：組物の意匠）。「同時に使用される一組の飲食用ナイフ，フォーク，スプーンのセットの各々に同一の模様を施した」場合は，組物全体として統一があると考えられ，これらを一意匠として出願し登録することができる。

　よって，イが正解である。

4. 商標権

▶▶ 出題項目のポイント

　商標とは，事業者が，自己の取り扱う商品や役務（サービス）を他人のものと区別するために使用する識別標識である。商標制度の目的は，商標を保護し，商標使用者の信用維持を図って，産業発達に寄与し，需要者の利益を保護することである。

　商標法上の商標は従来，文字，図形，記号，立体的形状，およびこれらの組み合わせとされていた。平成26年改正法では，欧米等で既に広く保護対象となっている，色彩や音といった新しい商標が保護対象に追加された。商標の果たす機能としては，出所表示，品質保証，広告の3つがある。

　商標登録を受けられない商標としては，(1)自己と他の商品・役務とを区別することができないもの，(2)公共の機関のマークと紛らわしい等公益性に反するもの，(3)他人の登録商標や周知・著名商標等と紛らわしいもの，がある。

　上記(3)における類似判断は，商標自体の類似性について，外観（見た目）・称呼（呼び方）・観念（意味合い）から総合的に判断し，かつ商品・役務の類似性について，「類似商品・役務審査基準」に従って判断することにより行われる。

　日本では，商標登録には先願主義（先に出願した者に登録を認める）が採用されている。既に同じ商標を使用していた者がいれば，先使用権の問題となる。

　商標登録出願は，商標公報で公開される（出願から約1か月後）。商標制度には審査請求制度はなく，出願されたものすべてが審査される。商標権の存続期間は10年で，10年ごとに更新を繰り返すことで半永久的な権利として存続できる点が，他の産業財産権との大きな違いである。

　商標権の効力として，専用権（自分が登録商標を独占的に使用する権利）と，禁止権（他人の使用を排除できる権利）がある。専用権は同一の商標かつ同一の指定商品・役務についてのみ及ぶが，禁止権は類似の商標または類似の指定商品・役務についても及ぶ。

▶▶ 出題の傾向と勉強の方向性

　商標権は，特許権・意匠権と並んで産業財産権の頻出分野である。内容的には，抽象的な概念よりも，実務的な判断に重きが置かれているため，具体例まで押さえておく必要がある。

　令和元年の法改正では，同時に改正された特許法・実用新案法・意匠法と同様に，損害賠償の算定方法の見直しが行われた。加えて，国際商標登録出願手続に係る変更（手続補正書の提出期間について，「拒絶理由通知後，事件が審査，審判，又は再審に継続している間」に延長された）もあったので，注意しておきたい。

　令和5年の法改正では，諸外国との制度調和の観点から，①コンセント制度（他人の先行登録商標に抵触する商標が出願された場合でも，先行登録商標の権利者の同意があれば両商標の併存登録を認める）の導入，②他人の氏名を含む商標の登録要件の緩和，の2つの変更が行われた。

■取組状況チェックリスト

4. 商標権							
商標権の取得							
問題番号	ランク	1回目		2回目		3回目	
平成 26 年度　第 8 問	A	／		／		／	
平成 27 年度　第 8 問	A	／		／		／	
平成 27 年度　第 11 問（設問 1）	A	／		／		／	
平成 28 年度　第 10 問	A	／		／		／	
平成 29 年度　第 10 問	A	／		／		／	
平成 30 年度　第 12 問	A	／		／		／	
令和 3 年度　第 12 問	A	／		／		／	
令和 5 年度　第 13 問	A	／		／		／	
令和 5 年度　第 15 問	A	／		／		／	
商標権の効力							
問題番号	ランク	1回目		2回目		3回目	
平成 26 年度　第 9 問	A	／		／		／	
平成 27 年度　第 10 問	A	／		／		／	
令和元年度　第 14 問	A	／		／		／	
令和 3 年度　第 13 問	A	／		／		／	

商標登録の要件	ランク	1回目		2回目		3回目	
	A	／		／		／	

商標登録の要件に関する記述として，最も不適切なものはどれか。

　ア　外国の国旗と同一又は類似の商標は商標登録されることはない。

　イ　菊花紋章と同一又は類似の商標は商標登録されることはない。

　ウ　市町村を表示する標章と同一又は類似の商標は商標登録されることはない。

　エ　赤十字の標章又は名称と同一又は類似の商標は商標登録されることはない。

解答	ウ

■**解説**

　商標法は，公益性に反するため商標登録を受けることができない商標を規定している。本問はその点についての知識を問うものである。

　　ア：適切である。外国の国旗と同一又は類似の商標は，登録を受けられない（商標法4条1項1号）。

　　イ：適切である。菊花紋章と同一又は類似の商標は，登録を受けられない（商標法4条1項1号）。

　　ウ：不適切である。国，地方公共団体等を表示する「著名な」標章と同一又は類似の商標については，登録を受けられない（商標法4条1項6号）。ただし，仮に著名な商標であったとしても，当該国や団体等が自ら出願する場合は，この規定により出願が拒絶されることはなく（商標法4条2項），商標登録が可能である。

　　エ：適切である。赤十字の標章又は名称と同一又は類似の商標は，登録を受けられない（商標法4条1項4号）。

　よって，ウが正解である。

商標権の取得・更新	ランク	1回目		2回目		3回目	
	A	/		/		/	

■平成 27 年度　第 8 問

商標制度に関する記述として最も適切なものはどれか。

ア　自己の氏名を普通に用いられる方法で表示する商標であっても，先に登録された商標と同一であれば商標権の侵害となる。

イ　商標の更新登録の申請の際には，審査官による実体審査はなされない。

ウ　テレビやコンピュータ画面等に映し出される変化する文字や図形は商標登録される場合はない。

エ　文字や図形等の標章を商品等に付す位置が特定される商標が商標登録される場合はない。

解答	イ

■解説

　商標権の効力，取得や更新について幅広い知識を問う問題である。選択肢ウ・エは，平成26年の法改正に関する内容である。

　　ア：不適切である。商標権の効力は，他人の商標登録の後に不正競争の目的で行う場合を除き，自己の氏名等を普通に用いられる方法で表示することには及ばない（商標法26条1項1号，同条2項）。

　　イ：適切である。商標権の存続期間は，設定の登録の日から10年をもって終了するが，商標権者の更新登録の申請により更新することができる（商標法19条1項，同条2項）。かつては商標権の存続期間の更新時に実体審査が課されていたが，平成9年の商標法条約加入に伴い，更新登録時の実体審査は廃止された。

　　ウ：不適切である。平成26年の商標法改正により，変化する文字や図形などの動きについても商標登録が可能となった（商標法施行規則4条の8第1項1号）。動きの商標出願の際は，出願書に商標が変化するものであることを記載することが必要である。

　　エ：不適切である。平成26年の商標法改正により，文字や図形等の標章を商品等に付す位置が特定される商標についても，商標登録が可能となった（商標法施行規則4条の8第1項5号）。

　よって，イが正解である。

地域団体商標	ランク	1回目		2回目		3回目	
	A	/		/		/	

■平成 27 年度　第 11 問（設問 1）

　中小企業診断士のあなたと顧客の経営者 X 氏との以下の会話を読んで，下記の設問に答えよ。なお，実在するキャラクターや特産品を考慮する必要はない。

X　氏：「当社の本社は C 県の AB 市にあり，私は地元の経済団体の役職にも就いているのですが，最近，AB 市で盛り上がっているのが，AB 市内の漁港で水揚げされた海老のすり身を煎餅の生地に練り込んで焼いた特産品の『AB せんべい』をもっと全国的に売り出そうという企画なんです。確か，地域の特産品の名称を保護するような商標がありましたよね。」

あなた：「地域団体商標のことですか。正確なことは専門家に聞いた方がいいと思いますが，地域団体商標が認められるには，結構要件が厳しかったはずですよ。権利の主体は，事業協同組合等のほか，平成 26 年に施行された法改正で新たに NPO 法人や 　①　 等にも広げられました。しかし，『AB せんべい』という名称を使用しているだけでは難しくて，例えば『ああ，あの AB 市特産の，海老を原材料にした煎餅だな』と消費者や事業者が広く認識する程度の周知性が必要です。」

X　氏：「地域的にどの程度まで周知ならいいのですか。」

あなた：「一般的には，　②　 に及ぶ程度の周知性が必要とされています。」

（以下略）

（設問 1）

　会話の中の空欄①と②に入る語句の組み合わせとして最も適切なものはどれか。

　ア　①：一般社団法人　　　②：全国

　イ　①：商工会議所　　　　②：隣接都道府県

　ウ　①：中小企業団体中央会　②：近隣市町村

　エ　①：公益社団法人　　　②：全国 8 地方区分の同一区分

解答	イ

■解説

　地域の特産品の保護について，会話形式で問う問題である。平成 26 年の商標法改正が問われている。

・空欄①について

　　　地域団体商標とは，地域の事業協同組合や農業協同組合などが，地域ブランドを用いて他地域の商品・サービスと差別化し，地域産業の活性化や地域おこしに役立てることを目的に，平成 17 年の商標法改正（平成 18 年 4 月 1 日施行）で設けられた制度である。地域団体商標は，上述の制度趣旨から，地域の名称と商品または役務の名称の組み合わせからなることが要件の 1 つとされる。（例：「今治タオル」）

　　　制度導入当初，地域団体商標の登録主体は，法人格を有する事業協同組合や特別の法律により設立された組合に限られていた。その後，平成 26 年の商標法改正で，地域ブランドのさらなる普及・展開を図るため，近年新たな地域ブランド普及の担い手となっている商工会，商工会議所及び NPO 法人が地域団体商標制度の登録主体に追加された。よって，「商工会議所」が入る。

・空欄②について

　　　商標法 7 条の 2 は，地域団体商標の登録要件について，「その商標が使用をされた結果自己又はその構成員の業務に係る商品又は役務を表示するものとして需要者の間に広く認識されているとき」と定める。

　　　この「需要者の間に広く認識されている」について，特許庁「商標審査基準」は，商品又は役務の種類及び流通経路等に応じた類型ごとに判断されるとする。このうち，比較的低価格で日常的に消費される食品については，地域が属する都道府県を越える程度の範囲における，つまり隣接都道府県までの多数の需要者の間に広く認識されていれば足りるとされる。よって，「隣接都道府県」が入る。

　よって，イが正解である。

	ランク	1回目	2回目	3回目
商標の類否判断	A	／	／	／

■平成 28 年度　第 10 問

　甲が商標 A について商標登録出願を行ったところ，他人乙の先願先登録商標 B が，商標 A に類似する商標として引用され，拒絶理由通知が発せられた。この場合に関する記述として，最も適切なものはどれか。

ア　商標 A と商標 B の類否は，それぞれの商標が同一又は類似の商品に使用された場合に，商品の出所につき誤認混同を生ずるおそれがあるか否かによって決せられる。

イ　商標 A と商標 B の類否は，まず，それぞれの商標の要部を抽出し，その後，商標 A と商標 B の要部のみを対比することにより，判断しなければならない。

ウ　商標 A の登録を乙が承諾している旨を示す証拠が提出された場合，乙の利益が害されることはないため，審査官は当該証拠を資料として参酌して登録する義務がある。

エ　商標 A は立体商標であり，その指定商品は有体物である。一方，商標 B は平面商標であり，その指定役務は無体物である。この場合，商標 A と商標 B とは互いに類似とされることはないため，甲は意見書を提出して審査官の判断を覆すべきである。

解答	ア

■解説

商標の類否判断について問われている。

ア：適切である。判例は，「商標の類否は，対比される両商標が同一または類似の商品に使用された場合に，商品の出所につき誤認混同を生ずるおそれがあるか否かによって決すべきである」とする（最高裁判所昭和43年2月27日判決）。

イ：不適切である。判例は，「複数の構成部分を組み合わせた結合商標と解されるものについて，商標の構成部分の一部を抽出し，この部分だけを他人の商標と比較して商標そのものの類否を判断することは，その部分が取引者，需要者に対し商品又は役務の出所識別標識として強く支配的な印象を与えるものと認められる場合や，それ以外の部分から出所識別標識としての称呼，観念が生じないと認められる場合などを除き，許されない」とする（最高裁判所平成20年9月8日判決）。

ウ：不適切である。商標審査基準では，「提出された書類が，取引の実情の客観的な説明及び証拠ではなく，単に商標登録出願に係る商標の登録について引用商標の商標権者が承諾している旨を示すものである場合」には，資料として参酌できないとする。

エ：不適切である。商標審査基準では，「立体商標は，原則として，それを特定の方向から観た場合に視覚に映る姿を表示する平面商標（近似する場合を含む。）と外観において類似する」としている。

よって，アが正解である。

立体商標	ランク	1 回目		2 回目		3 回目	
	A	/		/		/	

■平成 29 年度　第 10 問

　以下の会話は，中小企業診断士であるあなたと X 株式会社の代表取締役甲氏との間で行われたものである。

　会話の中の空欄に入る語句として，最も適切なものを下記の解答群から選べ。

甲　　氏：「立体商標というものがあると聞きました。うちの商品の容器の形状は他社とは違う独特の形をしていますから，登録を受けられると思うのですが。」

あなた：「通常の商標は，識別性を有していれば登録される可能性があり，これは通常の立体商標も同じです。しかし，商標法は『商品の形状（包装の形状を含む）を普通に用いられる方法で表示する標章のみからなる商標』については，原則として登録を認めないと規定しているので，商品の容器の形状自体を立体商標として登録するのはハードルが高いようです。」

甲　　氏：「しかし，ある清涼飲料水や乳酸菌飲料の容器の形状は立体商標として登録されている，と新聞で読みましたよ。」

あなた：「そのようですね。　　　　　と認められれば，例外的に登録が認められるようです。おつきあいのある弁理士に相談してみたらどうでしょう。」

甲　　氏：「なるほど。それでは，早速担当部署に対応を取らせましょう。」

〔解答群〕

ア　容器の形状等が創作性を有し，需要者が何人かの業務に係る商品であると認識できるに至った

イ　容器の形状等が創作性を有し，同業者が何人かの業務に係る商品であると認識できるに至った

ウ　容器を使用した結果，需要者が何人かの業務に係る商品であると認識できるに至った

エ　容器を使用した結果，同業者が何人かの業務に係る商品であると認識できるに至った

解答	ウ

■**解説**

　立体商標の登録要件について問われている。

　会話文の「あなた」の発言にあるように，菓子や飲料などの容器の形状も，識別性を有していれば商標登録される可能性はあるが，「商品の形状（包装の形状を含む）を普通に用いられる方法で表示する標章のみからなる商標」は，原則として登録を認められない（商標法3条1項3号）。

　　ア：不適切である。「創作性」は商標登録の要件ではない。商標権は，創作を保護するのではなく，「商標の使用をする者の業務上の信用の維持」と「需要者の利益の保護」を目的とする制度だからである（商標法1条）。

　　イ：不適切である。「創作性」についてはアの解説を参照。また，商標制度の目的の1つは需要者の利益の保護であるため，識別性の基準は「需要者」が何人かの業務に係る商品であると認識できることとされている（同法3条1項6号）。「同業者」ではない。

　　ウ：適切である。もともとは識別性を有しない商標であっても，使用した結果，需要者が何人かの業務に係る商品であると認識できるに至ったものについては，登録が認められる（商標法3条2項）。なお，商品の容器に関する商標登録の実例として，コカ・コーラの瓶やヤクルトの容器などがある。

　　エ：不適切である。識別性の基準は「需要者」であり，「同業者」ではない。

　よって，ウが正解である。

立体商標	ランク	1回目	2回目	3回目
	A	／	／	／

■平成 30 年度　第 12 問

　以下の会話は，中小企業診断士であるあなたと，地元の民芸品を扱う事業協同組合 X の理事である甲氏との間で行われたものである。会話の中の空欄に入る語句として，最も適切なものを下記の解答群から選べ。

甲　氏：「うちの民芸品は全国的にも有名だと思うのですが，知的財産権で保護することができないでしょうか。」

あなた：「そうですね。意匠や実用新案は新規性が要求されますから難しいでしょう。でも，商標には立体商標という制度があります。実際，飛騨地方の『さるぼぼ』や太宰府天満宮の『うそ』が，『キーホルダー』を指定商品とした立体商標として商標登録を受けているんですよ。」

甲　氏：「へぇ，立体の商標ですか。」

あなた：「そうです。□□□□の立体商標は，『使用をされた結果需要者が何人かの業務に係る商品又は役務であることを認識することができるもの』ならば，商標登録を受けることができますから，長年使用されている民芸品は立体商標の登録を比較的受け易いのです。」

甲　氏：「なるほど。長年使っているからこそ登録を得られる商標があるのですね。」

あなた：「地元の弁理士さんを紹介しますので，相談してみてはいかがでしょう。」

甲　氏：「よろしくお願いします。」

〔解答群〕

　ア　その商品の形状等を普通に用いられる方法で表示する標章のみからなる商標

　イ　その商品又は役務について慣用されている商標

　ウ　その商品又は役務の普通名称を普通に用いられる方法で表示する標章のみからなる商標

　エ　他人の業務に係る商品又は役務と混同を生ずるおそれがある商標

解答	ア

■解説

　商標法から，民芸品を題材として立体商標について問われている。

　立体商標とは，商品，商品の包装，営業を提供する建物等の立体的な形状を商標として認めるものである。

　そもそも，商標は自己と他人の商品又は役務とを区別するために用いられるものである。その商品の形状等を普通に用いられる方法で表示する標章のみからなる商標は，通常は自他識別能力に欠けるため，登録を受けられない（商標法3条1項3号）。

　しかし，特定の商品形態が長期間継続的かつ独占的に使用されてきた場合は，結果としてその商品形態が出所表示機能を有し，周知性を獲得することになるので，例外的に登録が認められる（商標法3条2項）。空欄を含む「あなた」の発言は，このことを説明している。

　よって，アが正解である。

地域団体商標	ランク	1回目	2回目	3回目
	A	／	／	／

■令和 3 年度　第 12 問

　以下の会話は，地方都市である A 市の経済団体の理事である X 氏と，中小企業診断士であるあなたとの間で行われたものである。この会話の中の空欄①と②に入る記述の組み合わせとして，最も適切なものを下記の解答群から選べ。なお，実在する特産品を考慮する必要はない。

X　氏：「私が住む A 市内の A 漁港で水揚げされるマグロは，身がぷりぷりしていて，脂ものっていてとてもおいしいです。地元の旅館や飲食店でお客さんに大好評で，地元のスーパーでもこの刺身のコーナーが設けられているほどです。ここ 10 年くらいは隣接他県でも知られており，わざわざ隣の県から買いに来る人もいます。

　　　　しかしそれでも地方都市なものですから，全国的に知られているということはなく，リサーチして遠隔地の消費者に聞いてみたのですが，このマグロを知らないという回答がほとんどでした。地域活性化のためにも，『A まぐろ』というブランドで全国的に知らしめて売り出したいです。地域ブランドを商標登録する方法があると聞いたのですが，詳しく教えていただけませんか。」

あなた：「地域団体商標のことですね。登録が認められるには要件がいろいろとあるようですが。」

X　氏：「『名産』の文字を付して，『A 名産まぐろ』という文字からなる地域団体商標は登録可能ですか。」

あなた：「　①　。」

・・・　　中略　　・・・

X　氏：「実は，A市には，マグロの他にもわかめ，魚の缶詰，漬物など特産物がた
　　　　くさんあり，今後，様々な商品に『A』の名前を付けて売り出していくつも
　　　　りです。まだ，どのような商品に付するか未定です。『A』の文字からなる
　　　　商標を地域団体商標として登録することは可能ですか。」
あなた：「　　②　　。」

・・・　　中略　　・・・

あなた：「近いうちに地元の弁理士さんをご紹介しますよ。」

〔**解答群**〕

ア　①：いいえ，『名産』の文字を付すると，地域団体商標としての登録は認められ
　　　　なくなります。『A まぐろ』という文字からなる地域団体商標であれば
　　　　登録可能です

　　②：いいえ，地域の名称のみからなる商標は，地域団体商標として登録を受け
　　　　ることができません

イ　①：いいえ，『名産』の文字を付すると，地域団体商標としての登録は認められ
　　　　なくなります。『A まぐろ』という文字からなる地域団体商標であれば
　　　　登録可能です

　　②：はい，地域の名称のみからなる商標も，地域団体商標として登録を受ける
　　　　ことができます

ウ　①：はい，制度的には登録可能です

　　②：いいえ，地域の名称のみからなる商標は，地域団体商標として登録を受け
　　　　ることができません

エ　①：はい，制度的には登録可能です

　　②：はい，地域の名称のみからなる商標も，地域団体商標として登録を受ける
　　　　ことができます

解答	ウ

■解説

　商標法が定める地域団体商標について問われている。空欄②は過去に出題された論点である。

　地域団体商標（商標法7条の2）とは，地域の事業協同組合，農業協同組合，商工会・商工会議所，NPO法人などが，地域ブランドを用いて他地域の商品・役務と差別化し，地域産業の活性化や地域おこしに役立てることを目的とする制度である。本来は自他識別力がない地域名と商品・役務の名称の組合せからなり，周知性がある商標について，地域の事業協同組合などの団体に商標登録が認められる。その商標を使用することができるのは，当該団体の構成員に限られる。

・空欄①について

　地域団体商標として登録を受けられる商標には，以下の3つの類型がある（商標法7条の2第1項）。

　　a）地域の名称＋商品・役務の普通名称（例：「今治タオル」，「松阪牛」）

　　b）地域の名称＋商品・役務を表示するものとして慣用されている名称（例：「美濃焼」，「道後温泉」）

　　c）地域の名称＋商品・役務の普通名称または慣用名称＋商品の産地・役務の提供場所を表示する際に慣用されている文字（例：「仙台名産笹かまぼこ」，「本場奄美大島紬」）

　上記cにいう「商品の産地・役務の提供場所を表示する際に慣用されている文字」として，「名産」「特産」「本場」などが認められる。一方，「元祖」「本家」「特選」などは，認められない。

　本問の場合，A漁港で水揚げされるマグロはA市を産地とする商品であり，周知性など他の要件を満たせば，地域団体商標の登録を受けられる。上記cのように，「名産」の文字を入れることも認められる。

　よって，空欄①には「はい，制度的には登録可能です」が入る。

・空欄②について

　上述の地域団体商標の制度趣旨から，地域の名称と商品または役務の名称の組み合わせからなることが登録要件の1つとされ，地域の名称のみからなる商標は登録を受けられない。

　よって，空欄②には「いいえ，地域の名称のみからなる商標は，地域団体商標として登録を受けることができません」が入る。

　よって，ウが正解である。

	ランク	1回目	2回目	3回目
商標法全般	A	／	／	／

■令和5年度　第13問

商標法に関する記述として，最も適切なものはどれか。

ア　商標登録出願人は，商標登録出願を意匠登録出願に変更することができる旨が，商標法に規定されている。

イ　商標法には出願公開制度が規定されている。

ウ　商標法の目的を規定した商標法第1条は，商標を保護することにより，商標の使用をする者の業務上の信用の維持を図ることを目的として規定しており，需要者の利益を保護することまでは目的として規定していない。

エ　防護標章登録出願人は，査定又は審決が確定した後でもその防護標章登録出願を商標登録出願に変更することができる旨が，商標法に規定されている。

解答	イ

■解説

　商標法について，商標制度の目的，出願公開制度の有無など，幅広く問われている。選択肢エの防護標章登録はやや細かい知識であるが，より基本的な知識であるア〜ウを押さえていれば，正解に至ることができる。

ア：不適切である。特許，実用新案登録，意匠登録については，既に行った出願を相互に他の権利の出願に変更することが認められている（特許法46条，実用新案法10条，意匠法13条）。一方，商標登録出願は，異なる権利への出願変更が認められていない。これは，商標権は新規性や独創性が要件とされない点で，他の3種類の産業財産権と大きく性質が異なり，異なる権利への出願変更になじまないからである。

イ：適切である。商標法には出願公開制度が規定されている（商標法12条の2）。商標法における出願公開制度は，他人の出願に係る商標の使用を回避するための第三者の調査などを容易にするために設けられている。

ウ：不適切である。商標法の目的は，「商標を保護することにより，商標の使用をする者の業務上の信用の維持を図り，もって産業の発達に寄与し，あわせて需要者の利益を保護すること」と規定されている（商標法1条）。

エ：不適切である。防護標章登録制度とは，著名な登録商標に関して，その指定商品・役務とは全く異なる商品・役務であっても，使用されることで出所の混同が生じる可能性がある場合に，防護標章登録を受けることを認め（商標法64条），商標権の禁止的効力を非類似の商品・役務にまで拡大するものである（商標法4条1項12号，67条）。
　防護標章登録出願人は，その防護標章登録出願を商標登録出願に変更することができる（商標法12条1項）。ただし，出願の変更は，防護標章登録出願について査定又は審決が確定した後は，することができない（同条2項）。

　よって，イが正解である。

商標登録出願	ランク	1回目		2回目		3回目	
	A	／		／		／	

■令和5年度　第15問

　以下の会話は、英会話スクールを立ち上げる予定の甲氏と、中小企業診断士であるあなたとの間で行われたものである。

　この会話の中の空欄AとBに入る記述の組み合わせとして、最も適切なものを下記の解答群から選べ。

甲　氏：「英会話スクールの名前である「〇〇〇〇〇」という文字商標を、「語学の教授」という役務を指定して商標登録出願する予定です。この他に「翻訳、通訳」の業務も行う予定なので、スクール名と同じ「〇〇〇〇〇」の商標を「翻訳、通訳」の役務を指定して商標登録出願したいと思います。
　　　　これらの役務を1つの商標登録出願に含めることは可能ですか。」

あなた：「　　A　　。」

・・・中略・・・

甲　氏：「この他、うちのスクールの宣伝として流すオリジナルのメロディーを、私が作曲しました。これも商標として登録することは認められますか。」

あなた：「　　B　　。」

・・・中略・・・

あなた：「いずれにしても弁理士をご紹介しますので、詳しくはその方にお尋ねになってください。」

〔解答群〕

ア　A：商標が同じであっても、複数の役務を1つの出願に含めることはできません
　　B：音からなる商標を登録することは、制度上認められています

イ　A：商標が同じであっても、複数の役務を1つの出願に含めることはできません
　　B：音からなる商標を登録することは、制度上認められません

ウ　A：商標が同じであれば、複数の役務を1つの出願に含めることができます
　　B：音からなる商標を登録することは、制度上認められています

エ　A：商標が同じであれば、複数の役務を1つの出願に含めることができます
　　B：音からなる商標を登録することは、制度上認められません

解答	ウ

■解説

商標登録出願について，一商標一出願主義と音の商標に関する知識が問われている。

空欄 A について：

　商標登録出願は，商標の使用をする一または二以上の商品または役務を指定して，商標ごとにしなければならない（商標法6条1項）。これを「一商標一出願主義」という。商品または役務の指定は，政令で定める商品及び役務の区分に従ってしなければならない（同条2項）。

　その場合，指定する商品または役務は，同一の区分に属する必要はなく，多区分にわたって指定することができる。これを「一出願多区分制度」といい，出願や更新の便宜を図ることを目的として，平成8年の法改正で導入された制度である。

　本問の場合，「〇〇〇〇〇」という文字商標を，「語学の教授」という役務と「翻訳，通訳」という役務の2つを指定して，1つの商標登録出願で出願することができる。

　したがって，空欄 A には「商標が同じであれば，複数の役務を1つの出願に含めることができます」が入る。

空欄 B について：

　甲氏が立ち上げる予定の英会話スクールの宣伝として流すオリジナルのメロディーは，平成26年改正法で商標法の保護対象に加わった「音の商標」として登録することが認められる（商標法5条2項4号）

　したがって，空欄 B には「音からなる商標を登録することは，制度上認められています」が入る。

　よって，ウが正解である。

商標登録の取消	ランク	1回目	2回目	3回目
	A	／	／	／

■平成 26 年度　第 9 問

商標制度に関する記述として最も適切なものはどれか。

ア　継続して 2 年間，日本国内において商標権者，専用使用権者又は通常使用権者のいずれもが各指定商品又は役務についての登録商標の使用をしていないときは，その指定商品又は役務に係る商標登録を取り消すことについて審判を請求することができる。

イ　商標権者の不正使用による商標登録の取消しの審判の請求は，請求人が利害関係人でないときは，審判を請求することができない。

ウ　商標登録を取り消すべき旨の審決が確定したときは，商標権は，商標権の設定の登録の日に消滅したものとみなす。

エ　登録異議申立てについての審理においては，登録異議の申立てがされていない指定商品又は指定役務については，審理することができない。

解答	エ

■解説

他人の商標の登録を取り消したい場合の手続について総合的に問う問題である。

ア：不適切である。商標権者が継続して「3年」以上，登録商標を指定商品に使用していない場合，何人もその商標登録を取り消すことについて審判を請求できる（不使用取消審判，商標法50条1項）。この制度は，実際に使用していない商標をいつまでも登録しておくべきではない，という考えに基づいて設けられている。

イ：不適切である。商標権者が不正な使用をした場合，「何人も」その商標登録を取り消すことについて審判を請求できる（不正使用取消審判，商標法51条1項）ここにいう「不正な使用」とは，他人の業務と紛らわしい使い方や，商品の品質について誤解を生じさせるような使い方を指す。

ウ：不適切である。商標登録を取り消すべき旨の審決が確定したときは，商標権はその後消滅する（商標法54条1項）。つまり，取消の時点までは商標権は有効なものとして取り扱われる。（商標権が初めから無かったものとされる無効審決と異なる。）ただし，上述の不使用取消審判についてのみ，審判の請求の登録の日に商標権が消滅したものとみなされる（商標法54条2項）。

エ：適切である。何人も，商標掲載公報の発行の日から2月以内に限り，特許庁に対して登録異議の申立てを行うことができる。この場合において，2以上の指定商品又は指定役務に係る商標登録については，指定商品又は指定役務ごとに登録異議の申立てをすることができる（商標法43条の2）。

そして，登録異議の申立てについての審理においては，登録異議の申立てがされていない指定商品又は指定役務について審理することができない（商標法43条の9第2項）。申立ての対象でない指定商品等まで職権で審理できることにすると，いたずらに商標権者の地位を不安定にするおそれがあるからである。

よって，エが正解である。

商標権侵害警告への対応	ランク	1 回目	2 回目	3 回目
	A	/	/	/

■平成 27 年度　第 10 問

　中小企業診断士のあなたは，顧問先より以下の内容の質問を受けた。この質問に対する回答として，最も不適切なものを下記の解答群から選べ。

　当社に対してライバルの X 社より，同社が 5 年前に登録した商標 B について，「あなたの会社が使用している商標 A は，わが社が 5 年前に登録した商標 B の商標権を侵害しているため，当該商標 A の使用を即刻中止するよう求める」との内容の警告状が送られてきました。当社が取りうる対応としては，どのようなものがあるか教えてください。

〔解答群〕

　ア　商標 A が商標 B の商標権の効力の範囲内に含まれるか否かについて，特許庁に判定を求める。

　イ　商標 B が商標 B の指定商品について，継続して 3 年以上不使用の状態ではないかを調べる。

　ウ　商標 B に商標法で定める不登録事由がないかを調べ，あれば特許庁に対して異議申立てを行う。

　エ　ライバルの X 社が実際に商標 B の登録を所有しているか否かを，商標登録原簿で調べる。

解答	ウ

■**解説**

　他者から商標権侵害に関する警告状が届いた場合の対応について，質問への回答の形式で問う問題である。

　　ア：適切である。判定制度とは，特許発明や実用新案の技術的範囲，登録意匠や類似意匠の範囲，商標権の効力の範囲について，特許庁が判定対象の権利侵害の可能性について，厳正・中立的な立場から公式な見解を示す制度である。特許庁の判定には法的拘束力はないが，権利付与官庁の公式見解として尊重されるべき権威ある判断として扱われている。

　　イ：適切である。実際に使用していない商標をいつまでも登録しておくべきではないという考え方に基づき，不使用取消審判制度が設けられている。商標権者が継続して3年以上，登録商標を指定商品に使用していない場合，第三者がその登録の取消を求めることができる（不使用取消審判，商標法50条）。このため，商標Bが3年以上不使用の状態ではないかを調べる実益がある。

　　ウ：不適切である。商標法で定める不登録事由がないかを調べ，あれば特許庁に対して異議申立てを行うこと自体は，自社の利益を守る方策の1つである。しかし，商標登録異議申立書の提出期限は，商標公報の発行の日から2か月である（商標法43条の2第1号）。本問では，商標Bの登録は5年前とあり，この時点で登録異議申立てを行うことはできない。

　　エ：適切である。このような警告を受けた場合，まず行うべきことは，警告者が本当に当該商標について，自社の商品・役務と同一または類似の指定商品・指定役務に関する登録を受けているかどうかを調査することである。商標登録原簿には，商標の登録年月日，指定商品，登録名義人，専用使用権および通常使用権の設定などが記載されており，特許庁へ申請することにより閲覧および交付を受けることができる。

　よって，ウが正解である。

商標の先使用権	ランク	1回目		2回目		3回目	
	A	／		／		／	

■令和元年度　第 14 問

　以下の会話は，中小企業診断士であるあなたと，県内で複数の和菓子店を展開する甲株式会社の代表取締役 A 氏との間で行われたものである。会話の中の空欄に入る記述として，最も適切なものを下記の解答群から選べ。

A　氏：「おととい，東京にある乙株式会社から警告書が送られてきて驚いています。」
あなた：「どのような内容ですか。」
A　氏：「うちで販売するどら焼きの名前が，昨年，乙株式会社が「菓子・パン」について登録した商標と類似するそうで，直ちに販売を中止しなさい，という内容です。どうしたらいいでしょう。」
あなた：「確か，御社のどら焼きは昭和の時代から販売している名物商品ですよね。それであれば，先使用権を主張できるかもしれませんよ。」
A　氏：「その先使用権とはどういうものですか。」
あなた：「不正競争の目的でなく，　　　　　，継続してその商標の使用をする権利を有する，という商標法上の規定です。」
A　氏：「ということは，うちのどら焼きの販売を中止する必要はないのですね。」
あなた：「そうです。知的財産権に詳しい弁護士さんを紹介しますので，相談されてはいかがですか。」
A　氏：「よろしくお願いします。」

〔解答群〕
　ア　乙株式会社の商標登録出願前から，御社がどら焼きについて御社商標を使用し，または使用する準備をしているときは
　イ　乙株式会社の商標登録出願前から，御社がどら焼きについて御社商標を使用していた結果，乙株式会社の商標登録出願の際，現に御社商標が御社の業務に係るどら焼きを表示するものとして，需要者の間に広く認識されているときは
　ウ　乙株式会社の商標登録前から，御社がどら焼きについて御社商標を使用し，または使用する準備をしているときは
　エ　乙株式会社の商標登録前から，御社がどら焼きについて御社商標を使用していた結果，乙株式会社の商標登録の際，現に御社商標が御社の業務に係るどら焼きを表示するものとして，需要者の間に広く認識されているときは

解答	イ

■解説

商標の先使用権について問われている。

商標の先使用権は，第三者に商標権を取得されてしまった場合でも，一定の条件を満たす場合に商標の継続使用が認められる，例外的な救済措置である。ただし，あまり簡単に先使用権を認めてしまうと，先願主義（先に出願した者が商標権者になる）に反し，お金と手間をかけて商標権を取得する意味がなくなるため，先使用権が認められるためのハードルは高く設定されている。

すなわち，他人の商標登録出願前から日本国内において，不正競争の目的でなく，その商標登録出願に係るまたは類似する指定商品・役務について，その商標または類似する商標を使用していた結果，その商標登録出願の際，現にその商標が自己の業務に係る商品・役務を表示するものとして需要者の間に広く認識されている場合に限って，その商品・役務についてその商標を使用する権利が認められる（商標法32条）。

ア：不適切である。「使用する準備をしている」だけでは，上記の先使用権の要件を満たさない。

イ：適切である。上記の先使用権の要件を満たしている。

ウ：不適切である。商標登録出願時ではなく商標登録時を基準としている点，「使用する準備をしている」だけでは足りない点の2つの誤りがある。

エ：不適切である。商標登録出願時ではなく商標登録時を基準としている点が誤りである。

よって，イが正解である。

商標の先使用権	ランク	1回目	2回目	3回目
	A	／	／	／

■**令和3年度　第13問**

次の文章を読んで，問題に答えよ。

　株式会社甲（以下「甲社」という。）は，商標「○○○」を付した洋菓子Aを製造販売している。

　ところが，甲社は昨日，株式会社乙（以下「乙社」という。）から，次の趣旨の警告書を受け取った。

＊＊＊＊＊＊＊＊＊＊＊＊＊＊＊＊＊＊＊＊＊＊＊＊＊＊＊＊＊＊＊＊＊＊

　貴社の製造販売する洋菓子Aの商標「○○○」は，弊社が指定商品「洋菓子」について商標登録を受けた商標と類似である。直ちに商標「○○○」を付した洋菓子の製造販売を中止するように。

＊＊＊＊＊＊＊＊＊＊＊＊＊＊＊＊＊＊＊＊＊＊＊＊＊＊＊＊＊＊＊＊＊＊

　この警告書を受けて甲社から，中小企業診断士のあなたは相談を受けた。

　あなたは，甲社が商標「○○○」について先使用権を主張できる可能性があると考え，この旨を甲社に告げた。

　先使用権に関する以下のあなたの説明の空欄に入る記述として，最も適切なものを下記の解答群から選べ。

あなた：日本国内において不正競争の目的でなく，　　　　，御社は継続して洋菓子
　　　　Aについて御社商標「○○○」の使用をする権利を有します。この権利は
　　　　先使用権と呼ばれ，商標法に規定されています。

〔**解答群**〕

ア　乙社の商標登録出願後であってもその商標が登録される前から，御社が洋菓子
　　Aについて御社商標「○○○」を使用していた結果，乙社の商標登録の際，
　　現に御社商標「○○○」が御社の業務に係る洋菓子Aを表示するものとして，
　　需要者の間に広く認識されているときは

イ　乙社の商標登録出願後であってもその商標が登録される前から，御社が洋菓子
　　Aについて御社商標「○○○」を使用してさえいれば，乙社の商標登録の際，
　　現に御社商標「○○○」が御社の業務に係る洋菓子Aを表示するものとして，
　　需要者の間に広く認識されていないときでも

ウ　乙社の商標登録出願前から，御社が洋菓子Aについて御社商標「○○○」を使用していた結果，乙社の商標登録出願の際，現に御社商標「○○○」が御社の業務に係る洋菓子Aを表示するものとして，需要者の間に広く認識されているときは

エ　乙社の商標登録出願前から，御社が洋菓子Aについて御社商標「○○○」を使用してさえいれば，乙社の商標登録出願の際，現に御社商標「○○○」が御社の業務に係る洋菓子Aを表示するものとして，需要者の間に広く認識されていないときでも

Ⅱ．知的財産権に関する知識

解答	ウ

■**解説**

　商標法が定める先使用権について問われている。基本的な知識であり，確実に正解したい。

　先使用権とは，商標権者と商標登録出願以前からその商標を使用していた他者との公平を図るため，一定の要件を満たす場合にはその他者に商標を使用し続ける権利（無償の法定実施権）を認めるものである（商標法32条1項）。

　先使用権が認められるためには，以下の3つの要件を満たす必要がある。

①商標権者の出願前からその商標を日本国内で使用（先使用）していたこと

②不正競争の目的でないこと

③先使用していた商標が，自己の業務に係る商品又は役務を表示するものとして需要者の間に広く認識されていること

　　ア：不適切である。上記①より，「乙社の商標登録出願後」に商標の使用を始めた甲社には，先使用権は認められない。

　　イ：不適切である。上記①より，「乙社の商標登録出願後」に商標の使用を始めた甲社には，先使用権は認められない。上記③より，「需要者の間に広く認識されていない」のであれば，先使用権は認められない。

　　ウ：適切である。「乙社の商標登録出願前から」の使用であり，上記①を満たす。上記②を満たすことは，文中（空欄の直前）に明記されている。「需要者の間に広く認識されているときは」とあり，上記③を満たす。

　　エ：不適切である。「乙社の商標登録出願前から」の使用であり，上記①を満たす。しかし，「需要者の間に広く認識されていない」のであれば，上記③を満たさず，先使用権は認められない。

　よって，ウが正解である。

5. 不正競争防止法

▶▶ 出題項目のポイント

　特許法，商標法等が客体に権利を付与すること（権利創設）により知的財産の保護を図るのに対し，不正競争防止法は「不正競争」に該当する行為を規制すること（行為規制）により知的財産の保護を図る。主な不正競争行為の類型は下記のとおりである。

⑴　周知な商品等表示の混同惹起行為（同法 2 条 1 項 1 号）

　他人の商品・営業の表示（商品等表示）として需要者の間に広く認識されている（周知）ものを使用し，または使用した商品を譲渡等し，その他人の商品・営業と混同を生じさせる行為をいう。

⑵　著名な商品等表示の冒用行為（同法 2 条 1 項 2 号）

　他人の商品・営業の表示として著名なものを，自己の商品・営業の表示として使用する行為をいう。

⑶　他人の商品形態の模倣品の提供行為（同法 2 条 1 項 3 号）

　他人の商品の形態を模倣した商品を譲渡等する行為をいう。「商品の形態」とは，商品の形状や色彩等のこと，「模倣」とは，すでに存在する他人の商品の形態に依拠して，これと実質的に同一の形態の商品を作り出すことである。

⑷　営業秘密を侵害する行為（同法 2 条 1 項 4 号〜9 号）

　「営業秘密」とは，事業者の保有する情報（設計図，製造ノウハウ，顧客名簿，販売マニュアル等）のうち，3 つの要件（秘密管理性，有用性，非公知性）を満たすものをいう。窃取・詐欺等の不正の手段によって営業秘密を取得し，自ら使用し，第三者に開示する行為などは，営業秘密の侵害行為となる。

▶▶ 出題の傾向と勉強の方向性

　過去の出題を見ると，営業秘密以外については，意匠権や商標権など他の知的財産権と絡めて出題される場合があり，営業秘密は単独でも出題されることがわかる。過去問の範囲で，不正競争の類型と営業秘密の要件を確認し，産業財産権取得と営業秘密化のメリット・デメリットを押さえておきたい。

　平成 30 年改正法では，データを安心・安全に利活用できる事業環境を整備するため，①ID・パスワードなどの管理を施して提供されるデータ（限定提供データ）を

不正に取得・使用等する行為を，不正競争行為とする，②暗号などのプロテクト技術（技術的制限手段）の効果を妨げるサービスの提供等を，装置の提供等に加え新たに不正競争行為とする，という重要な変更がなされた。

　令和5年改正法では，①デジタル空間における形態模倣行為の防止，②営業秘密・限定提供データの保護の強化，③国際的な営業秘密侵害事案における手続の明確化が図られた。あわせて，同時に行われた商標法の改正（コンセント制度の導入）に伴い，同意した両者が不正の目的でなく商標を使用している場合は，相手側の商標の使用行為を不正競争行為として扱わないこととされた。

■取組状況チェックリスト

5. 不正競争防止法					
混同惹起，冒用，模倣等					
問題番号	ランク	1回目	2回目	3回目	
平成26年度 第6問	A	／	／	／	
平成27年度 第9問	A	／	／	／	
平成28年度 第11問	A	／	／	／	
平成29年度 第13問	A	／	／	／	
平成30年度 第11問	A	／	／	／	
令和2年度 第11問	A	／	／	／	
令和3年度 第8問	A	／	／	／	
令和4年度 第11問	A	／	／	／	
令和5年度 第12問	A	／	／	／	
営業秘密					
問題番号	ランク	1回目	2回目	3回目	
平成28年度 第12問	A	／	／	／	
令和2年度 第14問	A	／	／	／	

商品等表示	ランク	1回目		2回目		3回目	
	A	╱		╱		╱	

■**平成 26 年度　第 6 問**

不正競争防止法の商品等表示に，<u>含まれないもの</u>はどれか。

　ア　学校法人の名称

　イ　化粧品について，「尿素」「ヒアルロン酸」等の成分表示

　ウ　商品の包装

　エ　俳優の芸名

| 解答 | イ |

■解説

　不正競争防止法にいう「商品等表示」とは，人の業務に係る氏名，商号，商標，標章，商品の容器もしくは包装その他の商品又は営業を表示するものをいう（不正競争防止法2条1項1号）。

　　ア：含まれる。学校法人の名称は，その事業が営利を目的としないものであるとしても，「営業を表示するもの」（不正競争防止法2条1項1号）として，商品等表示にあたる（東京地裁平成13年7月19日判決）。

　　イ：含まれない。消費者は「尿素」「ヒアルロン酸」等の成分表示について，商品の品質，内容を示す表示であると認識し，商品の出所を示す表示であると認識することはないため，商品等表示にあたらない（東京地裁平成16年5月31日判決）。

　　ウ：含まれる。商品の包装は，「商品の容器若しくは包装」（不正競争防止法2条1項1号）として，商品等表示にあたる。

　　エ：含まれる。自己の氏名を不正の目的でなく使用する行為には同法は適用されない（同法19条1項2号）。しかし，芸名の場合には自然人の氏名とは異なり，生まれながらに有するものではなく選択可能であることから，商品等表示にあたる（東京地裁平成10年3月13日判決）。

　よって，イが正解である。

不正競争行為の類型	ランク	1回目		2回目		3回目	
	A	/		/		/	

■平成 27 年度　第 9 問

　不正競争防止法に定める不正競争行為に<u>該当しないものとして</u>，最も適切なものはどれか。

　　ア　広告に商品の原産地について誤認させるような表示をする行為。

　　イ　他人の商品の形態を模倣したものであるが，その商品の機能を確保するために不可欠な形態を採用した商品を譲渡する行為。

　　ウ　他人の商品又は営業と混同を生じさせることなく，他人の商品表示として需要者の間に広く認識されているものと同一の商品表示を使用する行為。

　　エ　ライバル会社の営業上の信用を害する虚偽の事実を流布する行為。

解答	ウ

■解説

　選択肢の行為について，不正競争防止法が定める不正競争行為にあたるか否かを識別させる問題である。

　　ア：該当する。商品の原産地，品質，内容，製造方法，用途，数量等について誤認させる表示をし，またはその表示をした商品の譲渡等をする行為は，同法で不正競争行為とされている（2条1項13号）。

　　イ：該当する。他人の商品の形態（当該商品の機能を確保するために不可欠な形態を除く）を模倣した商品を譲渡，貸し渡し，輸出・輸入等する行為（商品形態模倣行為）は，同法で不正競争行為とされている（2条1項3号）。「その商品の機能を確保するために不可欠な形態を採用した」だけであれば不正競争行為とはならないが，それ以外の部分について他人の商品の形態を模倣している場合には，商品形態模倣行為にあたる。（普段から注意深く読む習慣をつけ，このような紛らわしい選択肢に引っかからないようにしてほしい。）

　　ウ：該当しない。他人の商品表示として需要者の間に広く認識されているものと同一の商品表示を使用し，他人の商品又は営業と混同を生じさせる行為は，同法が禁止する周知表示混同惹起行為（2条1項1号）にあたる。つまり，他人の商品又は営業と混同を生じさせないのであれば，不正競争行為にはならない。具体的な混同の防止手段としては，広告や商品パッケージ等に「当社は○○とは関係ありません」と明示すること等が考えられる。

　　エ：該当する。競争関係にある他人の営業上の信用を害する虚偽の事実を告知し，又は流布する行為は，同法で不正競争行為とされている（2条1項14号）。

　よって，ウが正解である。

不正競争防止法の商品等表示	ランク	1回目	2回目	3回目
	A	／	／	／

■平成 28 年度　第 11 問

不正競争防止法（以下，「法」という。）に規定する商品等表示に関する記述として，最も適切なものはどれか。なお，各選択肢中の「周知表示混同惹起行為」とは法第 2 条第 1 項第 1 号に規定する行為をいい，「著名表示冒用行為」とは同第 2 号に掲げる行為をいう。

ア　高級車ブランドとして知られるA社の著名な自動車に関する商品表示を，Aと無関係の者であるBがサングラスに付して販売している。この場合，Bの行為は，著名表示冒用行為となると考えられるが，周知表示混同惹起行為となることはない。

イ　製菓メーカーC社のポテトチップスの表示甲が普通名称化し，取引者・需要者間で普通名称として用いられるようになった場合，この普通名称化の前に既に表示甲がポテトチップスを表示するものとして著名であるときは，当該表示を普通に用いられる方法で使用する行為は，著名表示冒用行為となる。

ウ　ピザの宅配業者であるDの営業表示乙は，現在，ある地域で周知である。表示乙が周知化する前から，Dと同一地域でピザの宅配業者Eが表示乙と類似の表示である丙を使用しているという事実がある。この場合，Dは，Eによる丙の使用に不正の目的がある場合でも，Eによる丙の使用を差し止めることができない。

エ　ヨーロッパの世界的アパレル・ブランドである企業Fの著名な商品表示を，スナックGがわが国の地方都市の郊外において商号として一店舗のみの看板などに用いている。この場合，FG間に競争関係はないものの，周知表示混同惹起行為となることがある。

解答	エ

■解説

　不正競争防止法の商品等表示（周知表示混同惹起行為と著名表示冒用行為）についての理解が問われている。

　　ア：不適切である。周知表示混同惹起行為とは，周知となった商品等表示と同一または類似の商品等表示を無断で使用し，混同を生じさせまたはそのおそれがある行為を指す。高級自動車のブランド名をサングラス等の商品に用いることはよくあり，消費者に「自動車ブランドがライセンスしているのだろう」等と混同させるおそれがある。よって，周知表示混同惹起行為にあたる可能性がある。

　　イ：不適切である。商品もしくは営業の普通名称を普通に用いられる方法で使用する行為は，著名表示冒用行為にあたらないとされる（不正競争防止法19条1項1号）。

　　ウ：不適切である。他人の商品等表示が需要者の間に広く認識される前から，同一または類似の商品等表示を使用している者が，不正の目的でなくその商品等表示を使用する行為は，周知表示混同惹起行為にあたらない（同法19条1項4号）。しかし，不正の目的がある場合は周知表示混同惹起行為にあたるので，使用の差し止めができる。

　　エ：適切である。周知表示混同惹起行為の成立要件は，①商品等表示の周知性，②商品等表示の類似性，③混同のおそれ，の3点である。ここでは，③混同のおそれが問題となる。この点，スナックシャネル事件（最高裁判所平成10年9月10日判決）では，直接の競業関係がなくても，両者間に取引上，経済上あるいは組織上何らかの関係があると誤信させる可能性がある場合（広義の混同）についても，周知表示混同惹起行為に該当するとされた。なお，このような競争関係がない場合における著名なブランドへのフリーライド行為に対応するため，平成5年の不正競争防止法改正において，著名表示冒用行為の規定が新設された。ただし，新法施行以前から著名表示冒用行為が継続している場合はこの規定は適用されないため，上記判例では周知表示混同惹起行為の成否が問題となった。

　よって，エが正解である。

不正競争行為	ランク	1回目		2回目		3回目	
	A	/		/		/	

■平成 29 年度　第 13 問

不正競争に関する記述として，最も適切なものはどれか。

ア　他人の商品等表示として需要者の間に広く認識されているものであっても，
　　自己の氏名を使用する行為は不正競争になることはない。

イ　他人の商品等表示として需要者の間に広く認識されているものであっても，
　　需要者の間に広く認識される前からその商品等表示と同一の商品等表示を使
　　用する者がその商品等表示を使用する行為は不正競争になることはない。

ウ　日本国内において最初に販売された日から起算して三年を経過した商品につ
　　いて，その商品の形態を模倣した商品を譲渡する行為は不正競争になること
　　はない。

エ　不正の手段により取得した技術上の秘密を使用する行為に対する差止請求権
　　が時効によって消滅した後に当該使用行為に基づいて生じた物の譲渡行為は
　　不正競争になることはない。

解答	エ

■解説

　不正競争防止法の定める不正競争行為にあてはまるもの，あてはまらないものの区別が問われている。

　ア：不適切である。自己の氏名を不正の目的でなく使用する場合は，周知表示混同惹起行為及び著名表示冒用行為にはならない（不正競争防止法19条1項2号）。自己の氏名を使用する場合であっても，著名になった商品等表示にただ乗りしようとする等，不正の目的がある場合は，不正競争にあたる。

　イ：不適切である。他人の商品等表示が需要者の間に広く認識される前から，その商品等表示と同一もしくは類似の商品等表示を不正の目的でなく使用する行為は，不正競争にはあたらない（不正競争防止法19条1項3号）。アと同様に，「不正の目的でなく」という要件が抜けている。

　ウ：不適切である。日本国内で最初に販売された日から起算して3年を経過した商品について，その商品の形態を模倣した商品を譲渡する行為は，商品形態模倣行為（不正競争防止法2条1項3号）にはあたらない。商品形態模倣行為は，通常は立証に困難が伴う周知性の立証が不要であり，他社による模倣を差し止める有力な手段となる。しかし，発売から3年経過後も，周知性その他の要件を満たす場合には，周知表示混同惹起行為（同法1条1項1号）には該当しうるため，「不正競争になることはない」とは言い切れない。

　エ：適切である。不正に取得した営業秘密を使用する行為に対する差止請求権は，その使用行為により営業上の利益を侵害され，または侵害されるおそれのある者が，その使用行為及び行為者を知ってから3年で時効により消滅する。使用行為の開始から20年が経過したときも，差止請求権は時効により消滅する（不正競争防止法15条）。差止請求権の消滅後に当該使用行為に基づいて生じた物を譲渡する行為は，不正競争にあたらない（同法19条1項7号）。

　よって，エが正解である。

不正競争防止法	ランク	1回目		2回目		3回目	
	A	/		/		/	

■**平成 30 年度　第 11 問**

不正競争防止法に関する記述として，最も適切なものはどれか。

　ア　真正品が外国で最初に販売された日から 3 年を経過すれば，不正競争法防止法第 2 条第 1 項第 3 号に規定する，いわゆるデッドコピー行為の規定は適用されない。

　イ　不正競争防止法第 2 条第 1 項第 1 号に規定する，いわゆる周知表示混同惹起行為において，商品の包装は「商品等表示」に含まれない。

　ウ　不正競争防止法第 2 条第 1 項第 2 号に規定する，いわゆる著名表示冒用行為と認められるためには，他人の商品又は営業と混同を生じさせたか否かは問われない。

　エ　不正競争防止法第 2 条第 1 項第 4 号乃至第 9 号に規定される営業秘密となるには，秘密管理性，独自性，有用性の 3 つの要件を満たすことが必要である。

解答	ウ

■解説

　不正競争防止法から，不正競争の行為態様が問われている。いずれも基本事項であり，確実に正解したい。

　　ア：不適切である。いわゆるデッドコピー行為の規定が適用されなくなるのは，「日本国内において」最初に販売された日から起算して３年を経過した商品である（不正競争防止法19条５号）。

　　イ：不適切である。周知表示混同惹起行為における「商品等表示」には，商品の容器もしくは包装等，商品又は営業を表示するものが含まれる。

　　ウ：適切である。著名表示冒用行為は，フリーライド（著名な表示が有する価値にただ乗りされること）やポリューション（著名な表示が有する信用や高い顧客吸引力が汚されること）を防止する目的の行為態様であって，混同は不要とされる。

　　エ：不適切である。営業秘密として保護されるための要件は，秘密管理性，有用性，非公知性の３つである。独自性は要件ではない。

　よって，ウが正解である。

不正競争防止法と商標権	ランク	1回目	2回目	3回目
	A	／	／	／

■**令和2年度　第11問**

　以下の会話は，D株式会社の代表取締役甲氏と，中小企業診断士であるあなたとの間で行われたものである。
　会話の中の空欄AとBに入る記述の組み合わせとして，最も適切なものを下記の解答群から選べ。

甲　氏：「今年も暑く，ファン付き作業服が好調です。特に，この春に発売した新商品『トルネード』が大ヒットしています。」
あなた：「強力に冷却される感じがして，良いネーミングですね。」
甲　氏：「困ったことに，ライバルメーカーが早くも『トーネード』なる名前を付けて同種の作業服を売り始めています。なにか対策を考えないといけないと思っています。」
あなた：「まずは商標登録出願すること，そして不正競争防止法2条1項1号に規定する商品等表示の不正競争行為として警告することが考えられますね。」
甲　氏：「商標登録は登録まで時間がかかりますよね。のんびり待っていられないので，不正競争防止法だけで対策したいと思いますが，どうですか。」
あなた：「今回主張できると考えられる不正競争防止法2条1項1号は，　　A　　を自ら立証しなければなりませんから，その労力がとても大きいのです。今回，相手の作業服と御社の作業服は商標法上，同一商品といえるでしょう。そのため，商標権の行使であれば，御社商標「トルネード」と相手商標「トーネード」が　　B　　と認められれば侵害になりますから，商標登録して商標権を取得することが賢明だと思います。使用している商標が模倣された場合，商標登録の早期審査を請求できる場合があるようです。」
甲　氏：「そうなのですか。登録に時間がかからないなら，商標登録も考えてみます。」
あなた：「もしよろしければ，商標を得意とする特許事務所を紹介します。」

〔解答群〕
　ア　A：御社商標が需要者の間に広く認識されていること，及び御社商標と同一若しくは類似の商標を付した相手商品が御社商品と混同を生じさせること
　　　B：需要者に混同を生じさせる
　イ　A：御社商標が需要者の間に広く認識されていること，及び御社商標と同一若しくは類似の商標を付した相手商品が御社商品と混同を生じさせること
　　　B：類似する
　ウ　A：御社商標が著名であること
　　　B：需要者に混同を生じさせる
　エ　A：御社商標が著名であること
　　　B：類似する

解答	イ

■解説

　不正競争防止法における周知表示混同惹起行為と商標権侵害の要件について問われている。いずれも基本的な知識であり，確実に正解したい。

空欄Ａについて：

　「あなた」が言及している不正競争防止法2条1項1号は，周知表示混同惹起行為を規定している。この規定によって保護されるためには，以下の4つの要件を満たすことが必要である。

①商品表示性

　　自己の商品等表示が，ある商品または営業の目印として機能していること。

②周知性

　　当該表示が需要者の間で広く認識されていること。一定の地域（同一・類似表示の使用者の営業地域）において知られていれば足りる。

③類似性

　　相手方の商品等表示が自己の商品等表示と同一又は類似していること。

④混同

　　需要者が両者の商品の間で混同を生じさせること。混同を起こすおそれがあれば足りる。

　また，「あなた」が「不正競争防止法2条1項2号」（著名表示冒用行為）に触れていないことと，「この春に発売した」ばかりであることから，「御社商標が著名である」が適するとは考えがたい。

　よって，空欄Ａには「御社商標が需要者の間に広く認識されていること，及び御社商標と同一若しくは類似の商標を付した相手商品が御社商品と混同を生じさせること」が入る。

空欄Ｂについて：

　空欄Ａに入る語句が正しい選択肢のアとイについて，空欄Ｂに入る語句として「需要者に混同を生じさせる」と「類似する」のどちらが正しいかを検討することになる。

　商標法37条1号は，「指定商品若しくは指定役務についての登録商標に類似する商標の使用又は指定商品若しくは指定役務に類似する商品若しくは役務についての登録商標若しくはこれに類似する商標の使用」を商標権侵害行為であるとする。つまり，同一または類似の商標を使用することをもって足り，需要者に混同を生じさせることは要件とはされていない。

　よって，空欄Ｂには「類似する」が入る。

　よって，イが正解である。

不正競争防止法	ランク	1回目	2回目	3回目
	A	／	／	／

■令和 3 年度　第 8 問

不正競争防止法に関する記述として，最も適切なものはどれか。

ア　不正競争防止法第 2 条第 1 項第 1 号に規定する，いわゆる周知表示混同惹起行為において，商品の容器は「商品等表示」に含まれる。

イ　不正競争防止法第 2 条第 1 項第 2 号に規定する，いわゆる著名表示冒用行為と認められるためには，他人の商品又は営業と混同を生じさせることが一つの要件となる。

ウ　不正競争防止法第 2 条第 1 項第 4 号乃至第 10 号で保護される営業秘密となるためには，秘密管理性，進歩性，有用性が認められる必要がある。

エ　不正競争防止法第 2 条第 1 項第 4 号乃至第 10 号で保護される営業秘密は営業上の情報を指し，技術上の情報を含まない。

解答	ア

■解説

　不正競争防止法が規定する内容について，幅広く問われている。いずれも基本的な知識であり，確実に正解したい。

ア：適切である。「商品等表示」とは，「人の業務に係る氏名，商号，商標，標章，商品の容器若しくは包装その他の商品又は営業を表示するもの」をいう（不正競争防止法2条1項1号）。「周知表示混同惹起行為」とは，他人の商品等表示と同一または類似の商品等表示を使用し，他人の商品または営業と混同を生じさせる行為である。上記の条文からわかるように，商品の容器は「商品等表示」に含まれる。

イ：不適切である。「著名表示冒用行為」（不正競争防止法2条1項2号）とは，他人の著名な商品等表示と同一または類似のものを自己の商品等表示として使用する行為である。周知表示混同惹起行為とは異なり，商品または営業が他人の商品・営業とはかけ離れているために需要者の間で混同が生じない場合をも含む。その理由は，たとえ需要者の間で混同が生じなくとも，フリーライド（ただ乗り），ダイリューション（希釈化），ポリューション（汚染）により，ブランド価値が毀損されるからである。

ウ：不適切である。不正競争防止法2条1項4号〜10号で保護される「営業秘密」とは，「秘密として管理されている生産方法，販売方法その他の事業活動に有用な技術上又は営業上の情報であって，公然と知られていないもの」（不正競争防止法2条6項）をいう。つまり，営業秘密の要件は，①秘密管理性，②有用性，③非公知性の3つであって，「進歩性」は含まれない。

エ：不適切である。ウの解説で触れたように，「営業秘密」には「技術上又は営業上の情報」が含まれる。「技術上の情報を含まない」の部分が誤りである。

　よって，アが正解である。

不正競争行為	ランク	1回目	2回目	3回目
	A	／	／	／

■**令和4年度　第11問**

不正競争防止法に関する記述として，最も適切なものはどれか。

ア　不正競争防止法第2条第1項第1号に規定する，いわゆる周知表示混同惹起行為において，「人の業務に係る氏名」は「商品等表示」には含まれない。

イ　不正競争防止法第2条第1項第3号に規定する，いわゆるデッドコピー規制による保護期間は，外国において最初に販売された日から起算して3年を経過するまでである。

ウ　不正競争防止法第2条第1項第3号に規定する，いわゆるデッドコピー規制の要件である「模倣する」とは，他人の商品の形態に依拠して，これと実質的に同一の形態の商品を作り出すことをいう旨が，不正競争防止法に規定されている。

エ　不正競争防止法第2条第1項第11号乃至第16号で保護される限定提供データは，技術上の情報のみを指す。

解答	ウ

■**解説**

　不正競争防止法の定める不正競争行為について問われている。過去にも問われた論点が繰り返し出題されており，過去問学習の重要さがわかる。いずれも基本的な知識であり，確実に正答したい。

　ア：不適切である。「商品等表示」とは，「<u>人の業務に係る氏名</u>，商号，商標，標章，商品の容器若しくは包装その他の商品又は営業を表示するもの」をいう（不正競争防止法2条1項1号）。「周知表示混同惹起行為」とは，他人の商品等表示と同一又は類似の商品等表示を使用し，他人の商品又は営業と混同を生じさせる行為である。上記の条文からわかるように，「人の業務に係る氏名」は商品等表示に含まれる。

　イ：不適切である。デッドコピー規制（不正競争防止法2条1項3号）の規定が適用されなくなるのは，<u>日本国内において最初に販売された日</u>から起算して3年を経過した商品である（不正競争防止法19条5号）。

　ウ：適切である。デッドコピー規制（不正競争防止法2条1項3号）の要件である「模倣する」については，「他人の商品の形態に依拠して，これと実質的に同一の形態の商品を作り出すことをいう」と規定されている（不正競争防止法2条5項）。

　エ：不適切である。「限定提供データ」とは，他者との共有を前提に一定の条件のもとで利用できるデータを指す。2019年7月1日に施行された改正不正競争防止法は，「この法律において『限定提供データ』とは，業として特定の者に提供する情報として電磁的方法（電子的方法，磁気的方法その他人の知覚によっては認識することができない方法をいう。）により相当量蓄積され，及び管理されている技術上又は<u>営業上の情報</u>（秘密として管理されているものを除く。）をいう。」と定める（同法2条7項）。技術上の情報のみならず，営業上の情報をも含む。

　よって，ウが正解である。

	ランク	1回目		2回目		3回目	
不正競争防止法	A	／		／		／	

■令和 5 年度　第 12 問

不正競争防止法に関する記述として，最も適切なものはどれか。

ア　不正競争防止法第 2 条第 1 項第 1 号に規定する，いわゆる周知表示混同惹起行為において，「商品の包装」は「商品等表示」に含まれない。

イ　不正競争防止法第 2 条第 1 項第 2 号に規定する，いわゆる著名表示冒用行為と認められるためには，他人の商品又は営業と混同を生じさせることが 1 つの要件となる。

ウ　不正競争防止法第 2 条第 1 項第 4 号乃至第 10 号に規定される営業秘密に該当するには，秘密管理性，独創性，新規性の 3 つの要件を満たすことが必要である。

エ　不正競争防止法第 2 条第 1 項各号でいう「不正競争」として，「競争関係にある他人の営業上の信用を害する虚偽の事実を告知し，又は流布する行為」が同法に規定されている。

解答	エ

■**解説**

　不正競争防止法について，幅広く問われている。選択肢エの虚偽事実告知流布行為は過去に出題が少ないが，選択肢ア～ウはこれまでに繰り返し出題された基本的知識であり，確実に正解したい。

ア：不適切である。周知表示混同惹起行為とは，他人の商品・営業の表示（商品等表示）として需要者の間に広く認識されている（周知）ものを使用し，または使用した商品を譲渡等し，その他人の商品・営業と混同を生じさせる行為である。周知表示混同惹起行為の対象となる「商品等表示」とは，「人の業務に係る氏名，商号，商標，標章，商品の容器もしくは包装その他の商品又は営業を表示するもの」をいう（不正競争防止法2条1項1号括弧書き）。商品の包装はその中に含まれる。

イ：不適切である。著名表示冒用行為とは，他人の商品・営業の表示として著名なものを，自己の商品・営業の表示として使用する行為である（不正競争防止法2条1項2号）。著名表示冒用行為と認められるためには，他人の商品又は営業と混同を生じさせることを要しない。その理由は，たとえ需要者に混同が生じなくても，著名表示の顧客吸引力へのただ乗り（フリーライド）や著名表示の希釈化（ダイリューション）により，著名表示の表示力を汚染するからである。

ウ：不適切である。営業秘密（不正競争防止法2条1項4号乃至10号）に該当するには，①秘密管理性，②有用性，③非公知性の3つの要件を満たすことが必要である。独創性や新規性は要件に含まれない。

エ：適切である。「競争関係にある他人の営業上の信用を害する虚偽の事実を告知し，又は流布する行為」（虚偽事実告知流布行為）は，不正競争行為の1つとして明文で規定されている（不正競争防止法2条1項21号）。

　よって，エが正解である。

	ランク	1回目	2回目	3回目
営業秘密	A	／	／	／

■**平成 28 年度　第 12 問**

　以下の文章は，不正競争防止法上の営業秘密に関するものである。文中の空欄A～Cに入る語句の組み合わせとして，最も適切なものを下記の解答群から選べ。

　不正競争防止法上の「営業秘密」に該当するためには，「秘密管理性」，「　A　」および「　B　」の3つの要件を満たすことが必要である。

　この「秘密管理性」があるというためには，その情報に合法的かつ現実に接触することができる従業員等からみて，その情報が会社にとって秘密としたい情報であることが分かる程度に，アクセス制限やマル秘表示といった秘密管理措置がなされていることが必要である。

　また，「　A　」の要件は，脱税情報や有害物質の垂れ流し情報などの公序良俗に反する内容の情報を，法律上の保護の範囲から除外することに主眼を置いた要件であり，それ以外の情報であれば「　A　」が認められることが多い。現実に利用されていなくてもよく，失敗した実験データというようなネガティブ・インフォメーションにも「　A　」が認められ得る。

　さらに，「　B　」があるというためには，合理的な努力の範囲内で入手可能な刊行物には記載されていないなど，保有者の管理下以外では一般に入手できないことが必要である。なお，例えば，　C　目的で，詐欺等行為又は管理侵害行為によって，営業秘密を不正に取得する行為等は営業秘密侵害罪を構成しうる。

〔解答群〕

　ア　A：適法性　　　B：新規性　　　C：営利

　イ　A：適法性　　　B：非公知性　　C：営利

　ウ　A：有用性　　　B：新規性　　　C：図利加害

　エ　A：有用性　　　B：非公知性　　C：図利加害

解答	エ

■解説

　不正競争防止法が定める営業秘密について問われている。同法で営業秘密として保護されるための要件は，以下の３点である。

① 秘密管理性（秘密として管理されていること）

② 有用性（有用な営業上又は技術上の情報であること）

③ 非公知性（公然と知られていないこと）

（空欄Aについて）

　「公序良俗に反する内容の情報を，法律上の保護の範囲から除外することに主眼を置いた」，「現実に利用されていなくてもよく」，「失敗した実験データというようなネガティブ・インフォメーションにも」認められ得るという説明から，「有用性」が入る。

（空欄Bについて）

　「保有者の管理下以外では一般に入手できない」という説明から，「非公知性」が入る。

（空欄Cについて）

　営業秘密侵害罪については，正当な目的で行われる場合を処罰範囲から明確に除外しつつ，当罰性の高い行為を処罰対象とするため，「不正の利益を得る目的で，又はその保有者に損害を加える目的で」行ったことが要件とされる。これを一般に「図利加害目的」といい，空欄Cに入る。

　よって，エが正解である。

不正競争防止法	ランク	1回目	2回目	3回目
	A	/	/	/

■令和2年度　第14問

不正競争防止法に関する記述として，最も適切なものはどれか。

ア　不正競争防止法第2条第1項第3号に規定するいわゆるデッドコピー規制による保護期間は，日本国内において最初に販売された日から起算して5年を経過するまでである。

イ　不正競争防止法第2条第1項第4号乃至第10号で規定される営業秘密とは営業上の情報のみならず，技術上の情報を含む。

ウ　不正競争防止法第2条第1項第4号乃至第10号で保護される営業秘密となるためには，秘密管理性，有用性，創作性が認められる必要がある。

エ　不正競争防止法第2条第1項第4号乃至第10号で保護される営業秘密は，条件を満たせば不正競争防止法第2条第1項第11号乃至第16号で保護される限定提供データにもなる。

解答	イ

■解説

　不正競争防止法について，商品形態模倣行為と営業秘密侵害行為が問われている。ア〜ウは基本的な知識であり，必ず正解したい。エは2019年7月に施行された改正法の論点であり，やや細かい。

　　ア：不適切である。同法2条1項3号に規定する商品形態模倣行為（デッドコピー規制）では，保護期間は日本国内において最初に販売された日から起算して「3年」を経過するまでとされている。

　　イ：適切である。同法2条6項は，「営業秘密」の定義について，「秘密として管理されている生産方法，販売方法その他の事業活動に有用な技術上又は営業上の情報であって，公然と知られていないものをいう」と規定しており，技術上の情報も含む。

　　ウ：不適切である。イの解説でも触れたとおり，「営業秘密」として保護されるためには，①秘密として管理されていること（秘密管理性），②事業活動に有用な技術上又は営業上の情報であること（有用性），③公然と知られていないこと（非公知性）の3要件を満たす必要がある。創作性は関係がない。

　　エ：不適切である。「限定提供データ」とは，他者との共有を前提に一定の条件のもとで利用できるデータを指す。2019年7月1日に施行された改正不正競争防止法は，「この法律において『限定提供データ』とは，業として特定の者に提供する情報として電磁的方法（電子的方法，磁気的方法その他人の知覚によっては認識することができない方法をいう。）により相当量蓄積され，及び管理されている技術上又は営業上の情報（秘密として管理されているものを除く。）をいう。」と定め（同法2条7項），事業者が秘密として管理する「営業秘密」とは区別している。

　よって，イが正解である。

6. 著作権

▶▶ 出題項目のポイント

著作権制度は，創作された著作物に関して，その公正な利用に留意しつつ，著作者の権利の保護を図り，文化の発展に寄与することを目的とする。

著作権の最大の特徴は，産業財産権とは異なり，「申請」や「登録」といった手続を一切必要とせず，著作物が創られた時点で自動的に発生することである。

著作権法で保護の対象とされる「著作物」とは，「思想又は感情を創作的に表現したものであって，文芸・学術・美術又は音楽の範囲に属するもの」である（著作権法第2条）。このことから，単なるデータ，他人の作品の模倣，アイデア，工業製品などは「著作物」から除かれる。

また，同法にいう「著作者」とは，著作物を実際に創作した人を指す。受発注による場合には，発注者側の著作物の利用に関し，創作者と契約を交わす必要がある。ただし，法人の従業者等が職務上創作し，法人等の名義で公表する場合には，就業規則等に職員を著作者とする定めがない限り，その法人等が著作者となる。

著作権の保護期間は，著作者が著作物を創作した時に始まり，原則として著作者の死後70年までである。

著作者の権利は，「著作者人格権」と「著作者財産権」に分かれる。「著作者人格権」とは，一身専属的な人格的利益に関する権利であり，公表権，氏名表示権，同一性保持権が含まれる。「著作者財産権」とは，著作物が勝手に利用されることを禁止し，著作者の経済的利益を保護する権利であり，複製権，上演権，公衆送信権，頒布権，二次的創作物の創作権などが含まれる。

著作権の侵害については，民事的対応措置として，損害賠償請求，差止請求，不当利得返還請求，名誉回復等の措置請求がある。侵害行為には，刑事罰も科せられる。

▶▶ 出題の傾向と勉強の方向性

著作権は，幅広くかつ奥の深い権利であって，単体で問われる際には難しい，あるいは細かい問題が出題されることもあり得る。まずは，他の知的財産権と比較しながら，上記の基本的性質を押さえ，基本的な問題で確実に得点するようにしたい。

また，著作権法は頻繁に改正されるため，近年の変更点は確実に押さえておきたい。

令和2年改正法では，①リーチサイト（違法にアップロードされた著作物へのリンク情報を集約したサイト）に対する規制強化，②写り込みに関する著作権の権利制限の範囲の拡大（スマートフォンのスクリーンショットに他人の著作物が写り込むようなケースでは著作権者の許諾を要しない），③許諾を受けて著作物を利用する権利

（利用権）を著作権の譲受人に対抗できる制度の導入，④音楽・映像のみならず著作物全般について海賊版のダウンロードを違法化，⑤著作権侵害訴訟において裁判所が書類の提出命令の要否を判断する目的で書類の提示を命じることを可能に，⑥アクセスコントロールに関する保護の強化（不正なシリアルコードの提供の違法化など）といった重要な変更が行われた。

　令和３年改正法では，①図書館関係の権利制限規定の見直し，②放送番組のインターネット同時配信等に係る権利処理の円滑化，の２点の変更が行われた。

　令和５年改正法では，①著作物等の利用に関する新たな裁定制度の創設，②立法・行政における著作物等の公衆送信等を可能とする措置，③海賊版被害等の実効的救済を図るための損害賠償額の算定方法の見直し，の３点の変更が行われた。

■取組状況チェックリスト

6. 著作権						
著作権の性質						
問題番号	ランク	1回目		2回目		3回目
平成26年度 第10問	A	／		／		／
平成27年度 第7問	A	／		／		／
平成27年度 第14問	A	／		／		／
平成29年度 第11問	A	／		／		／
平成29年度 第12問	A	／		／		／
令和元年度 第9問	A	／		／		／
令和元年度 第11問	A	／		／		／
令和2年度 第9問	A	／		／		／
令和4年度 第10問	A	／		／		／
令和4年度 第15問	A	／		／		／
支分権，著作隣接権						
問題番号	ランク	1回目		2回目		3回目
平成27年度 第13問	A	／		／		／
令和2年度 第15問	A	／		／		／

著作権法	ランク	1回目		2回目		3回目	
	A	／		／		／	

■平成 26 年度　第 10 問

著作権法に関する記述として最も適切なものはどれか。

　ア　ゴーストライターが自らの創作に係る著作物を他人名義で出版することに同意した場合，そのゴーストライターは，その著作物の著作者とはならない。

　イ　小学校の教科書に小説を掲載する際に，難解な漢字をひらがな表記に変更する行為は，同一性保持権の侵害となる。

　ウ　著作権者の許諾なく，スーパーマーケットで，BGM として CD の音楽を流すことは，演奏権の侵害となる。

　エ　著作者人格権は，その全部又は一部を譲渡することができる。

解答	ウ

■解説

著作権の性質について幅広く問う，基本的な問題である。

ア：不適切である。著作者とは「著作物を創作する者」であり（著作権法2条1項2号），ゴーストライターが自ら創作した著作物を他人名義で出版することに同意したとしても，そのゴーストライターが著作物の著作者であることは変わらない。ただし，通常の方法により著作者であると表示されている者は，その著作物の著作者であると「推定」される（著作権法14条）。

イ：不適切である。著作者は，その著作物及びその題号（名称・表題のこと）の同一性を保持する権利を有し，その意に反してこれらの変更，切除その他の改変を受けないとされる（同一性保持権，著作権法20条1項）。ただし，この規定は，教科用図書に掲載する場合，学年に応じて難しい漢字をひらがなに変更する等，その性質上やむを得ないと認められる改変には適用されない（同法20条2項1号）。

ウ：適切である。音楽等の著作物について，作曲者等の著作権者は公に上演・演奏する権利を専有する（著作権法22条）。ここにいう「演奏」は，録音されたものを再生することを含む（同法2条7項）。よって，スーパーマーケット等の店舗でBGMとしてCDの音楽を流すことは演奏権の対象となり，著作権者の許諾なくして行うと演奏権の侵害となる。なお，例外として，①営利を目的としない，②名目を問わず聴衆から対価を受けない，③実演家等に報酬を支払わない，の3つの要件を満たす場合は，著作権者の許諾なくして演奏しても演奏権の侵害にはあたらない（同法38条1項）。

エ：不適切である。著作者人格権（公表権，氏名表示権，同一性保持権）は，著作者の一身に専属し，譲渡することができない（著作権法59条）。

よって，ウが正解である。

著作権と 著作者人格権	ランク	1回目	2回目	3回目
	A	／	／	／

■平成 27 年度　第 7 問　改題

　以下の文章は，著作権法の解説である。空欄 A ～ D に入る語句の組み合わせとして，最も適切なものを下記の解答群から選べ。

　作家 X が文芸作品を制作した場合，その作品の著作権は 　A　 の時に発生し，保護期間は 　B　 である。また，その作品を原作として映画などの二次的著作物が作成された場合において，作家 X は作成された二次的著作物の利用に関して， 　C　 。なお，作家 X の意に反して作品の内容を勝手に改変することは同一性保持権の侵害となるが，同一性保持権は作家 X から他者へ 　D　 。

〔解答群〕

　ア　A：著作権の設定登録　　B：公表後 70 年　　　　C：権利を持たない
　　　D：譲渡できない

　イ　A：著作権の設定登録　　B：著作者の死後 70 年　C：権利を持つ
　　　D：譲渡できる

　ウ　A：著作物の創作　　　　B：公表後 70 年　　　　C：権利を持たない
　　　D：譲渡できる

　エ　A：著作物の創作　　　　B：著作者の死後 70 年　C：権利を持つ
　　　D：譲渡できない

解答	エ

■解説

著作権（著作財産権）と著作者人格権に関する基本的な問題である。

・空欄 A・B について

　　著作権の存続期間は，著作物の創作の時に始まる（著作権法51条1項）。著作権は，映画の著作物など一部の例外を除き，著作者の死後70年を経過するまでの間，存続する（同法51条2項）。よって，空欄 A には「著作物の創作」，空欄 B には「著作者の死後70年」が入る。

・空欄 C について

　　二次的著作物の原著作物の著作者は，当該二次的著作物の利用に関し，著作財産権で当該二次的著作物の著作者が有するものと同一の種類の権利を専有するとされる（著作権法28条）。よって，空欄 C には「権利を持つ」が入る。

・空欄 D について

　　著作者は，その著作物及びその題号の同一性を保持する権利を有し，その意に反してこれらの変更，切除その他の改変を受けないものとされる（著作権法20条，同一性保持権）。同一性保持権は著作者人格権の1つである。著作者人格権は著作者の一身に専属し，譲渡することができない（著作権法59条）。よって，空欄 D には「譲渡できない」が入る。

　　よって，A：著作物の創作，B：著作者の死後70年，C：権利を持つ，D：譲渡できない，が適切な組み合わせとなり，エが正解である。

著作権と著作者人格権	ランク	1回目	2回目	3回目
	A	／	／	／

■平成 27 年度　第 14 問

著作権及び著作者人格権に関する記述として，<u>最も不適切なもの</u>はどれか。

ア　契約によって「著作権の全部を譲渡する」旨の条項を定めることにより，著作権を構成する複製権等の支分権を個別に特定しなくても，支分権の全てが譲渡人から譲受人に移転する。

イ　著作権法上，職務上作成する著作物の著作者は，雇用契約等で別途規定しない限り使用者であるから，使用者が法人であっても著作者人格権に基づき当該著作物の改変行為の差止めを請求できる。

ウ　電子書籍の出版権者は，電子書籍の公衆送信権のみを専有するにとどまるが，海賊版業者が違法配信目的で電子書籍の複製を行う行為の差止めを請求できる。

エ　わが国の著作権法上，リバース・エンジニアリングがプログラムの著作物の著作権を侵害するか否かについては議論があるが，これを禁止する条項をソフトウェアの使用許諾契約で定めることは可能である。

解答	ア

■解説

著作権（著作財産権）および著作者人格権について幅広く問う問題である。

ア：不適切である。著作権法は，譲渡人を保護するため，著作権を譲渡する契約において 27 条（二次的著作物の翻案権等）または 28 条（二次的著作物の利用権）に規定する権利が譲渡の目的として特掲されていないときは，これらの権利は，譲渡した者に留保されたものと推定すると定める（同法 61 条 2 項）。よって，著作権の全部を譲渡するためには，契約書で「全ての著作権（著作権法第 27 条および第 28 条の権利を含む）を譲渡する」等と規定する必要がある。

イ：適切である。別段の定めがない限り，法人等の従業者が職務上作成し，法人等の名義で公表される著作物の著作権は，法人等に帰属する（著作権法 15 条）。著作者人格権も法人等に帰属するため，法人等は著作者人格権に基づき当該著作物の改変行為の差止めを請求できる。

ウ：適切である。平成 26 年の著作権法改正により，電子書籍についても出版権を設定できるようになった。電子書籍の出版権者は，著作物を記録媒体（CD-ROM 等）に記録された電磁的記録として複製し，または記録媒体に記録された著作物の複製物を用いて公衆送信（インターネットで配信する等）する権利の全部または一部を専有する。（著作権法 80 条 1 項）。その権利に基づき，電子書籍の出版権者は，違法な電子書籍の複製行為の差止めを請求できる。

エ：適切である。リバース・エンジニアリングとは，競合する他社が開発した新製品を分解・解析し，その原理・製造技術などの情報を獲得して自社製品に応用することをいう（三省堂・大辞林第三版）。リバース・エンジニアリングを禁止する旨を当事者間の契約で定めることは，独占禁止法の「不公正な取引方法」（拘束条件付取引）等に当たらない限り，適法とされている。

よって，アが正解である。

著作権と 著作者人格権	ランク	1回目	2回目	3回目
	A	／	／	／

■平成 29 年度　第 11 問

　以下の会話は，中小企業診断士であるあなたと X 株式会社の代表取締役甲氏との間で行われたものである。

　会話の中の空欄 A と B に入る語句の組み合わせとして，最も適切なものを下記の解答群から選べ。

甲　氏：「漫画家の乙先生に依頼して，企業キャラクターを作ってもらう予定です。」

あなた：「著作権の処理は適切に行いましたか。」

甲　氏：「報酬を払うのですから，当然，著作権はうちのものでしょう。」

あなた：「いいえ，乙先生はそれをライセンス料と思っているかもしれませんよ。キャラクターの絵柄について，その著作者である乙先生は，著作権法上 A 権と B 権の2つの権利を有しますから，それぞれの処理が必要になります。」

甲　氏：「知りませんでした。」

あなた：「 A 権は契約によって譲り受けることができます。一方， B 権は譲り受けられませんから，異なった権利処理をする必要があります。注意してください。」

甲　氏：「ありがとうございます。早速，顧問弁護士に相談するようにします。」

〔解答群〕

ア　A：著作　　　　　B：著作者人格

イ　A：著作　　　　　B：著作隣接

ウ　A：著作者人格　　B：著作

エ　A：著作者人格　　B：著作隣接

解答	ア

■**解説**

　著作権（著作財産権）と著作者人格権の性質の違いが問われている。基本的な出題であり，必ず正解したい。

・空欄 A について

　「あなた」の第 3 発言に「契約によって譲り受けることが」できるとあるため，広義の著作権のうち，全部または一部を譲渡することができる（著作権法 61 条 1 項），狭義の著作権（著作財産権）が入る。

・空欄 B について

　「あなた」の第 3 発言に「譲り受けられません」とあるため，著作者の一身に専属し譲渡することができない（著作権法 59 条），著作者人格権が入る。

　よって，アが正解である。

著作権の保護期間の満了日	ランク	1回目		2回目		3回目	
	A	/		/		/	

■平成 29 年度　第 12 問　改題

　自然人である小説の著作者が 1970 年 6 月 1 日に死亡していた場合，その著作権の保護期間の満了日として，最も適切なものはどれか。ただし，旧著作権法の適用及び戦時加算は考慮しないものとする。

　　ア　2040 年 6 月 1 日

　　イ　2040 年 12 月 31 日

　　ウ　2041 年 6 月 1 日

　　エ　2041 年 12 月 31 日

解答	イ

■解説

　著作権の保護期間の満了日が問われている。保護期間の計算方法に関する細かい知識までが必要とされる。

　著作権の保護期間は，著作物の創作の時に始まり，著作者が自然人の場合，死後70年を経過した時に終了する（著作権法51条）。ただし，著作者の死後70年の終期の計算は，期間計算を簡便にするため，著作者が死亡した日の属する年の翌年の1月1日から起算する（同法57条）。

　上記を本問にあてはめると，小説の著作者が1970年6月1日に死亡したことから，1971年1月1日より著作者の死後70年が起算され，2040年12月31日の終了をもって，著作権の保護期間が満了することになる。

　よって，イが正解である。

著作権の譲渡契約	ランク	1回目	2回目	3回目
	A	／	／	／

■**令和元年度　第９問**

　以下の会話は，中小企業診断士であるあなたと，Ｘ株式会社の代表取締役 a 氏との間で行われたものである。この会話を読んで，下記の設問に答えよ。

a　氏：「今度，人気マンガ家のＹさんに，当社の企業キャラクターを創ってもらうことになりました。将来的には着ぐるみやアニメを作って活用する予定です。Ｙさんからその著作権の譲渡を受けるために，次の契約書を作ってみたのですがどうでしょうか。」

　＊＊＊＊＊＊＊＊＊＊＊＊＊＊＊＊＊＊＊＊＊＊＊＊＊＊＊＊＊＊＊＊＊
　Ｙ（以下「甲」という。）とＸ株式会社（以下「乙」という。）とは，キャラクターの絵柄作成業務の委託に関し，以下のとおり契約を締結する。

第１条　（委託）
　乙は，甲に対し，以下をテーマとするキャラクターの絵柄（以下「本著作物」という。）の作成を委託し，甲はこれを受託した。
　テーマ：乙が広告に使用するマスコットキャラクター
第２条　（納入）
　⑴　甲は乙に対し，本著作物を JPEG データの形式により，2019 年 10 月末日までに納入する。
　⑵　乙は，前項の納入を受けた後速やかに納入物を検査し，納入物が契約内容に適合しない場合や乙の企画意図に合致しない場合はその旨甲に通知し，当該通知を受けた甲は速やかに乙の指示に従った対応をする。
第３条　（著作権の帰属）
　本著作物の著作権は，対価の完済により乙に移転する。
第４条　（著作者人格権の帰属）
　本著作物の著作者人格権は，対価の完済により乙に移転する。
第５条　（保証）

甲は，乙に対し，本著作物が第三者の著作権を侵害しないものであることを保証する。

第6条　（対価）

乙は甲に対し，本著作物の著作権譲渡の対価，その他本契約に基づく一切の対価として，金1,500,000円（消費税別途）を，2019年11月末日までに支払う。

本契約締結の証として，本契約書2通を作成し，甲乙記名押印の上，各自1通を保持する。

2019年　　　月　　　日

甲　Y　　　　　印
乙　X株式会社代表取締役　　　α　　　印

＊＊＊＊＊＊＊＊＊＊＊＊＊＊＊＊＊＊＊＊＊＊＊＊＊＊＊＊＊＊＊＊＊＊＊＊＊

あなた：「そうですね。まず第3条については　A　，検討が必要です。また，第4
　　　　条については　B　。詳細は弁護士に確認した方がよいと思いますので，
　　　　もしよろしければ，著作権に詳しい弁護士を紹介しますよ。」
α　　氏：「著作権の契約はなかなか難しいですね。よろしくお願いします。」

（設問 1）

会話の中の空欄 A に入る記述として，最も適切なものはどれか。

なお，著作権法の第 21 条，第 27 条及び第 28 条において規定される権利は次のとおりである。

第 21 条：複製権

第 27 条：翻訳，翻案等する権利

第 28 条：二次的著作物の利用に関する原著作者の権利

ア　著作権は著作者の一身に専属し，譲渡することができませんから

イ　著作権法第 21 条から第 28 条の権利は，そもそも対価を支払った者に自動的に移転しますから

ウ　著作権法第 21 条から第 28 条の全ての権利を特掲しないと，特掲されなかった権利は譲渡した者に留保されたと推定されますから

エ　著作権法第 27 条と第 28 条の権利は特掲しないと，これらの権利は譲渡した者に留保されたと推定されますから

（設問 2）

会話の中の空欄 B に入る記述として，最も適切なものはどれか。

ア　著作者人格権は移転できますが，職務著作の場合に限られますから修正が必要です

イ　著作者人格権は移転できますが，著作者が法人である場合に限られますから修正が必要です

ウ　著作者人格権は移転できませんが，特約があれば移転についてはオーバーライドすることができる任意規定ですから，このままでよいでしょう

エ　著作者人格権は移転できませんし，特約があっても移転についてはオーバーライドできない強行規定ですから，修正が必要です

（設問 1）

解答	エ

■解説

　著作権（著作財産権）の移転について問われている。

　著作権は財産権の一種であり，その全部又は一部を譲渡することができる（著作権法 61 条 1 項）。

　しかし，著作権法には譲渡人を保護する規定があり，翻訳権，翻案権等（著作権法27 条）と二次的著作物の利用に関する原著作者の権利（著作権法 28 条）については，当事者間で特に定めがない限り，譲渡人に留保される（著作権法 61 条 2 項）。このため，実務では，これらの権利を含めて譲渡したい場合，契約書に「著作権（著作権法第 27 条及び第 28 条の権利を含む）を譲渡する」等と記載するのが通常である。

　よって，エが正解である。

（設問 2）

解答	エ

■解説

　著作者人格権の移転について問われている。基本的な知識であり，確実に正解したい。

　著作者人格権は，著作者の一身に専属し，譲渡することができない（著作権法 59条）。これは強行規定であって，特約で著作者人格権を移転することは認められない。

　このため，実務では，著作権譲渡契約を締結する場合，「著作権の移転後は，著作者人格権を行使しない」等と記載する（不行使特約）のが通常である。

　よって，エが正解である。

著作権の保護期間	ランク	1回目	2回目	3回目
	A	／	／	／

■令和元年度　第 11 問

著作権の保護期間に関する記述として，最も適切なものはどれか。なお，各記述の自然人の死亡年は，それぞれの著作物の公表年より遅いものとする。

ア　2000 年 8 月 4 日に公表された，映画の著作権の存続期間は，2090 年 12 月 31 日までである。

イ　2000 年 8 月 4 日に公表された，株式会社の従業員が職務著作として制作した同社マスコットキャラクターの著作権の存続期間は，2070 年 12 月 31 日までである。

ウ　2000 年 8 月 4 日に公表された，写真家（自然人）に帰属する写真の著作権の存続期間は，2050 年 12 月 31 日までである。

エ　2000 年 8 月 4 日に公表された，マンガ家（自然人）のアシスタントが職務著作として描いた絵の著作権の存続期間は，2070 年 12 月 31 日までである。

解答	イ

■解説

　著作権の保護期間について問われている。平成 30 年成立の TPP11 整備法により，著作権の保護期間が延長され，平成 30 年 12 月 30 日に TPP11 が発効したことに伴い，同日から改正法が施行された。

- ア：不適切である。映画の著作物については，著作権の保護期間は「公表後 70 年」である。公表後の期間は，計算を簡便にするため，公表の翌年の 1 月 1 日から起算される。よって，2000 年 8 月 4 日に公表された映画の著作権の存続期間は，2070 年 12 月 31 日までである。
- イ：適切である。職務著作については，実際に創作活動を行った自然人ではなく，使用者が著作者となる（著作権法 15 条 1 項）。映画・写真以外の団体名義の著作物については，著作権の保護期間は「公表後 70 年」である。アと同様，公表後の期間は，計算を簡便にするため，公表の翌年の 1 月 1 日から起算される。よって，2000 年 8 月 4 日に公表された株式会社のマスコットキャラクターの著作権の存続期間は，2070 年 12 月 31 日までである。
- ウ：不適切である。写真の著作物については，著作権の保護期間は「著作者の死後 70 年」までである。死後の期間も公表後と同様，計算を簡便にするため，死亡の翌年の 1 月 1 日から起算される。問題文の「各記述の自然人の死亡年は，それぞれの著作物の公表年より遅いものとする」という記述から，少なくとも 2071 年 12 月 31 日までは写真家の著作権が存続する。
- エ：不適切である。イと同様，職務著作については，実際に創作活動を行った自然人ではなく，使用者が著作者となる。映画・写真以外の個人名義の著作物については，著作権の保護期間は「著作者の死後 70 年」までである。問題文の「各記述の自然人の死亡年は，それぞれの著作物の公表年より遅いものとする」という記述から，少なくとも 2071 年 12 月 31 日まではマンガ家の著作権が存続する。

　よって，イが正解である。

職務著作	ランク	1回目	2回目	3回目
	A	/	/	/

■令和2年度　第9問

　以下の会話は，C株式会社の代表取締役甲氏と，中小企業診断士であるあなたとの間で行われたものである。

　会話の中の空欄AとBに入る記述の組み合わせとして，最も適切なものを下記の解答群から選べ。

甲　氏：「当社が製造販売するアイスキャンディーに使っている恐竜のキャラクター『ガリガリザウルス』をご存じですよね。いま，すごく人気が出ているのですが，このフィギュアやステッカーを作って販促品にしようと思っています。そこで，あらためて，このキャラクターの著作権が誰のものか気になって，相談したいのです。」

あなた：「その『ガリガリザウルス』の絵柄は，どなたが描いたのですか。」

甲　氏：「当社の商品開発部が考えた商品コンセプトに基づいて，パッケージデザインを担当する宣伝部の若手社員が業務として描き下ろしたものです。」

あなた：「そういうことでしたら，その絵柄は職務著作に該当しそうですね。」

甲　氏：「その職務著作とやらに該当したら，『ガリガリザウルス』の絵柄の著作権は，誰の権利になるのでしょうか。」

あなた：「社員と会社との間に契約，勤務規則その他に別段の定めがないのでしたら，著作者は　A　となります。権利については　B　ことになります。」

甲　氏：「なるほど，分かりました。」

〔解答群〕

　ア　A：従業者である社員
　　　B：著作者人格権は社員が有しますが，著作権は使用者である会社が有する

　イ　A：従業者である社員
　　　B：著作者人格権は社員が有しますが，著作権は使用者である会社と社員が共有する

　ウ　A：使用者である会社
　　　B：著作者人格権と著作権の両方を会社が有する

　エ　A：使用者である会社
　　　B：著作者人格権は会社が有しますが，著作権は会社と従業者である社員が共有する

解答	ウ

■解説

著作権法における職務著作について問われている。基本的な知識であり，確実に正解したい。

著作物とは，作者の思想・感情を創作的に表現したものであるから（著作権法2条1項1号），その著作物を現実に創作した自然人が著作者となるのが通常である。しかし，著作権法は，一定の要件を満たす場合には，創作者を雇用している法人等に著作権が帰属し，かつ当該法人等が著作者になると定める（著作権法15条1項）。その要件とは，①法人等の発意に基づくこと，②その法人等の業務に従事する者が職務上作成すること，③その法人等が自己の著作の名義の下に公表すること，④その作成の時における契約，勤務規則その他に別段の定めがないこと，の4点である。

本問の場合，甲氏の第2発言に「当社の商品開発部が考えた商品コンセプトに基づいて，パッケージデザインを担当する宣伝部の若手社員が業務として描き下ろした」とあり，上記の①〜③の要件を満たすと考えられるため，仮に④の要件も満たすとすると，C株式会社が著作者となる。よって，空欄Aには「使用者である会社」が入る。

また，職務著作に該当する場合，著作者人格権と著作財産権の両方が初めから法人等に発生する。よって，空欄Bには「著作者人格権と著作権の両方を会社が有する」が入る。

よって，ウが正解である。

	ランク	1回目	2回目	3回目
著作権の保護対象	A	/	/	/

■**令和4年度　第10問**

著作権法に関する記述として，最も適切なものはどれか。

ア　「講演」は「言語の著作物」には該当せず，著作物として著作権法に規定されていない。

イ　「地図」は，著作物として著作権法に規定されていない。

ウ　「美術の著作物」は「美術工芸品」を含むことは，著作権法に規定されていない。

エ　「無言劇」は，著作物として著作権法に規定されている。

解答	エ

■解説

著作権法で保護対象となる著作物について問われている。著作物の定義である「思想又は感情を創作的に表現したものであって，文芸，学術，美術又は音楽の範囲に属するもの」（著作権法2条1項1号）とは具体的に何かまで押さえておくことが求められる。著作権法10条は，下表のように著作物の種類を例示している（出所：文化庁「令和5年度著作権テキスト」）。

言語の著作物	講演，論文，レポート，作文，小説，脚本，詩歌，俳句など
音楽の著作物	楽曲，楽曲を伴う歌詞など
舞踊，無言劇の著作物	日本舞踊，バレエ，ダンス，舞踏，パントマイムの振り付け
美術の著作物	絵画，版画，彫刻，マンガ，書，舞台装置，茶碗，壺，刀剣等の美術工芸品
建築の著作物	芸術的な建築物
地図，図形の著作物	地図，学術的な図面，図表，設計図，立体模型，地球儀など
映画の著作物	劇場用映画，アニメ，ビデオ，ゲームソフトの映像部分などの「録画されている動く影像」
写真の著作物	肖像写真，風景写真，記録写真など
プログラムの著作物	コンピュータ・プログラム

ア：不適切である。「講演」は，思想・感情が言語によって表現された「言語の著作物」の1つとされている（著作権法10条1項1号）。

イ：不適切である。「地図」は，思想・感情が図形によって表現された「地図，図形の著作物」の1つとされている（著作権法10条1項6号）。

ウ：不適切である。茶碗，壺，刀剣等の「美術工芸品」は，思想・感情が形状・模様・色彩によって表現された「美術の著作物」にあたるとされる（著作権法2条2項）。

エ：適切である。「無言劇」は，思想・感情が身体動作により表現された「舞踊，無言劇の著作物」に含まれる。

よって，エが正解である。

著作権と 著作者人格権	ランク	1回目		2回目		3回目	
	A	/		/		/	

■令和4年度　第15問

　以下の会話は，X株式会社の広報担当者である甲氏と，中小企業診断士であるあなたとの間で行われたものである。この会話の中の空欄A〜Cに入る語句の組みわせとして，最も適切なものを下記の解答群から選べ。

甲　　氏：「弊社のパンフレットに掲載する絵柄の制作を，外部のイラストレーター乙氏に依頼することとなりました。この絵柄の著作権について教えていただきたいのですが。」

あなた：「乙氏は著作権法上，　A　と　B　を有します。例えば，乙氏の意に反して絵柄の内容を勝手に改変すると，　A　の同一性保持権の侵害となります。　A　は　C　。」

〔解答群〕

ア　A：著作権

　　B：著作者人格権

　　C：契約によって著作者から譲り受けることができます

イ　A：著作者人格権

　　B：著作権

　　C：著作者の一身に専属し，譲り受けることができません

ウ　A：著作者人格権

　　B：著作権

　　C：著作者の一身に専属し，譲り受けることができませんが，同一性保持権を契約で譲渡の目的として規定すれば，著作者から譲り受けることができます

エ　A：著作者人格権

　　B：著作隣接権

　　C：契約によって著作者から譲り受けることができます

Ⅱ．知的財産権に関する知識

解答	イ

■解説

著作権法について，著作権（著作財産権）と著作者人格権が問われている。基本的な知識があれば正答できる問題であり，落とさないようにしたい。

空欄A：

著作者である乙氏の意に反して絵柄の内容を勝手に改変すると，同一性保持権の侵害となるという説明から，同一性保持権を含む「著作者人格権」が入る。

空欄B：

著作者には，権利として著作権（著作財産権）と著作者人格権が発生する。Aに「著作者人格権」が入るとすると，Bには「著作権」が入る。

空欄C：

Aに「著作者人格権」が入るとして，著作者人格権について正しい説明を選ぶことになる。著作者人格権は一身専属的であり，契約によって譲渡することはできない（著作権法59条）。よって，「著作者の一身に専属し，譲り受けることができません」が入る。なお，著作権（著作財産権）は，その全部又は一部を譲渡することができる（著作権法61条）。

よって，イが正解である。

著作権の制限	ランク	1回目	2回目	3回目
	A	/	/	/

■平成27年度　第13問

著作権の制限に関する記述として，最も不適切なものはどれか。

ア　違法なインターネット配信から，違法と知りながら音楽をダウンロードした場合でも，私的使用目的であれば著作権侵害とはならない。

イ　写真撮影において，被写体の背景にやむを得ず写り込んでしまった事物は，著作権者の利益を不当に害するものでなければ著作権侵害とはならない。

ウ　新聞に掲載して発行された時事問題に関する論説は，特に禁止する旨の注意がされていなければ，他の新聞に転載する事ができる。

エ　有名な画家が描いた絵画を所有している場合，その所有者はその絵画を公に展示することができる。

解答	ア

■解説

著作権の制限（著作権法30条〜50条）についての問題である。選択肢ア・イは平成21年以降の法改正に関する知識が問われている。

ア：不適切である。平成21年の著作権法改正により，販売または有料配信されている音楽や映像について，それが違法配信されたものであると知りながらダウンロードする行為は，たとえ私的使用目的であっても違法とされた（著作権法30条1項3号）。なお，その後，平成24年の著作権法改正で，違法ダウンロード行為には2年以下の懲役または200万円以下の罰金（またはその両方）が科されることになった。ただし，親告罪（被害者である著作権者からの告訴が必要）である。

イ：適切である。平成24年の著作権法改正により，写り込みに関する規定が整備された。それによると，当該著作物（写真等）に係る撮影の対象とする事物等から分離することが困難であるため付随して撮影された他の著作物（付随対象著作物）は，付随対象著作物に係る著作権者の利益を不当に害しない限り，当該創作に伴って複製又は翻案しても著作権侵害行為にならない（著作権法30条の2）。

ウ：適切である。新聞紙または雑誌に掲載して発行された時事問題に関する論説（学術的な性質を有するものを除く）は，これらの利用を禁止する旨の表示がある場合を除き，他の新聞紙もしくは雑誌に転載することができる（著作権法39条）。

エ：適切である。美術の著作物もしくは写真の著作物の原作品の所有者またはその同意を得た者は，これらの著作物をその原作品により公に展示することができる（著作権法45条）。

よって，アが正解である。

著作物の引用	ランク	1回目		2回目		3回目	
	A	／		／		／	

■**令和2年度　第15問**

著作権法上，著作権者の許諾を得ずに著作物を利用できる「著作物の引用」となり得る行為として，最も適切なものはどれか。

ア　引用することができる著作物を翻訳して利用すること。

イ　公表されていない著作物を利用すること。

ウ　複製の態様に応じ合理的と認められる方法及び程度により著作物の出所を明示しないで，著作物を複製すること。

エ　報道，批評，研究その他の引用の目的上正当な範囲を超えて著作物を利用すること。

解答	ア

■解説

著作権者の許諾を得ずに著作物を利用できる「引用」について問われている。

ア：適切である。著作権法32条1項は，「公表された著作物は，引用して利用することができる。この場合において，その引用は，公正な慣行に合致するものであり，かつ，報道，批評，研究その他の引用の目的上正当な範囲内で行なわれるものでなければならない」と定める。この規定は，引用できる著作物を翻訳して利用する場合にも適用される（同法47条の6第1項2号）。

イ：不適切である。アの解説で触れたように，引用できるのは「公表された著作物」に限られ，公表されていない著作物を利用することはできない。

ウ：不適切である。他人の著作物を引用する場合は，著作物のその複製又は利用の態様に応じ合理的と認められる方法及び程度により，著作物の出所を明示しなければならない（同法48条1項1号）。「出所を明示しないで」著作物を複製することは許されない。

エ：不適切である。アの解説で触れたように，引用は「報道，批評，研究その他の引用の目的上正当な範囲内で」行わなければならない。「正当な範囲を超えて」著作物を利用することは許されない。

よって，アが正解である。

7. 国際条約，外国出願

▶▶ 出題項目のポイント

　産業財産権の効力は，その権利を取得した国の領地内に限られ，他国には及ばない（属地主義）。そのため，外国において産業財産権を取得したいのであれば，権利を取得したい国に出願しなければならない。

　以下，最も重要な特許権に絞り，外国で特許権を出願するための手続についてまとめる。

(1)　外国特許庁への直接出願

　特許の出願はすべてその国の国内法令に基づき，決められた様式および言語で出願書類を作成して行う。この方法では，各国で出願方法や言語が異なるため，同時に出願日を確保したい出願人にとって負担が大きい。そこで，パリ条約に基づく優先権制度を利用すると便利である。これにより，条約加盟国の1つに特許を出願すると，12か月間の優先権が認められ，後に出された他国への特許出願に関する新規性などの判断につき，先の出願日にしたのと同様の効果を受けることができる。

(2)　特許協力条約（PCT）に基づく国際出願

　自国の特許庁を経由し，PCTによる国際出願を行った場合には，すべてのPCT加盟国において同日に特許出願を行ったのと同様の効果が得られる。このPCTによって，後に他国の国内手続による審査が免除されるわけではないが，外国の特許庁にそれぞれの様式と方法で直接出願するよりは便利である。国内手続への移行までに，パリ条約よりも長い期間（30か月，国によっては20か月）が定められているため，発明の価値の検討や翻訳文の作成などを慎重に行うことができる。

(3)　特許法条約（PLT）

　各国で異なる国内手続きを統一化・簡素化するとともに，手続き上のミスによる特許権の喪失を回復する等の救済措置を設け，出願人の便宜が図られている。日本では，2015年6月に国会で締結が承認され，同年7月に実施に必要な特許法の一部改正が行われた。

▶▶ 出題の傾向と勉強の方向性

　産業財産権については，上記の他，意匠権では「意匠の国際登録に関するハーグ協定のジュネーブ改正協定」，商標権では「マドリッド協定議定書」と「商標法に関するシンガポール条約（STLT）」を覚えておきたい。

　また，著作権については，参考書等でベルヌ条約および万国著作権条約を押さえ，余裕があればTRIPs協定，WIPO著作権条約を確認しておきたい。

■取組状況チェックリスト

7. 国際条約，外国出願						
国際条約，外国出願						
問題番号	ランク	1回目		2回目		3回目
平成27年度 第6問	A	／		／		／
平成30年度 第14問	A	／		／		／
令和2年度 第10問	A	／		／		／
令和3年度 第14問	A	／		／		／
令和4年度 第13問	A	／		／		／

工業所有権に関する条約	ランク	1回目	2回目	3回目
	A	／	／	／

■平成 27 年度　第 6 問

　以下の記述は，ある条約に関するものである。この内容を定める条約として，最も適切なものを下記の解答群から選べ。

　1883 年に成立したこの条約が適用される国は，工業所有権の保護のための同盟を形成する。各同盟国の国民は，工業所有権の保護に関し，この条約で特に定める権利を害されることなく，他のすべての同盟国において，当該他の同盟国の法令が内国民に対し現在与えており又は将来与えることがある利益を享受する。すなわち，同盟国の国民は，内国民に課される条件及び手続に従う限り，内国民と同一の保護を受け，かつ，自己の権利の侵害に対し内国民と同一の法律上の救済を与えられる。

〔解答群〕

　ア　シンガポール条約

　イ　特許協力条約

　ウ　パリ条約

　エ　マドリッド協定

解答	ウ

■解説

　工業所有権に関する条約についての問題である。本問の選択肢ア～ウは知的財産権に関する基本的な条約であり，押さえておきたい。

　ア：不適切である。シンガポール条約（STLT）は，2006年に採択された，商標出願手続に関する条約である。①出願方法の多様化への対応（書面出願に加え電子出願が可能に），②商標出願手続の更なる簡素化と調和（商標ライセンス等の登録手続を共通化），③商標出願に関連する手続の期間を守れなかった場合の救済措置などを含む。日本では2015年6月に国会で締結が承認され，同年7月に実施に必要な商標法の一部改正が行われた。

　イ：不適切である。特許協力条約（PCT）は，1970年に成立した，特許出願手続に関する条約である。この条約では，自国特許庁への1つの出願で，複数の国において同日に特許出願したのと同等の効果を得られる。これによって，後に他国の国内手続による審査が免除されるわけではないが，国内手続への移行までにパリ条約よりも長い期間（30ヵ月，国によっては20ヵ月）が定められている。

　ウ：適切である。パリ条約は，1883年に成立した，工業所有権制度を有するほとんどの国が加入する国際条約である。パリ条約における3大原則は，①内国民待遇，②優先権制度，③各国特許独立，である。このうち②については，加盟国（第1国）に特許を出願すると，12ヵ月間の優先権が認められ，後に出された別の加盟国（第2国）への特許出願に関する新規性などの判断について，先の出願日にしたのと同様の効果を受けることができる。

　エ：不適切である。マドリッド協定は，1891年に採択された，商標の国際登録に関する条約である。米国，英国，日本などの主要国は締結していない。なお，1989年に採択され，日本も締結している「マドリッド協定議定書」は，別の条約である。本国での出願に基づいて国際登録を受け，指定国で商標の保護を受けられる点では同じであるが，マドリッド協定と比べて，使用言語を仏語のみから英語・仏語・スペイン語とするなどし，より多くの国が参加しやすくなっている。

　よって，ウが正解である。

国際商標登録出願	ランク	1回目		2回目		3回目	
	A	/		/		/	

■平成30年度　第14問

　以下の会話は，中小企業診断士であるあなたと，酒造会社X社の代表取締役甲氏との間で行われたものである。会話の中の空欄AとBに入る語句の組み合わせとして，最も適切なものを下記の解答群から選べ。

甲　氏：「うちの醸造所で，フルーティーな味わいを目指した『本／PPONN』という銘柄を売り出すんですよ。日本での商標登録出願も，このとおり済ませました。」

あなた：「漢字『本』とアルファベット『PPONN』を二段表記した商標ですね。」

甲　氏：「インバウンドの効果もあって日本酒は外国でも人気です。海外販路も開拓したいと思っているので，外国でも商標登録出願を行おうと思っています。」

あなた：「日本の商標を基礎に，多数の国を指定して日本の特許庁に一括して商標登録出願ができる，マドリッド協定による国際商標登録出願，いわゆるマドプロ出願という制度があるようですよ。」

甲　氏：「そのマドプロ出願は，今すぐ使えるのでしょうか。」

あなた：「マドプロ出願は，　　A　　。」

甲　氏：「なるほど。それと，商標に漢字が入ったままで大丈夫でしょうか。」

あなた：「漢字が入っていても出願できます。　　B　　。」

〔解答群〕

　ア　A：日本の商標登録出願を基礎にできますから，もう利用できますよ
　　　B：そもそも，商標を変更することはできません

　イ　A：日本の商標登録出願を基礎にできますから，もう利用できますよ
　　　B：ただ，同一性のある範囲なら，商標を変更することができます

　ウ　A：日本の商標登録を基礎にしますから，出願中の現在は，まだ利用はできません
　　　B：そもそも，商標を変更することはできません

　エ　A：日本の商標登録を基礎にしますから，出願中の現在は，まだ利用はできません
　　　B：ただ，同一性のある範囲なら，商標を変更することができます

解答	ア

■解説

　マドリッド協定議定書による商標の国際登録制度（マドプロ出願）について問われている。

　マドプロ出願とは，「マドリッド協定議定書」に基づく制度であり，締約国（2023年2月現在で130カ国）から権利を取得したい国（指定国）を指定して，日本の特許庁に商標登録出願を行うことにより，指定国に同時に出願するのと同等の効果を得られるものである。

　マドプロ出願を行うと，各国別に出願する方法に比べて，簡単な手続でスピーディーに世界各国で商標の保護を求めることができ，また経費の節約や手続の一括化等，多くのメリットがある。

・空欄A

　マドプロ出願を行うためには，その基礎となる商標が日本国特許庁（本国）に出願もしくは登録されている必要がある。出願済であれば足りるので，「日本の商標登録出願を基礎にできますから，もう利用できますよ」が入る。

・空欄B

　マドプロ出願を行うためには，マドプロ出願する商標と基礎となる商標は同一でなければならない。よって，「そもそも，商標を変更することはできません」が入る。

　よって，アが正解である。

	ランク	1回目	2回目	3回目
パリ条約の優先権	A	／	／	／

■**令和 2 年度　第 10 問**

　工業所有権の保護に関するパリ条約に規定する優先権の期間についての記述として，最も適切なものはどれか。

ア　特許，実用新案及び意匠に認められる優先権は 12 か月であり，商標に認められる優先権は 6 か月である。

イ　特許及び意匠に認められる優先権は 12 か月であり，実用新案及び商標に認められる優先権は 6 か月である。

ウ　特許及び実用新案に認められる優先権は 12 か月であり，意匠及び商標に認められる優先権は 6 か月である。

エ　特許及び商標に認められる優先権は 12 か月であり，実用新案及び意匠に認められる優先権は 6 か月である。

解答	ウ

■解説

「工業所有権の保護に関するパリ条約」における優先権の期間について問われている。

産業財産権の出願は，その国の国内法令に基づき，決められた様式及び言語で出願書類を作成して行うのが原則であるが，各国で出願方法や言語が異なるため，同時に複数の国で優先権を取得したい出願人にとって負担が大きい。

パリ条約は，1883年に成立した，日本を含めて工業所有権制度を有するほとんどの国が加入する国際条約である。パリ条約においては，①内国民待遇（自国民と同様の権利を相手国の国民や企業に対しても保障すること），②優先権制度，③各国特許独立（各同盟国において付与された権利は，同一の発明等において他の国で取得した特許から独立であり，他の国で無効とされたことを理由に無効とはされないこと），の3大原則が定められ，②優先権制度において上記の負担の軽減が図られている。

この優先権制度においては，加盟国（第1国）にある産業財産権を出願すると，一定期間の優先権が認められ，後に出された別の加盟国（第2国）への特許出願に関する新規性などの判断について，先の出願日にしたのと同様の効果を受けることができる。優先権が認められる期間は，特許権と実用新案権については12か月，意匠権と商標権については6か月とされている。

なお，パリ条約では，出願手続そのものは各国で各国の法律に沿って行わなければならず，12か月または6か月という猶予期間も，第1国での審査結果が出るまで通常はそれ以上にかかること等を考えると，短すぎて不便である。そこで，パリ条約の欠点を克服するため，その後の条約等で便宜が図られている。特許権については「特許協力条約」（PCT）及び「特許法条約（PLT）」，意匠権については「意匠の国際登録に関するハーグ協定のジュネーブ改正協定」，商標権については「マドリッド協定議定書に基づく国際商標出願」（マドプロ出願）を押さえておきたい。

よって，ウが正解である。

特許の国際出願制度	ランク	1回目	2回目	3回目
	A	／	／	／

■令和 3 年度　第 14 問

特許協力条約（PCT）に基づく国際出願制度に関する以下の文章において，空欄 A と B に入る記述の組み合わせとして，最も適切なものを下記の解答群から選べ。

先願主義の下，出願人は一日も早い出願日を確保することを望むため，PCT による国際出願は有用な制度である。国際的に統一された出願書類を加盟国である自国の特許庁に提出することにより，その国際出願はすべての加盟国において国内出願したのと同様の効果が得られる。例えば，日本の特許庁に対しては日本語又は英語で作成した国際出願願書を 1 通提出すればよい。

国際出願がされた国内官庁を受理官庁という。受理官庁は一定の要件が受理の時に満たされていることを確認することを条件として，国際出願の受理の日を国際出願日として認める。

各国際出願は国際調査の対象となり，出願人の請求により国際予備審査も行われる。出願人はこれらの結果を利用して，自身の発明の特許性を判断できる。

国際出願人は，各国で審査を受けるに際し，￣￣A￣￣。

各国の特許庁は，￣￣B￣￣。

〔解答群〕

ア　A：所定の翻訳文を提出する等の「国内移行手続」を行う必要がある

　　B：それぞれの特許法に基づいて特許権を付与するか否かを判断する

イ　A：所定の翻訳文を提出する等の「国内移行手続」を行う必要がある

　　B：それぞれの特許法に基づいて特許権を付与するか否かを判断することはできず，国際調査の結果と同じ判断を下す必要がある

ウ　A：何ら手続きを行う必要はない。国際出願された書類がそのまま受理官庁から各国に送付され，審査が開始されるからである

　　B：それぞれの特許法に基づいて特許権を付与するか否かを判断する

エ　A：何ら手続きを行う必要はない。国際出願された書類がそのまま受理官庁から各国に送付され，審査が開始されるからである

　　B：それぞれの特許法に基づいて特許権を付与するか否かを判断することはできず，国際調査の結果と同じ判断を下す必要がある

Ⅱ．知的財産権に関する知識

解答	ア

■**解説**

　特許協力条約（PCT）に基づく国際出願制度について問われている。重要な論点であり，特徴を頭に入れておきたい。

　特許の外国出願には，大きく分けて以下の2つの方法がある。

（a）直接出願

　　外国の特許庁に個別に出願する方法である。優先権主張によりパリ条約加盟国へ日本の基礎出願日から1年以内に出願する場合と，優先権主張をせずに各国へ出願する場合がある。

（b）特許協力条約（PCT）による出願

　　特許協力条約（PCT）は，複数の国において発明の保護が求められる場合に，各国での特許権の取得を簡便にすることを目的として，1970年に成立した（日本は1978年に批准）。PCTによる出願には，以下のようなメリットがある。

　　①自国特許庁へ1つの出願をすれば，すべてのPCT加盟国に同日に出願したものとみなされ，すべてのPCT加盟国に有効な国際出願日を確保できる。

　　②自国の言語・統一の様式で，自国特許庁に出願できる。

　　③原則として優先日から30か月という時間的余裕の中で，国内移行が必要かつ可能な国を選定できる（パリ条約では12か月）。

　　④先行技術調査の結果（国際調査報告，見解書）が取得でき，補正の要否や国内移行するか否かの判断に利用することができる。

　　一方，PCTによる出願では，他国の国内手続による審査が免除されるわけではなく，特許権を取得したい国（指定国）の法律に基づいて，特許権を付与するか否かが判断される（空欄B）。また，各国の国内段階への移行には，原則最初の出願日（優先日）から30か月以内に所定の翻訳文を提出することなどが必要である（空欄A）。

　以上より，空欄Aには「所定の翻訳文を提出する等の『国内移行手続』を行う必要がある」，空欄Bには「それぞれの特許法に基づいて特許権を付与するか否かを判断する」が入る。

　よって，アが正解である。

国際商標登録出願	ランク	1回目	2回目	3回目
	A	／	／	／

■**令和4年度　第13問**

　以下の会話は，X株式会社を経営する甲氏と，中小企業診断士であるあなたとの間で行われたものである。この会話の中の空欄AとBに入る期間と記述の組み合わせとして，最も適切なものを下記の解答群から選べ。

　なお，会話の中で「マドプロ出願」とは「マドリッド協定議定書（マドリッドプロトコル）に基づく国際登録出願」を指すものとする。

甲　氏：「うちの会社の文房具は外国の方にも好まれるようで，海外でも販売していくことを計画しています。この文房具の名前を日本で商標登録出願したばかりであり，同じ商標を海外でも商標登録しておきたいのですが，どのような方法がありますか。」

あなた：「その日本の商標登録出願を基礎として，優先期間内にパリ条約による優先権を主張して外国に出願する方法があります。商標の場合，優先期間は　A　です。優先権を主張した出願は，日本の出願時に出願されたものとして登録要件を判断される，という利点があります。しかし，パリ条約による優先権を主張して出願するには，国ごとの出願手続が必要です。」

甲　氏：「うちの会社が出願したいのは，1か国や2か国ではなく，より多くの国々です。」

あなた：「多数の国に一括して出願できるマドプロ出願という制度があります。これは日本の特許庁に出願できます。」

甲　氏：「日本での商標登録出願をしたばかりなのですが，この登録を待ってからマドプロ出願をすることになりますか。」

あなた：「　B　。」

〔解答群〕

　ア　A：6か月
　　　B：日本の商標登録出願を基礎として，マドプロ出願ができます

　イ　A：6か月
　　　B：日本で商標登録出願をしただけでは，マドプロ出願をすることはできません。基礎となる商標が登録されるまで待つ必要があります

　ウ　A：12か月
　　　B：日本の商標登録出願を基礎として，マドプロ出願ができます

　エ　A：12か月
　　　B：日本で商標登録出願をしただけでは，マドプロ出願をすることはできません。基礎となる商標が登録されるまで待つ必要があります

解答	ア

■解説

　商標の国際出願について，パリ条約の優先権制度による場合とマドリッド協定議定書による商標の国際登録制度（マドプロ出願）による場合が問われている。パリ条約の優先権については令和2年度第10問，マドプロ出願については平成30年度第14問と同じ論点である。

　パリ条約の優先権制度においては，加盟国（第1国）にある産業財産権を出願すると，一定期間の優先権が認められ，後に出された別の加盟国（第2国）への特許出願に関する新規性などの判断について，先の出願日にしたのと同様の効果を受けることができる。優先権が認められる期間は，特許権と実用新案権については12か月，意匠権と商標権については6か月とされる。ただし，パリ条約では，出願手続そのものは各国で各国の法律に沿って行わなければならない。

　一方，マドプロ出願とは，「マドリッド協定議定書」に基づく制度であり，締約国（2023年2月現在で130カ国）から権利を取得したい国（指定国）を指定して，日本の特許庁に商標登録出願を行うことにより，指定国に同時に出願するのと同等の効果を得られるものである。マドプロ出願を行うと，各国別に出願する方法に比べて，簡単な手続でスピーディーに世界各国で商標の保護を求めることができ，また経費の節約や手続の一括化等，多くのメリットがある。

・空欄A：

　上記のパリ条約の優先権制度に関する説明からわかるように，商標権について優先権が認められる期間は，6か月である。

・空欄B：

　マドプロ出願を行うためには，その基礎となる商標が本国の特許庁（本問では日本国特許庁）に出願もしくは登録されている必要がある。出願済みであれば足りるので，「日本の商標登録出願を基礎として，マドプロ出願ができます」が入る。

　よって，アが正解である。

Ⅲ．取引関係に関する法務知識

第5章

外国企業との取引

1. 国際取引

▶▶ 出題項目のポイント

経済のグローバル化にともない，国際取引の重要度は高まっている。外国企業と取引を行う場合には，紛争の予防と紛争解決の手段について知っておきたい。

国際取引に係る法的知識の基本としては，裁判管轄，準拠法，仲裁がある。

裁判管轄とは，民事手続が提起された裁判所が，当該事件を取り扱えることをいう。現在，国際的な統一規則は存在せず，各国の国内法により決せられる。

準拠法とは，ある法律関係に適用されるべきものとして選択された国（または州）の法律である。日本では，準拠法の決定は基本的に当事者の意思に委ねられる。

仲裁とは，裁判所以外の第三者（仲裁人）の判断により紛争解決を図る手続で，裁判外の紛争解決（ADR）の一種である。仲裁判断は最終的なものであり，仲裁がなされた事案について裁判を起こすことはできない。

これらの事項は，いずれも当事者間の合意により決すべきものであり，できるだけ自社が有利になるように注意して契約を締結する必要がある。また，国際裁判管轄と準拠法で国を異にすることは可能であるが，セットで規定した方が便利である。なお，ある国で得た確定判決によって，それ以外の国での強制執行はできない。

さらに，国際商取引については，平成 26 年度以降は出題されていないが，国際商業会議所の定める貿易条件の解釈に関する国際規則である「インコタームズ（INCOTERMS）」が重要である。最新版は，2020 年 1 月 1 日に発効した「インコタームズ 2020」である。インコタームズでは，売主・買主間の物品引き渡しに関する危険の移転時期，役割や運送費用などについて，「FOB」や「CIF」などの略語とともにその内容を規定している。

▶▶ 出題の傾向と勉強の方向性

　この分野は単体での出題は少ないが，英文契約書の一部として知識が問われることがある。基本的な事項を知っていれば正解できるランクBレベルの問題については，確実に得点源としたい。

　まず，国際裁判管轄・準拠法・仲裁について，過去問をあたり，特に誤りの選択肢のどこが不適切なのかをしっかり押さえておくことが有効である。

　また，インコタームズについては，条約等により準拠が強制されるものではないことと，代金の支払方法・所有権の移転時期・契約違反の効果などについては定めていないことを知り，「FOB」や「CIF」などの略語の意味を覚えておけば足りる。

■取組状況チェックリスト

1. 国際取引							
国際取引							
問題番号	ランク	1回目		2回目		3回目	
平成26年度 第16問	C*	／		／		／	
平成28年度 第15問（設問2）	C*	／		／		／	
令和5年度 第16問（設問2）	B	／		／		／	

＊ランクCの問題と解説は，「過去問完全マスター」のHP（URL：https://jissen-c.jp/）よりダウンロードできます。

裁判と仲裁	ランク	1回目	2回目	3回目
	B	／	／	／

■**令和5年度　第16問（設問2）**

　以下の会話は，X株式会社の代表取締役である甲氏と，中小企業診断士であるあなたとの間で行われたものである。この会話を読んで，下記の設問に答えよ。

甲　氏：「弊社は，米国ニューヨーク市に本拠を置くY社から商品を輸入し，国内で販売しようと考えています。

（中略）

甲　氏：「裁判と仲裁はどのような違いがあるのでしょうか。」

あなた：「それぞれメリット・デメリットがありますので，その点も含めて，知り合いの弁護士を紹介しますので，相談に行きませんか。」

甲　氏：「ぜひ，よろしくお願いします。」

（設問2）

　会話の中の下線部の裁判と仲裁に関する記述として，最も適切なものはどれか。なお，本設問における裁判と仲裁に関する記述は，日本法を前提に考えるものとする。

　　ア　外国仲裁判断の承認および執行に関するニューヨーク条約の加盟国でなされた仲裁判断については，原則として，その加盟国において執行することができる。

　　イ　裁判と仲裁は，双方とも原則公開の手続きであり，その判断は公開される。

　　ウ　仲裁は，裁判のように勝ち負けを決めるのではなく，話合いによりお互いが合意することで紛争の解決を図るもので，合意ができなかった場合には不成立となる。

　　エ　仲裁は，仲裁判断に不服がある場合，原則裁判所に不服申立をすることができる。

解答	ア

■**解説**

国際取引における裁判と仲裁の知識が問われている。

ア：適切である。裁判所による確定判決は債務名義（法律によって強制執行する力が認められた文書）の１つであり，それに基づいて国内において強制執行ができる（民事執行法22条以下）。しかし，国外では強制執行はできないのが原則である。

一方，仲裁機関による仲裁判断には，裁判所による確定判決と同じ効力が付与され，それに基づいて国内において強制執行ができる。さらに，国外においても，外国仲裁判断の承認および執行に関するニューヨーク条約の加盟国においては，強制執行ができる。この条約は1958年に国連で採択され，日本では1961年9月に発効した。

イ：不適切である。裁判は，日本国憲法で原則として公開法廷で対審と判決を行うと定められており（憲法82条1項），それに沿って民事訴訟法や民事訴訟規則が整備されている。

一方，仲裁は，原則として非公開とされる。非公開とすることにより，当事者の意思に反して紛争の内容などが外部に知られないメリットがある。

ウ：不適切である。仲裁機関による仲裁判断は，法的拘束力を有する。「話合いによりお互いが合意することで紛争の解決を図るもので，合意ができなかった場合には不成立となる」のは，仲裁ではなく「調停」である。

エ：不適切である。仲裁は，裁判によるよりも迅速に紛争を解決できる点がメリットである。そのため，仲裁機関による仲裁判断は最終的なものとされ，仲裁判断がなされた事案について上訴や裁判所への不服申立てはできない。

よって，アが正解である。

2. 英文契約書

▶▶ 出題項目のポイント

　国際取引においては，英語を母国語としない企業同士の取引であっても，英文契約書が用いられることが多い。英文契約書でよく見られる契約の類型としては，国際売買契約，秘密保持契約，販売代理店契約，ライセンス契約，予備的合意書（Letter of Intent）などがある。

　英文契約書には，特定の意味を持つ専門用語がある。主な例は下記のとおりである。

(1)契約期間（Term）：契約の存続期間。契約の始期と終期を定める。

(2)契約解除（Termination）：契約の終了事由（債務不履行，破綻など）。

(3)不可抗力（Force Majeure）：当事者の意思が及ばないため免責する事象。

(4)通知（Notice）：契約上義務づけられた通知の相手と効力発生時期。

(5)完全合意（Entire Agreement）：当該契約以前になされた当事者間の合意はすべて失効し，契約書の規定があらゆる点で優先すること。

(6)準拠法（Governing Law）：前節の解説を参照。

(7)裁判管轄（Jurisdiction）：前節の解説を参照。

(8)仲裁（Arbitration）：前節の解説を参照。

(9)ハードシップ（Hardship）：事情変更による契約条件見直しに関する定め。

▶▶ 出題の傾向と勉強の方向性

　英文契約書は，毎年1題は必ず出題される，超頻出分野である。目的としては商品売買とライセンス供与に関するもの，条項としては紛争解決に関するものが比較的多い。

　過去の傾向として，英文そのものが複雑・難解であることは少なく，英語が得意な方には苦にならないレベルである。英語が得意でない場合には，上記の単語や，前節で述べた国際取引に関する基本事項を手がかりに，誤った選択肢を1つずつ排除していくようにしたい。英文契約書は，過去問を多く解くことが得点力アップにつながりづらい単元である。本書では，学習効率の観点から，直近3年度の過去問を掲載するに留める。

■取組状況チェックリスト

2．英文契約書						
英文契約書						
問題番号	ランク	1回目		2回目		3回目
平成 26 年度 第 15 問	C*	／		／		／
平成 27 年度 第 16 問	C*	／		／		／
平成 28 年度 第 15 問（設問 1）	C*	／		／		／
平成 29 年度 第 15 問	C*	／		／		／
平成 30 年度 第 15 問	C*	／		／		／
令和元年度 第 16 問	C*	／		／		／
令和 2 年度 第 16 問	C*	／		／		／
令和 3 年度 第 17 問	A	／		／		／
令和 4 年度 第 17 問	A	／		／		／
令和 5 年度 第 16 問（設問 1）	A	／		／		／

＊ランク C の問題と解説は，「過去問完全マスター」の HP（URL：https://jissen-c.jp/）よりダウンロードできます。

英文契約書 （売買契約）	ランク	1回目	2回目	3回目
	A	／	／	／

■令和3年度 第17問

　以下の会話は，X株式会社の代表取締役甲氏と，中小企業診断士であるあなたとの間で行われたものである。この会話を読んで，下記の設問に答えよ。

　なお，空欄Aは，設問ではなく，あえて空欄としているものであり，解答する必要はない。

甲　氏：「弊社は，初めて取引をする外国のY社に製品を輸出しようと考えており，Y社から契約書案が送付されてきたのですが，以下の条項は，どのような内容でしょうか。

　　　　PAYMENT

　　　　Y shall pay the Price to X by way of ［　A　］ to the bank account designated by X within thirty days after the delivery of the Products to Y under this Agreement.」

あなた：「この条項は，代金の支払方法につき，［　B　］の方法によることとされており，一般的に ［　C　］ という問題点があります。別の方法として，売主のリスクを削減するために，信用状が用いられることがあります。」

甲　氏：「信用状を用いた取引とは，どういう流れなのでしょうか。」

あなた：「典型的な信用状取引の流れは，

　　　　①売買契約に基づき，［　D　］が発行銀行に信用状の発行を依頼し，発行銀行が信用状を発行する。

　　　　②発行銀行によって作成された信用状は，通知銀行に送られ，［　E　］に通知される。

　　　　③売主は信用状に記載された条件に従って船積みを行い，運送人から船荷証券の発行を受ける。

　　　　④売主は，為替手形を作成し，船荷証券とともに ［　F　］ に持参し，割り引いてもらう。

　　　　⑤［　F　］は，船荷証券と為替手形を ［　G　］ に送り，支払いを受ける。

　　　　⑥発行銀行は，買主にその代金の支払いと引き換えに船荷証券を渡す。

⑦買主は運送人に船荷証券を呈示し，船積みした製品を受け取る。

というものです。なお，発行銀行の信用力が一定程度認められ，発行銀行の所在地国のカントリー・リスクも大きくないことを前提としています。」

甲　氏：「少し難しいですね。いずれにせよ，弊社としては，あまりリスクは負いたくないです。」

あなた：「Y社と契約交渉も必要かと思いますので，私の知り合いの弁護士を紹介しましょうか。」

甲　氏：「よろしくお願いします。」

（設問1）

会話の中の空欄ＢとＣに入る語句と記述の組み合わせとして，最も適切なものはどれか。

　　ア　Ｂ：送金
　　　　Ｃ：物品の引渡しと代金の支払いの同時履行を実現することが困難である

　　イ　Ｂ：送金
　　　　Ｃ：物品の引渡しと代金の支払いの同時履行を実現することはできるが，売主にとっては，買主が支払わないというリスクを避けられない

　　ウ　Ｂ：荷為替手形
　　　　Ｃ：物品の引渡しと代金の支払いの同時履行を実現することが困難である

　　エ　Ｂ：荷為替手形
　　　　Ｃ：物品の引渡しと代金の支払いの同時履行を実現することはできるが，売主にとっては，買主が支払わないというリスクを避けられない

（設問 2）

　会話の中の空欄 D〜G に入る語句の組み合わせとして，最も適切なものはどれか。

　　ア　D：売主　　　E：買主　　　F：通知銀行　　　G：発行銀行

　　イ　D：売主　　　E：買主　　　F：発行銀行　　　G：通知銀行

　　ウ　D：買主　　　E：売主　　　F：通知銀行　　　G：発行銀行

　　エ　D：買主　　　E：売主　　　F：発行銀行　　　G：通知銀行

Ⅲ．取引関係に関する法務知識

（設問 1）

解答	ア

■解説

　国際取引における売買契約について，英文契約書の代金支払条項の内容が問われている。英文の日本語訳は下記のとおり。

　「支払い：Y 社は，本契約に基づく Y 社への商品引渡し後 30 日以内に，X 社の指定する銀行口座に　 A 　により代金を支払うものとする。」

　本条項によると，買主である Y 社は，商品を受領してから X 社の銀行口座に代金を「送金」（空欄 B）することになっている。また，代金支払の期限は「Y 社への商品引渡し後 30 日以内」とされており，売主である X 社は商品を先渡しすることを義務付けられる。そのため，「物品の引渡しと代金の支払いの同時履行を実現することが困難である」（空欄 C）といえる。

　よって，アが正解である。

（設問 2）

解答	ウ

■解説

　国際取引における売買契約について，信用状による商品代金決済に関して問われている。

　設問 1 のように，代金決済手段として「送金」があるが，同時履行を実現することは困難であり，買主が商品代金を支払わないリスクを避けられない。そのリスクを回避できる方法として，信用状（(Letter of Credit，略して「L/C」と呼ばれる）による商品代金決済がある。信用状は，売主の代金の回収と買主の商品の入手の両方を保全できる方法として，広く用いられる。信用状による国際取引は，次の流れで行われる。

①売買契約に基づき，「買主」（空欄 D）が発行銀行（輸入者である買主側の取引銀行）に信用状の発行を依頼し，発行銀行が信用状を発行する。

②発行銀行によって作成された信用状は，通知銀行（輸出者である売主側の取引銀行）に送られ，「売主」（空欄 E）に通知される。

③売主は信用状に記載された条件に従って船積みを行い，運送人から船荷証券の発行を受ける。

④売主は，為替手形を作成し，船荷証券とともに「通知銀行」（空欄 F）に持参し，割り引いてもらう。

⑤通知銀行（空欄 F）は，船荷証券と為替手形を「発行銀行」（空欄 G）に送り，支払いを受ける。

⑥発行銀行は，買主にその代金の支払いと引き換えに船荷証券を渡す。

⑦買主は運送人に船荷証券を呈示し，船積みした製品を受け取る。

　よって，ウが正解である。

英文契約書 （売買契約）	ランク	1回目	2回目	3回目
	A	／	／	／

■令和4年度　第17問

　以下の会話は，X株式会社の代表取締役甲氏と，中小企業診断士であるあなたとの間で行われたものである。この会話に基づき下記の設問に答えよ。

甲　氏：「弊社は，Y社から商品を輸入し，国内で販売しようと考えています。それに当たって，Y社から届いた契約書案を検討しているのですが，以下の規定の中で，弊社にとって不利な箇所はありませんでしょうか。

　　　9.　Seller warrants to Buyer that the Goods purchased by Buyer from Seller shall be free from defects in raw material and workmanship.
　　　Buyer shall indemnify and hold Seller harmless from and against any and all liabilities, damages, claims, causes of action, losses, costs and expenses (including attorneys' fees) of any kind, royalties and license fees arising from or for infringement of any patent by reason of any sale or use of the Goods.

　　　10.　If Buyer terminates this Agreement and Seller has procured raw material for such releases occurring after the termination date in accordance with Buyer's product releases, Buyer shall purchase such raw material from Seller at a price determined by Seller.」

あなた：「9条は，　A　という点で，10条は，御社が本契約を解除した一方で，売主が契約終了日以降の御社の製品発売に合わせて，原材料を調達していた場合に，　B　という点で，それぞれ御社にとって，不利な条項となっています。」

甲　氏：「ありがとうございます。その点については，Y社と交渉しようと思います。また，Y社からは，日本での商品の小売価格につき，Y社が決めたものに従っていただきたいと言われています。」

あなた：「その点も含めて，知り合いの弁護士を紹介しますので，相談に行きませんか。」

甲　氏：「ぜひよろしくお願いします。」

（設問 1）

会話の中の空欄 A と B に入る記述の組み合わせとして，最も適切なものはどれか。

ア　A：商品につき，売主が何らの保証もしない
　　B：売主が決めた価格で売主から当該原材料を購入する

イ　A：商品につき，売主が何らの保証もしない
　　B：当該原材料がすべて消費できるまで，売主から製品を購入する

ウ　A：商品に特許侵害があった場合，御社が責任を負う
　　B：売主が決めた価格で売主から当該原材料を購入する

エ　A：商品に特許侵害があった場合，御社が責任を負う
　　B：当該原材料がすべて消費できるまで，売主から製品を購入する

（設問 2）

会話の中の下線部のように，商品の卸売契約において，小売価格を拘束するような規定を定めることは，わが国では違法となる可能性があるとされているが，その根拠となる法律として，最も適切なものはどれか。

ア　商法

イ　独占禁止法

ウ　特定商取引に関する法律

エ　不正競争防止法

（設問1）

解答	ウ

■解説

　国際取引における売買契約について，責任の分担が話題になっている。英文の日本語訳は下記のとおり。

9．売主は買主に対して，買主が売主から購入した商品について，原材料や製造上の欠陥がないことを保証する。

　　　買主は，商品の販売または使用に起因する特許権侵害から生じた，あらゆる種類の責任，損害賠償請求，訴訟原因，損失，費用および経費（弁護士費用を含む），ロイヤリティおよびライセンス料について，売主を免責するものとする。

10．買主が本契約を解除し，売主が契約解除日以降の買主の製品販売に合わせて原材料を調達していた場合，買主は売主が定める価格で売主から当該原材料を購入するものとする。

空欄A：

　契約の9条では，売主が商品について保証するとされており，「商品につき，売主が何らの保証もしない」は誤りである。一方，特許の侵害により発生したあらゆる種類の責任について売主が免責されるとあることから，「商品に特許侵害があった場合，御社が責任を負う」が適切である。

空欄B：

　契約の10条では，買主が本契約を解除し，売主が契約解除日以降の買主の製品販売に合わせて原材料を調達していた場合，買主は売主が定める価格で売主から当該原材料を購入するとされており，「売主が決めた価格で売主から当該原材料を購入する」が適切である。「当該原材料がすべて消費できるまで，売主から製品を購入する」は，英文の趣旨とは合わない。

　よって，ウが正解である。

（設問2）

解答	イ

■解説

　Y社の「日本での商品の小売価格につき，Y社が決めたものに従っていただきたい」という要望について，日本における法的な問題点が問われている。

　事業者が流通業者の販売価格を一方的に決定することを「再販売価格の拘束」といい，流通業者間の価格競争を減退させるものとして，原則違法とされる（独占禁止法2条9項4号）。

　なお，小売店に対して希望小売価格を伝えること自体は，「再販売価格の拘束」にはあたらないと解されているが，実際に小売価格を拘束するような規定を定めることは，「再販売価格の拘束」にあたる可能性がある。

　よって，イが正解である。

英文契約書 （準拠法と仲裁）	ランク	1回目		2回目		3回目	
	A	/		/		/	

■令和5年度　第16問（設問1）

　以下の会話は，X株式会社の代表取締役である甲氏と，中小企業診断士であるあなたとの間で行われたものである。この会話を読んで，下記の設問に答えよ。

甲　氏：「弊社は，米国ニューヨーク市に本拠を置くY社から商品を輸入し，国内で販売しようと考えています。それに当たって，Y社から届いた契約書案を検討しているのですが，以下の条項はどのような内容でしょうか。」

　　1.　This Agreement shall be governed by and construed in accordance with the laws of the state of New York, the United States of America, without reference to conflict of laws principle.

　　2.　All dispute arising out of or in connection with this Agreement, including any question regarding its existence, validity or termination, shall be referred to and finally resolved by arbitration in New York City, New York, the United States of America by the American Arbitration Association in accordance with the Arbitration Rules of the American Arbitration Association.

あなた：「1項は　 A 　を定めており，2項は　 B 　を規定しております。御社は日本でY社から輸入した商品を販売されるとのことですので，準拠法は日本法で提案するのはいかがでしょうか。」

甲　氏：「ありがとうございます。その点については，Y社と交渉しようと思います。」

　　（以下略）

（設問 1）

　会話の中の空欄 A と B に入る記述として，最も適切なものはどれか。

　　ア　A：本契約がアメリカ合衆国ニューヨーク州法に準拠し，同法に従って解釈
　　　　　されること
　　　　　B：本契約から，または本契約に関連して発生するすべての紛争はニューヨ
　　　　　ーク市における米国仲裁協会による仲裁に付託され，最終的に解決されるこ
　　　　　と

　　イ　A：本契約がアメリカ合衆国ニューヨーク州法に準拠し，同法に従って解釈
　　　　　されること
　　　　　B：本契約から，または本契約に関連して発生するすべての紛争はニューヨ
　　　　　ーク市の連邦地方裁判所の管轄に属すること

　　ウ　A：本契約がアメリカ合衆国の連邦法に準拠し，同法に従って解釈されるこ
　　　　　と
　　　　　B：本契約から，または本契約に関連して発生するすべての紛争はニューヨ
　　　　　ーク市における米国仲裁協会による仲裁に付託され，最終的に解決されるこ
　　　　　と

　　エ　A：本契約がアメリカ合衆国の連邦法に準拠し，同法に従って解釈されるこ
　　　　　と
　　　　　B：本契約から，または本契約に関連して発生するすべての紛争はニューヨ
　　　　　ーク市の連邦地方裁判所の管轄に属すること

解答	ア

■解説

　国際取引における売買契約について，準拠法条項と仲裁条項の内容が問われている。準拠法と仲裁については，下記とあわせて，前節（1. 国際取引）の「出題項目のポイント」も確認いただきたい。

（甲氏の第1発言に含まれる英文の日本語訳）
　　1項　本契約は，法の抵触の原則に関わりなく，アメリカ合衆国ニューヨーク州法に準拠し，同法に従って解釈されるものとする。
　　2項　本契約の成立，有効性または終了に関する問題を含め，本契約に起因または関連するすべての紛争は，アメリカ合衆国ニューヨーク州ニューヨーク市において米国仲裁協会による仲裁に付託され，米国仲裁協会の仲裁規則に従った仲裁によって最終的に解決されるものとする。

空欄Aについて：
　英文の1項の「governed by」「the laws of」から，Governing Law（準拠法）について書かれていることがわかる。準拠法とは，ある法律関係に適用されるべきものとして選択された国（または州）の法律である。多くの国で，準拠法の決定は当事者の意思に委ねられており，日本の国際私法である「法の適用に関する通則法」もこの考えに従っている（同法7条，8条）。
　英文の内容から，空欄Aには「本契約がアメリカ合衆国ニューヨーク州法に準拠し，同法に従って解釈されること」が入る。

空欄Bについて：
　英文の2項に何度も登場する「Arbitration」は仲裁を意味する。仲裁とは，裁判所以外の第三者（仲裁人）の判断により紛争解決を図る手続で，裁判外の紛争解決（ADR）の一種である。裁判によるよりも迅速に紛争を解決できる点がメリットである。
　英文の内容から，空欄Bには「本契約から，または本契約に関連して発生するすべての紛争はニューヨーク市における米国仲裁協会による仲裁に付託され，最終的に解決されること」が入る。

　よって，アが正解である。

第6章

契約の類型と内容

1. 各種の契約

▶▶ 出題項目のポイント

本節では，章にまとめるほどは出題例が蓄積されていない，個別の契約類型を取り上げる。主なものは以下のとおりである。

⑴　共同研究契約

効率的に研究開発を行うため，他社，大学，研究機関などと締結される契約である。特許権の帰属や持分，相手方に開示するノウハウに関する秘密保持について，注意が必要である。

⑵　ライセンス契約

特許や商標などの権利者が，他の者に対して利用・実施の許諾を与える契約である。ライセンスの対象，実施または使用の態様，許諾が独占的か否か，ライセンス料（ロイヤリティ）などについて，明確化することに注意が必要である。

⑶　フランチャイズ契約

本部（フランチャイザー）が加盟者（フランチャイジー）に対し，自己の商標その他の標識と経営ノウハウを用いて同一のイメージのもとに事業を行う権利を与え，加盟者を指導・援助し，加盟者がこれに対して一定の対価を支払う，継続的契約である。なお，フランチャイズ契約については，「中小小売商業振興法」の中で，フランチャイザーが事前に開示すべき項目などが定められている。

⑷　事業買収契約

一般に「M&A」と呼ばれ，新規事業・市場への進出などのため，企業ないし事業の買収を行う契約である。組織再編（Ⅰ．第2章第1節）の契約内容としての表れなので，関連づけておきたい。

▶▶ 出題の傾向と勉強の方向性

試験要項における出題範囲としては，多種多様な契約が列挙されているが，その中で近年実際に出題されたものは少ない。

試験対策上は，過去問をひととおりあたってみて，難しいと感じた問題は無視し，頻出分野の学習に力を注ぐのが得策である。

■取組状況チェックリスト

1. 各種の契約						
各種の契約						
問題番号	ランク	1回目		2回目		3回目
平成 26 年度 第 2 問（設問 1）	C*	／		／		／
平成 27 年度 第 15 問	B	／		／		／
令和 3 年度 第 16 問	B	／		／		／
令和 4 年度 第 7 問	B	／		／		／

＊ランク C の問題と解説は，「過去問完全マスター」の HP（URL：https://jissen-c.jp/）よりダウンロードできます。

生産委託契約	ランク	1回目	2回目	3回目
	B	／	／	／

■平成27年度　第15問

　外国企業への生産委託に関する以下の文章の空欄AとBに入る語句の組み合わせとして，最も適切なものを下記の解答群から選べ。

　国内の中小製造業者がアジア諸国等の現地企業に生産委託を行う場合，現地法人や現地工場を確保する場合と比較して，生産コスト面や労務管理面での負担軽減，海外販路の確保，ハイテク製品とローテク製品の生産のすみ分け等といった利点が挙げられる。その一方，技術流出や秘密漏洩のリスクがあるほか，品質管理やブランド管理に困難を伴うといった問題点もある。

　受託者（現地企業）に開示する技術情報についての秘密保持義務を生産委託契約で規定することは，受託者への義務付けを通して技術流出の未然防止が期待できるが，いったん技術情報が流出してしまえば，第三者による技術利用を拘束する効力はない。このような第三者による重要な生産技術の利用を防ぐ上で，受託者の本拠地国での　A　は一定の効果があるが，他方で権利を取得する前に生産方法の公開により技術的なノウハウが広く全世界に流出してしまうリスクも生じさせるので，慎重に検討する必要がある。

　生産委託の形態として採用される手法のひとつが，委託者（国内企業）が製品の設計から制作・組立図面に至るまで受託者へ支給し（場合によっては技術指導も行う。），委託者のブランドで製品を生産するOEMである。委託者にとっては，製品市場の導入期や成長期におけるブランドの知名度向上，生産能力不足のカバーといったメリットが大きい。この生産委託の形態をさらに進化させたのが，製品の設計段階から製品開発，場合によってはマーケティングに至るまで受託者が一貫して提供する　B　であり，受託者の技術レベルが委託者と同水準以上にあることが基本的な特徴である。

〔解答群〕

　ア　A：意匠権の取得　B：FMS　　　イ　A：オープンソース化　B：EMS
　ウ　A：商標権の取得　B：ODF　　　エ　A：特許権の取得　　　B：ODM

解答	エ

■解説

　外国企業への生産委託について，技術情報の流出防止対策と，生産委託の手法としての契約形態が問われている。

・空欄Aについて

　　問題文の「第三者による重要な生産技術の利用を防ぐ上で」一定の効果があり，「権利を取得する前に生産方法の公開により技術的なノウハウが広く全世界に流出してしまう」という記述から，技術情報を対象とする「特許権の取得」があてはまる。

・空欄Bについて

　　OEM（委託者のブランドで製品を製造すること，またはそのような製品を製造する事業者を意味する）を進化させたものとして，製品の設計段階から製品開発，マーケティングに至るまで受託者が一貫して提供する形態の名称が問われている。

　　製造だけでなく企画や設計，デザインなどの段階から請け負う形態は，ODM（Original Design Manufacturing または Original Design Manufacturer の略）と呼ばれる。ODMでは，受託者が企画や設計段階から担当するため，受託者の技術レベルが委託者と同水準，またはそれ以上の高い水準にあることが基本的な条件である。問題文の説明に合致し，空欄Bには「ODM」があてはまる。

　　なお，アの「FMS」は多品種・小ロット生産に対応した柔軟な生産システム，イの「EMS」は他メーカーから受注した電子機器の受託生産を専門に行う企業，ウの「ODF」はオフィスソフトの扱う文書ファイルを保存するためのファイル形式を，それぞれ意味する。

　よって，空欄Aは「特許権の取得」，空欄Bは「ODM」が適切であり，エが正解である。

ライセンス契約	ランク	1回目	2回目	3回目
	B	／	／	／

■**令和 3 年度　第 16 問**

以下の会話は，X 株式会社の代表取締役甲氏と，中小企業診断士であるあなたとの間で行われたものである。この会話を読んで，下記の設問に答えよ。

甲　氏：「弊社が特許を取得した包丁の発明について，Y 社から，その包丁を製造させて欲しいという申し出がありました。弊社としては，弊社の工場の生産能力にも限界があるので，ライセンス契約を締結しようと考えていますが，ライセンス契約には様々な種類があると聞きました。どのようなライセンス契約が適切でしょうか。」

あなた：「特許権のライセンスとしては，大きく分けて，専用実施権と通常実施権というものがあります。専用実施権は，　A　により，効力を生じることになります。その場合，設定行為で定めた専用の範囲内については，御社は，　B　。また，Y 社は，その範囲内で，侵害行為者に対して，差止めや損害賠償請求ができるようになります。」

甲　氏：「なるほど。では，通常実施権はどういうものでしょうか。」

あなた：「通常実施権は，御社と Y 社との契約により効力を生じ，Y 社は契約で定めた範囲内で，その発明を実施することができるようになります。」

甲　氏：「実は，Y 社からは，Y 社以外の第三者との間ではライセンス契約を締結しないで欲しい，その旨を弊社との間のライセンス契約で定めて欲しいと言われており，弊社としても，検討中なのですが，通常実施権につき，そもそもそのような契約は可能なのでしょうか。」

あなた：「可能です。そして，　C　。」

甲　氏：「そのような契約をした場合，Y 社は，侵害行為者に対して，独断で，差止めや損害賠償請求ができるようになるのでしょうか。」

あなた：「独占以外の特約がない場合，特許権者である御社の有する権利の代位行使は除き，固有の権利としては，差止請求は　D　とされており，損害賠償請求は認められるとされています。私の知り合いの弁護士を紹介しますので，相談されてはいかがでしょうか。」

甲　氏：「ありがとうございます。ぜひよろしくお願いします。」

（設問1）

　会話の中の空欄 A と B に入る記述の組み合わせとして，最も適切なものはどれか。

　　ア　A：御社と Y 社との契約
　　　　B：Y 社の許諾なくして実施することができます

　　イ　A：御社と Y 社との契約
　　　　B：Y 社の許諾なくして実施することはできません

　　ウ　A：御社と Y 社との契約及びそれに基づく専用実施権設定登録
　　　　B：Y 社の許諾なくして実施することができます

　　エ　A：御社と Y 社との契約及びそれに基づく専用実施権設定登録
　　　　B：Y 社の許諾なくして実施することはできません

（設問 2）

会話の中の空欄 C と D に入る記述の組み合わせとして，最も適切なものはどれか。

ア　C：契約以外の手続は必要ありません　　　　　D：認められない

イ　C：契約以外の手続は必要ありません　　　　　D：認められる

ウ　C：契約に加えて，通常実施権の登録も必要です　D：認められない

エ　C：契約に加えて，通常実施権の登録も必要です　D：認められる

Ⅲ．取引関係に関する法務知識

（設問 1）

解答	エ

■解説

特許権のライセンスのうち，専用実施権について問われている。

・空欄 A について

　　特許権者は，その特許権について専用実施権を設定することができる（特許法 77 条 1 項）。専用実施権者は，設定行為で定めた範囲内において，業としてその特許発明の実施をする権利を専有する（特許法 77 条 2 項）。専用実施権は，特許原簿に登録しなければ効力を生じないとされる（特許法 98 条 1 項 2 号）。したがって，「御社と Y 社との契約及びそれに基づく専用実施権設定登録」が入る。

・空欄 B について

　　専用実施権を設定した場合，特許権者自身は，設定行為で定めた範囲内において特許発明を実施することができなくなる。したがって，「Y 社の許諾なくして実施することはできません」が入る。

　　よって，エが正解である。

（設問 2）

解答	ア

■解説

特許権のライセンスのうち，通常実施権について問われている。

・空欄 C について

　特許権者は，その特許権について他人に通常実施権を許諾することができる（特許法 78 条 1 項）。通常実施権者は，特許法の規定により又は設定行為で定めた範囲内において，業としてその特許発明の実施をする権利を有する（特許法 78 条 2 項）。

　「専有する」ではなく，「有する」という言葉が用いられることからわかるように，特許権者自身が特許発明を実施することも，第三者に通常実施権を許諾することも自由である。

　ただし，当事者間の契約により，当該通常実施権を独占的通常実施権とすることは妨げない。そして，現行法では通常実施権の登録制度は存在しない。したがって，「契約以外の手続は必要ありません」が入る。

・空欄 D について

　特許権者又は専用実施権者は，自己の特許権又は専用実施権を侵害する者又は侵害するおそれがある者に対し，その侵害の停止又は予防を請求することができる（特許法 100 条 1 項）。独占的通常実施権者といえども，あくまで通常実施権者であるから，独占以外の特約がない場合，固有の権利として差止請求権は認められない。したがって，「認められない」が入る。

　よって，アが正解である。

合弁会社の設立における留意点	ランク	1回目	2回目	3回目
	B	/	/	/

■令和4年度　第7問

　X株式会社（以下「X社」という。）は，Y株式会社（以下「Y社」という。），Z株式会社（以下「Z社」という。）とともに，国内に3社が出資する合弁会社（株式会社の形態）を設立して，共同事業を行うことを検討している。

　以下の会話は，X社の代表取締役甲氏と，中小企業診断士であるあなたとの間で行われたものである。この会話の中の空欄A～Dに入る数値と語句の組み合わせとして，最も適切なものを下記の解答群から選べ。

甲　氏：「先日，Y社の担当者とZ社の担当者との間で，合弁会社の設立についての会議をしました。合弁会社が実施する業務や弊社，Y社，Z社の役割分担については，だいたい意見が一致したのですが，出資比率をどうするのかで，なかなかまとまっていません。合弁会社の出資比率をどの程度にするのかは，どのような視点から検討すればよいのでしょうか。」

あなた：「出資比率をどうするのかはとても重要です。合弁会社で，議決権制限が付いていない普通株式のみを発行する場合，出資比率は，議決権比率となります。定款で特別に定めをしない場合，X社の出資比率を　A　とすると，合弁会社の株主総会におけるいわゆる普通決議事項について拒否権を有し，単独で議案の可決を阻止することができます。また，X社の出資比率を　B　とすると，株主総会のいわゆる　C　事項について単独で決定権を有することになります。」

甲　氏：「なるほど，出資比率というのは大切なのですね。でも，出資比率を大きくすると，それだけ合弁会社の事業が立ち行かなくなった場合の責任も重くなると思います。出資比率を大きくしなくても，重要な事項の決定については，弊社の意見を反映させたいと思います。どうすればよいでしょうか。」

あなた：「合弁会社の株主間契約で，重要な事項の決定は株主全員の合意によること
　　　　とする定めを置いたり，事案によっては，定款で株主総会や取締役会の定足
　　　　数・決議要件を加重することを定める場合もあります。合弁会社の株主間契
　　　　約で，重要な事項の決定は株主全員の合意が必要と定めた場合，株主全員の
　　　　合意が得られず，重要な事項が決定できなくなるという，いわゆる　D
　　　　が生じる場合があります。このため，このような場合を想定し，いわゆる
　　　　　D　条項を設けて，対応手順などを定めておくことも重要です。」

甲　氏：「いろいろあるのですね。また，話が進みましたら相談します。」

あなた：「分かりました。契約書の内容を相談する必要があれば，専門の弁護士を紹
　　　　介することもできますので，お気軽にご相談ください。」

〔解答群〕

　ア　A：3分の1　　　B：3分の2　　　C：特別決議
　　　D：クローバック

　イ　A：50％　　　　B：51％　　　　C：特殊決議
　　　D：クローバック

　ウ　A：50％　　　　B：51％　　　　C：特殊決議
　　　D：デッドロック

　エ　A：50％　　　　B：3分の2　　　C：特別決議
　　　D：デッドロック

解答	エ

■解説

　他社と合弁会社（株式会社形態）を設立して共同事業を行うという設定で，留意すべき点を問われている。空欄 D は M&A に関するやや細かい知識であるが，空欄 A〜C は基本的な知識であり，空欄 A〜C に入るべき数値・語句がわかれば正答できるように作られている。

空欄A：

　株主総会の決議は，定款に別段の定めがある場合を除き，議決権を行使することができる株主の議決権の過半数を有する株主が出席し，出席した当該株主の議決権の過半数をもって行う（普通決議，会社法 309 条 1 項）。株主総会における普通決議事項について，単独で議案の可決を阻止するためには，出資比率が「50」％以上でなければならない。

空欄 B・空欄 C：

　普通決議に続く説明であり，文脈から「特別決議」に関する説明と考えられる。一定の事項（定款変更，合併等）に関する株主総会の決議は，定款に別段の定めがない場合，当該株主総会において議決権を行使することができる株主の半数以上であって，当該株主の議決権の 3 分の 2 以上に当たる多数をもって行う（特別決議，会社法 309 条 3 項）。特別決議事項について「単独で決定権を有する」ためには，出資比率が「3 分の 2」以上でなければならない。

空欄D：

　株主間契約で重要な事項の決定は株主全員の合意が必要と定めた場合，株主全員の合意が得られないと重要な事項が決定できなくなり，会社経営が行き詰まってしまう。この状態は「デッドロック」と呼ばれる。それを避けるため，株主間契約では，各株主間に意見の相違があって会社としての決議がなされない場合の対応方法として「デッドロック条項」を設けることがある。例として，合弁会社を解散・清算する，一方当事者へ譲渡する等がある。

　よって，空欄 A には「50％」，空欄 B には「3 分の 2」，空欄 C には「特別決議」，空欄 D には「デッドロック」がそれぞれ入り，エが正解である。

Ⅳ．企業活動に関する法律知識

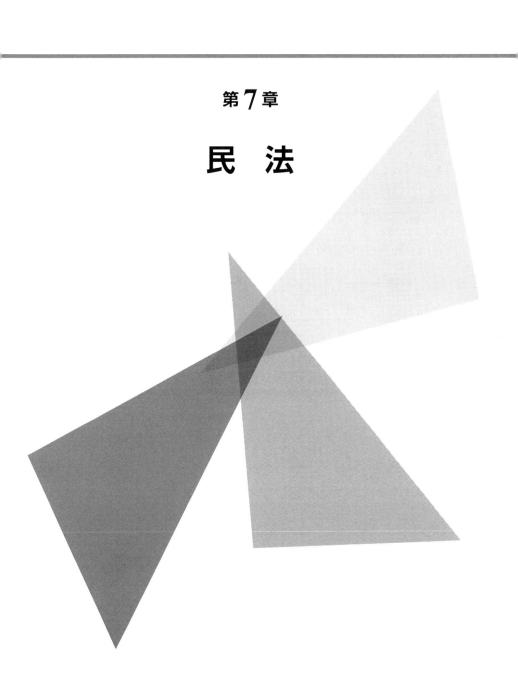

第7章

民　法

1. 総則・債権法

▶▶ 出題項目のポイント

民法は，私法（私人と私人の間を規律する法律）の一般法である。これに対し，会社法などは，私人間の特定の関係について適用される特別法である。

民法の定める権利は，大きく分けて物権と債権に分かれる。物権とは，物を直接に支配する権利である。

一方，債権とは，人に対して一定の行為を請求する権利である。債権は，大きく分けて「契約による権利」と「契約によらない権利」がある。契約による権利について，民法では，債権総論で債務不履行責任など基本的な原則を定め，債権各論でそれぞれの契約類型について定めている。また，契約によらない権利の発生原因には，事務管理，不当利得，不法行為の 3 つがある。

なお，民法は，総則，物権，債権，親族，相続の 5 編に分かれているが，物権法は，学習の便宜上，この節に分類している。

▶▶ 出題の傾向と勉強の方向性

本来であれば，民法を体系的に学習し，会社法など特別法上の規定がいかなる意味で民法の特例なのかを理解することが，経営法務全体の理解に役立つ。しかし，民法は，親族・相続法を除いても 724 条まであり，全体をマスターするのは容易でない。

過去の出題を見ると，債権者保護に関連づけて債権法と担保物権法が出題されるのが目立つ程度で，個別の契約類型などについて細かい知識が問われることはほとんどない。そこで，限られた時間を有効に使う観点から，過去問とその解説を中心に学習し，不明点があれば参考書等に遡って確認するのがお勧めである。

また，平成 29 年には債権法を中心に大幅な改正が行われた（2020 年 4 月 1 日施行）。改正法施行から時間が経つにつれ，変更点を直接問うような出題は減っていくと予想されるが，基本的な知識として押さえておきたい。主な変更点は次のとおりである。

項目	主な改正内容
①消滅時効	業種ごとに異なる短期時効を廃止し「知った時から5年」に 不法行為債権に関する長期20年の期間制限の解釈の見直し 時効の「中断」「停止」から「更新」「完成猶予」に変更
②法定利率	法定利率を年5％から年3％に引き下げ，市中の金利動向に合わせて変動する制度を導入
③保証	包括根保証の禁止の対象拡大事業用の融資について，経営者以外の保証人に関する公証人による意思確認手続を新設
④債権譲渡	譲渡制限特約が付された債権の譲渡を原則有効としつつ，債務者と譲受人の保護規定を新設
⑤約款	定型約款を契約内容とする旨の表示があれば個別の契約に合意したものとみなし，一方で信義則に反する条項は無効と明記
⑥意思能力	意思能力（判断能力）を有しないでした法律行為は無効と明記
⑦意思表示	錯誤について要件を明確化し，効果を「取消し可能」に変更
⑧代理	代理人の行為能力に関する見直し
⑨債務不履行	損害賠償の帰責事由の明確化
⑩契約解除	債務者の帰責事由を不要とし，解除の要件を明文化
⑪瑕疵担保責任	買主の権利を明記し，「隠れたる瑕疵」を「契約不適合」に変更
⑫原始的不能	原始的不能の場合も債務不履行に基づく損害賠償請求を可能に
⑬債務者の責任保全	債権者代位権と詐害行為取消権に関するルールを明確化
⑭連帯債務	連帯債務の絶対的効力事由を削減
⑮債務引受	免責的債務引受と併存的債務引受について要件・効果を明確化
⑯相殺禁止	受働債権が不法行為債権である場合の規律の見直し
⑰弁済	第三者弁済の見直し
⑱契約全般	契約に関する基本原則の明記
⑲契約の成立	対話者に対する契約の申込みの効力と隔地者間の契約の成立時期の見直し
⑳危険負担	特定物について債務者主義を採用し，効果を反対給付債務の消滅から反対給付債務の履行拒絶権に改める
㉑消費貸借	署名を要件として合意のみで消費貸借の成立を認める
㉒賃貸借	賃貸借終了時の敷金返還や原状回復の基本的なルールを明記 賃貸借の存続期間の上限を50年に伸張
㉓請負	報酬と請負人の担保責任についてルールを明確化
㉔寄託	合意のみで寄託の成立を認め，当事者の権利・義務を明確化

　その後の主な変更点としては，平成30年改正（2022年4月1日以降，成年年齢を18歳に引き下げ），令和3年改正（2023年4月1日施行。①相隣関係規定の見直し，②共有制度の見直し，③所有者不明土地管理制度等の新設）がある。

■取組状況チェックリスト

1. 総則・債権法

債権者保護と債権回収

問題番号	ランク	1回目		2回目		3回目	
平成 26 年度　第 4 問	C*	／		／		／	
平成 28 年度　第 14 問	B	／		／		／	
平成 29 年度　第 16 問	C*	／		／		／	
平成 30 年度　第 17 問	B	／		／		／	
平成 30 年度　第 19 問	C*	／		／		／	
令和元年度　第 18 問	B	／		／		／	
令和元年度　第 19 問	B	／		／		／	
令和 2 年度　第 1 問	A	／		／		／	
令和 2 年度　第 19 問	B	／		／		／	
令和 2 年度　第 20 問	A	／		／		／	
令和 3 年度　第 18 問	C*	／		／		／	
令和 4 年度　第 19 問	B	／		／		／	
令和 4 年度　第 20 問	C*	／		／		／	
令和 5 年度　第 21 問	C*	／		／		／	

契約総論・各論

問題番号	ランク	1回目		2回目		3回目	
平成 26 年度　第 11 問	C*	／		／		／	
平成 26 年度　第 12 問	C*	／		／		／	
平成 26 年度　第 14 問	C*	／		／		／	
平成 28 年度　第 13 問	C*	／		／		／	
平成 29 年度　第 14 問	C*	／		／		／	
平成 29 年度　第 17 問	B	／		／		／	
平成 30 年度　第 16 問	C*	／		／		／	
令和元年度　第 20 問	C*	／		／		／	
令和 2 年度　第 18 問	A	／		／		／	

IV. 企業活動に関する法律知識

令和2年度 第22問	A	/		/		/	
令和2年度 第21問	B	/		/		/	
令和3年度 第2問	C*	/		/		/	
令和3年度 第20問（設問1）	A	/		/		/	
令和3年度 第20問（設問2）	C*	/		/		/	
令和3年度 第19問	A	/		/		/	
令和4年度 第18問	A	/		/		/	

契約によらない法律関係

問題番号	ランク	1回目		2回目		3回目	
平成28年度 第17問	C*	/		/		/	
令和元年度 第17問	C*	/		/		/	
令和2年度 第17問	C*	/		/		/	
令和5年度 第20問	B	/		/		/	

（注）平成28年度第16問（請負と準委任）は，民法改正により問題が成立しなくなったので，掲載していない。

＊ランクCの問題と解説は，「過去問完全マスター」のHP（URL：https://jissen-c.jp/）よりダウンロードできます。

	ランク	1回目	2回目	3回目
詐害行為取消権	B	／	／	／

■平成 28 年度　第 14 問

債務者による詐害的な行為に対する債権者からの権利行使に関する記述として，最も適切なものはどれか。

ア　債務者が債権者を害することを知ってした 5 年前の法律行為を債権者が知ってから 2 年が経過するまでは，債権者は詐害行為取消請求に係る訴えを提起することができる。

イ　債務者が第三者に対して有する債権をもって債権者の一部の者に代物弁済した場合，代物弁済に供した債権額が消滅した債務額を超過していなければ，他の債権者に対して詐害行為とはならない。

ウ　詐害行為によって譲渡された不動産が受益者から転得者へ譲渡され，詐害行為について受益者は悪意であるが転得者は善意である場合，債権者は詐害行為取消権を行使することができない。

エ　新設分割会社が新設分割設立株式会社に承継されない債務の債権者を害することを知って新設分割をした場合，当該債権者は，その新設分割設立株式会社に対し，承継しなかった財産の価額を限度として，当該債務の履行を請求できる。

解答	ア

■解説

　アからウでは民法の詐害行為取消権，エでは平成 26 年改正会社法の濫用的会社分割に関する規定が問われている。平成 29 年の民法改正（2020 年 4 月 1 日施行）では，詐害行為取消権について，過去の判例等を踏まえて対象となる行為が類型化されたので，確認しておいてほしい。

ア：適切である。詐害行為取消請求に係る訴えは，債務者が債権者を害することを知って行為をしたことを債権者が知った時から 2 年を経過したとき，又は行為の時から 10 年を経過したときは，提起することができない（民法 426 条）。よって，債権者が 5 年前の法律行為を知ってから 2 年が経過するまでは，詐害行為取消請求に係る訴えを提起することができる。

イ：不適切である。平成 29 年改正法では，代物弁済や任意の担保提供のように，債務者の義務に属さない行為について，①弁済等が債務者が支払い不能になる前 30 日以内に行われたこと，②弁済等が債務者と受益者が通謀して他の債権者を害する意図をもって行われたこと，の 2 つの要件を満たす場合には，詐害行為取消請求ができるとされた（民法 424 条の 3 第 2 項）。相当価格での代物弁済であっても，債務者が特定の債権者と通謀し，その債権者に優先的満足を与える意図で行った場合は，詐害行為になりうる。

ウ：不適切である。平成 29 年改正法では，受益者に移転した財産がさらに転得者に移転した場合，①受益者に対する詐害行為取消請求が認められること，②転得者が転得の時点で債務者がした行為が債権者を害することを知っていたこと，の 2 つの要件を満たす場合には，転得者に対しても詐害行為取消請求をすることができるとした（民法 424 条の 5 第 1 号）。ウのように転得者が善意の場合は②の要件を満たさず，転得者に対する詐害行為取消請求はできない。しかし，悪意の受益者に対する詐害行為取消請求はできる。ただし，善意の転得者から不動産を取り戻すことはできないため，価額賠償のみ請求できる。

エ：不適切である。平成 26 年改正会社法で新設された，濫用的会社分割に関する規定によると，債権者は，新設分割設立会社に対し，「承継した」財産の価額を限度として，債務の履行を請求できる（会社法 764 条 4 項）。

　よって，アが正解である。

	ランク	1回目		2回目		3回目	
保証債務	B	／		／		／	

保証に関する記述として，最も適切なものはどれか。なお，別段の意思表示はないものとする。

　　ア　主たる債務者が破産手続開始の決定を受けた場合，保証契約に基づく支払義務はなくなる。

　　イ　売買契約の売主の債務不履行によって生じる損害賠償義務は，当該売主のための保証債務の担保する範囲に属する。

　　ウ　保証契約は，口頭でしても，その効力を生じる。

　　エ　連帯保証人が債権者から債務の履行を請求されたときは，連帯保証人は，まず主たる債務者に催告をすべき旨を請求することができる。

解答	イ

■解説

　民法（債権法）から，保証債務の性質について問われている。保証人には，催告の抗弁権（まず主たる債務者に請求すべきであると主張する権利，民法452条本文）および検索の抗弁権（まず主たる債務者の財産につき執行すべきであると主張する権利，民法453条）がある。

　　ア：不適切である。保証人には催告の抗弁権があるが，主たる債務者が破産手続開始の決定を受けた場合はこの限りでなく（民法452条ただし書き），保証人は保証契約に基づく支払義務を履行する必要がある。

　　イ：適切である。保証債務は，主たる債務に関する利息，違約金，損害賠償その他その債務に従たるすべてのものを包含する（民法447条）。

　　ウ：不適切である。保証契約は，書面または電磁的記録でしなければその効力を生じない（民法446条2項）。

　　エ：不適切である。連帯保証人には，催告の抗弁権及び検索の抗弁権はない（民法454条）。

　よって，イが正解である。

物上代位	ランク	1回目		2回目		3回目	
	B	/		/		/	

■**令和元年度 第 18 問**

担保物権のうち，その目的物の売却，賃貸，滅失又は損傷によって債務者が受けるべき金銭その他の物に対して，担保物権を<u>行使することができないもの</u>として，最も適切なものはどれか。

　ア　先取特権

　イ　質権

　ウ　抵当権

　エ　留置権

解答	エ

■解説

　民法（物権法）から，物上代位について問われている。

　物上代位とは，担保物権の目的物が売却・賃貸・滅失・破損され，その交換価値が売買代金・賃料・保険金等の請求権に転化した場合，これらの請求権にも担保物権の効力が及ぶことをいう。なお，代位するためには，払渡または引渡前にその請求権を差押えることが要件となる。

　　ア：不適切である。先取特権については，物上代位が認められている（民法304条）。

　　イ：不適切である。質権については，物上代位が認められている（民法350条で304条を準用）。

　　ウ：不適切である。抵当権については，物上代位が認められている（民法372条で304条を準用）。

　　エ：適切である。留置権については，物上代位は認められていない。なぜなら，留置権とは，相手が債務を履行するよう促すために，物を留置する権利であって，その物自体の価値を担保にできる権利ではないからである。たとえば，壊れた時計の修理を請け負った時計店は，修理代金の支払いを受けるまで，その時計を留置する（返さない）ことができるにとどまる。

　よって，エが正解である。

保証債務の効力と求償権	ランク	1回目		2回目		3回目	
	B	/		/		/	

■**令和元年度　第19問**

　民法に基づく保証に関する記述として，最も適切なものはどれか。なお，別段の意思表示はなく，商法は適用されないものとする。

　ア　主たる債務者の意思に反して保証をした者は，求償権を有しない。

　イ　数人の保証人がある場合には，それらの保証人が各別の行為により単純保証したときは，全員が当該債務全部の弁済義務を負う。

　ウ　保証人が主たる債務者の委託を受けて保証をした場合において，主たる債務者が弁済をしたことを保証人に通知することを怠ったため，保証人が善意で弁済をしたときは，その保証人は，自己の弁済を有効であったものとみなすことができる。

　エ　保証人は，主たる債務者の委託を受けないで保証をした場合において，債務が弁済期にあるときは，主たる債務者に対して，あらかじめ，求償権を行使することができる。

解答	ウ

■解説

民法（債権法）から，保証債務の効力と求償権について問われている。

民法では，主たる債務者の委託を受けているかどうかによって，保証人の扱いが異なる。なお，保証については 2020 年 4 月施行の改正民法でいくつかの変更点があり，以下の説明は改正民法の条文番号に基づいている。

ア：不適切である。主たる債務者の意思に反して保証をした者は，主たる債務者が現に利益を受けている限度においてのみ，求償権を有する（民法 462 条 2 項）。全く求償権を有しないわけではない。「現に利益を受けている限度」とは，実際に債務者が弁済すべき債務のうち，保証人が弁済することによって免れた債務を指す。（委託を受けた保証人であれば，手数料等も主たる債務者に請求することができる。）

イ：不適切である。単純保証（連帯保証ではない，通常の保証）において，数人の保証人がある場合には，各別の行為により債務を負担したときであっても，各保証人は債権者に対して保証人の数に応じて分割された部分についてのみ，債務を負担する（民法 456 条，427 条）。これを「分別の利益」という。

ウ：適切である。保証人が主たる債務者の委託を受けて保証をした場合において，主たる債務者が債務の消滅行為（弁済等）をしたことを保証人に通知することを怠ったため，保証人が善意で債務の消滅行為（弁済等）をしたときは，その保証人は，自己の弁済を有効であったものとみなすことができる（民法 463 条 2 項）。

エ：不適切である。保証人は，主たる債務者の委託を「受けて」保証をした場合において，債務が弁済期にあるときは，あらかじめ求償権を行使することができる（民法 460 条 2 号）。主たる債務者の委託を「受けないで」保証をした場合において，あらかじめ求償権の行使を認める規定は設けられていない。

よって，ウが正解である。

意思表示，根保証	ランク	1回目		2回目		3回目	
	A	／		／		／	

■**令和2年度　第1問**

　令和2年4月1日に施行された「民法の一部を改正する法律」（平成29年法律第44号）により改正された民法（以下本問において「改正民法」という。）に関する記述として，最も適切なものはどれか。

　なお，本問においては，附則に定める経過措置は考慮しないものとする。

　　ア　改正民法においては，詐欺又は強迫による意思表示は無効とすると改正された。

　　イ　改正民法においては，法定利率を年5パーセントとするとの定めは改正されなかった。

　　ウ　改正民法においては，法律行為の要素に錯誤があった場合の意思表示は無効とするとの定めは改正されなかった。

　　エ　改正民法においては，保証人が個人である根保証契約は，貸金等根保証契約に限らず，極度額を定めなければ効力を生じないものと改正された。

解答	エ

■解説

　改正民法（意思表示，法定利率，保証）に関する知識が問われている。いずれも改正民法の重要な変更点なので，押さえておきたい。

ア：不適切である。改正民法では，詐欺又は強迫による意思表示は取り消すことができる（「無効」ではない）という部分は変更がなかった（民法96条1項）。なお，改正民法で詐欺による意思表示に関する変更は，次の2点である。
①（改正前）第三者が詐欺を行った場合，相手方がその事実を「知っていたときに限り」本人は意思表示を取り消すことができる→（改正後）「知り又は知ることができたときに限り」取り消すことができる（相手方が保護されるためには善意かつ無過失が必要）（同条2項）。
②（改正前）詐欺による意思表示の取消しは「善意の」第三者に対抗できない→（改正後）「善意かつ無過失の」第三者に対抗できない（同条3項）。

イ：不適切である。改正民法では，法定利率を年5％から年3％に引き下げたうえ，金利や物価の動向に合わせた変動制に変更したうえで，法定利率を3年ごとに見直すことが定められた（民法404条2項・3項）。なお，同時に商事法定利率（商法514条）が廃止され，民事と商事で法定利率の差はなくなった。

ウ：不適切である。改正前は，「意思表示は，法律行為の要素に錯誤があったときは，無効とする」とされていた。改正民法では，錯誤の効果を「無効」から「取り消すことができる」に変更し（民法95条1項），取消しは善意かつ無過失の第三者に対抗できないとした（同条4項）。

エ：適切である。「根保証」とは，1回限りではなく，一定の範囲に属する債務を対象とする保証契約である。根保証における保証上限額のことを「極度額」という。改正前は，「貸金等根保証契約は」極度額を定めなければその効力を生じないとされ，継続的売買や賃貸借などにおける根保証契約では，極度額の定めが不要であった。しかし，貸金等以外の根保証契約であっても，極度額の定めがなければ，保証人が予想を超える無制限の債務負担を強いられる危険があることに変わりはない。そこで，改正民法では，貸金等根保証契約に限らず，個人が根保証人となる契約（個人根保証契約）で極度額の定めがないものはすべて無効とされた（民法465条の2第2項）。なお，この極度額の定めも，書面または電磁的記録によることが必要である（同条3項により民法446条2項・3項が準用される）。

　よって，エが正解である。

詐害行為取消権	ランク	1回目		2回目		3回目	
	B	/		/		/	

■令和2年度　第19問

詐害行為取消権に関する記述として，最も適切なものはどれか。

なお，「民法の一部を改正する法律」（平成29年法律第44号）により改正された民法が適用されるものとし，附則に定める経過措置は考慮しないものとする。

ア　債権者による詐害行為取消請求が認められるには，被保全債権そのものが詐害行為より前に発生していなければならず，その発生原因となる事実のみが詐害行為より前に発生している場合に認められることはない。

イ　債権者は，詐害行為によって利益を受けた者に対する詐害行為取消請求において，債務者がした行為の取消しをすることはできるが，その行為によって利益を受けた者に移転した財産の返還を請求することはできない。

ウ　債務者が，その有する不動産を処分した場合であっても，当該不動産を譲り受けた者から当該不動産の時価相当の対価を取得していれば，債権者による詐害行為取消請求が認められることはない。

エ　詐害行為の目的である財産が可分であり，かつ，その価額が被保全債権の額を超過するときは，債権者は，被保全債権の額の限度においてのみ詐害行為の取消しを請求することができる。

解答	エ

■解説

　民法の債権法から，詐害行為取消権について問われている。詐害行為取消権とは，債権者が，債権者を害することを知ってした債務者の行為（詐害行為）を訴えによって取り消し，債務者の財産から逸出した物や権利を債務者のもとに回復する権利である（民法424条1項）。改正民法（2020年4月施行）では，詐害行為取消権について，過去の判例等を踏まえて対象となる行為が類型化された。

　ア：不適切である。詐害行為取消請求は，被保全債権（債権者の債権のこと）が詐害行為の前の原因に基づいて生じたものである場合に限り行使できる（民法424条3項）。つまり，下図のように，発生原因となる事実が詐害行為より前に発生していれば，被保全債権そのものの発生が詐害行為の後であっても，詐害行為取消請求は可能である。

| 原因事実
（貸金契約） | 詐害行為
（建物を安価で売却） | 債権発生
（弁済期到来） |

　イ：不適切である。上述のように，詐害行為取消権は，債務者の財産から逸出した物や権利を債務者のもとに回復する権利であるから，受益者に財産の返還を請求させることができる。財産そのものの返還が困難であるときは，債権者はその価額の返還を請求できる（民法426条の6第1項）。悪意の転得者に対しても同様である（同条第2項）。

　ウ：不適切である。債務者が不動産を処分した場合，時価相当の対価を得ていれば，原則として詐害行為にはあたらない。ただし，財産が不動産からより隠匿しやすい金銭に代わるため，債務者が隠匿の意思を持って処分を行い，隠匿のおそれを生じさせ，かつ受益者が事情を知っていた場合は，詐害行為にあたるとされる（民法424条の2）。よって，「詐害行為取消請求が認められることはない」とは言い切れない。

　エ：適切である。詐害行為取消権は，債権者の債権を保全するためのものであるから，目的財産が可分であるときは，自己の債権の額の限度においてのみ，その行為の取消しを請求できる（民法424条の8第1項）。

　よって，エが正解である。

保証契約	ランク	1回目	2回目	3回目
	A	／	／	／

■**令和2年度　第20問**

　事業のために負担した貸金等債務を主たる債務とする保証契約に関する記述として，最も適切なものはどれか。

　なお，「民法の一部を改正する法律」（平成29年法律第44号）により改正された民法が適用されるものとし，附則に定める経過措置及び特約は考慮しないものとする。

　ア　個人事業主の配偶者であって，当該事業に現に従事していない者が，主たる債務者である当該個人事業主の保証人になろうとする場合，保証債務を履行する意思を公正証書により表示する必要がある。

　イ　自然人が保証人となる場合，保証契約の締結の日前14日以内に作成された公正証書で保証債務を履行する意思を表示していなければ，その効力を生じない。

　ウ　主たる債務者が法人である場合のその取締役が保証人になろうとする場合，保証債務を履行する意思を公正証書により表示する必要がある。

　エ　法人が保証人となる場合には，保証契約は書面で行う必要はない。

解答	ア

■解説

　改正民法（2020年4月施行）における，保証契約に関する変更点が問われている。改正民法では，事業に関する債務について個人が保証人になろうとする場合に，債権者の説明義務や契約締結方法を厳格化し，個人保証人の保護が図られた。

　ア：適切である。改正民法では，事業のために負担した貸金等債務を主たる債務とする保証契約，又は主たる債務の範囲に事業のために負担する貸金等債務が含まれる根保証契約について，個人が保証人となるときは，契約締結に先立ち，公正証書により保証人となろうとする者の意思を確認する必要がある（民法465条の6第1項）。ただし，主たる債務者が法人である場合の取締役等や，主たる債務者が個人事業主である場合に共同して事業を行う者又は事業に現に従事している主たる債務者の配偶者については，公正証書の作成は不要とされる（民法465条の9）。アでは「個人事業主の配偶者であって，当該事業に現に従事していない者」とあり，公正証書の作成は必要ということになる。

　イ：不適切である。個人が保証人となる場合，保証契約の締結の日前1か月以内に作成された公正証書で保証債務を履行する意思を表示していなければ，その効力を生じない（民法465条の6第1項）。「14日以内」の部分が誤りである。

　ウ：不適切である。アの解説で触れたように，主たる債務者が法人である場合の取締役等については，公正証書の作成は不要とされる。

　エ：不適切である。公正証書の作成は，保証人になろうとする者が法人である場合には不要である（民法465条の6第3項）。しかし，すべての保証契約は書面または電磁的記録でしなければ，その効力を生じない（民法446条）。「保証契約は書面で行う必要はない」という部分が誤りである。

　よって，アが正解である。

	ランク	1回目		2回目		3回目	
保証債務	B	/		/		/	

■**令和4年度　第19問**

　保証に関する記述として，最も適切なものはどれか。なお，別段の意思表示はないものとする。

　　ア　事業のために負担した借入金を主たる債務とし，法人を保証人とする保証契
　　　　約は，その契約に先立ち，その締結の日前1か月以内に作成された公正証書
　　　　で当該法人が保証債務を履行する意思を表示していなければ，その効力を生
　　　　じない。

　　イ　主たる債務者が死亡して相続人が限定承認した場合でも，保証人は主たる債
　　　　務の全額について保証債務を履行しなければならない。

　　ウ　保証契約がインターネットを利用した電子商取引等において，電磁的記録に
　　　　よってされただけでは有効とはならず，電子署名が付される必要がある。

　　エ　保証契約締結後，主たる債務者が保証人の承諾なく，主たる債務の債務額を
　　　　増額する合意をした場合，保証債務の債務額も増額される。

解答	イ

■解説

　民法から保証債務について問われている。細かい知識まで必要とされ，難問の部類に入る。

　　ア：不適切である。事業のために負担した貸金等債務を主たる債務とする保証契約は，その契約の締結に先立ち，締結の日前1か月以内に作成された公正証書で保証人になろうとする者が保証債務を履行する意思を表示していなければ，効力を生じない（民法465条の6第1項）。この規定は，公証人が保証人になろうとする者の意思を事前に確認することにより，十分にリスクを認識せずに保証人になることを防ぐ目的で，改正民法（2020年施行）で新設された。しかし，保証人になろうとする者が法人である場合には適用されない（民法465条の6第3項）。

　　イ：適切である。主たる債務者について相続が開始し，相続人が限定承認をした場合，相続された債務そのものには変更はなく，その引当となる財産が相続財産の範囲に限定されるだけである。保証人は主たる債務の全額について保証債務を履行しなければならない。

　　ウ：不適切である。保証契約は，書面でしなければその効力を生じない（民法446条2項）。ただし，保証契約がその内容を記録した電磁的記録によってされたときは，その保証契約は書面によってされたものとみなされる（民法446条3項）。電子署名までは必要とされておらず，たとえば電子メールによってもよい。

　　エ：不適切である。主たる債務の目的又は態様が保証契約の締結後に加重されたときであっても，保証人の負担は加重されない（民法448条2項）。この規定は，保証債務は主債務に附従するが，附従性は保証人に有利にのみ働くものとして，保証人を保護するために改正民法（2020年4月施行）で明文化された。

　よって，イが正解である。

消滅時効	ランク	1回目		2回目		3回目	
	B	/		/		/	

■平成 29 年度　第 17 問　改題

消滅時効に関する記述として，最も適切なものはどれか。

なお，「民法の一部を改正する法律」（平成 29 年法律第 44 号）により改正された民法が適用されるものとし，附則に定める経過措置及び特約は考慮しないものとする。

ア　主債務者が時効の利益を放棄した場合でも，その保証人は時効を援用することができる。

イ　時効の完成後に債務を承認したとしても，時効完成の事実を知らなかった場合には，時効を援用することができる。

ウ　内容証明郵便による請求をすれば時効の完成が 6 か月猶予されることになり，当該 6 か月が経過する直前に再度内容証明郵便による請求をすれば，さらに時効の完成が 6 か月猶予される。

エ　令和 2 年 4 月 15 日に機械を売却し，その代金の弁済期を令和 2 年 5 月 31 日とした場合，代金債権の時効は令和 2 年 4 月 15 日から進行する。

解答	ア

■**解説**

　民法総則から，消滅時効について問われている。時効制度については，平成29年に成立した民法改正法（2020年4月1日施行）の中で大幅な変更がなされたので，新旧の制度を混同しないようにしたい。

ア：適切である。時効利益の放棄とは，時効完成によって得るはずの利益（権利を取得し，義務を免れること）を放棄する意思表示のことである。時効利益の放棄は，放棄した者との関係においてのみ生じる（相対効）。よって，主債務者が時効の利益を放棄した場合でも，その保証人は時効を援用することができる。

イ：不適切である。時効完成後の債務の承認は，時効完成後に義務の免除という法的利益を享受しないことの表明であるから，放棄者が時効完成を知ったうえでなされる必要がある。しかし，判例は「時効の完成後，債務者が債務の承認をすることは，時効による債務消滅の主張と相容れない行為であり，相手方においても債務者はもはや時効の援用をしない趣旨であると考えるであろうから，その後においては債務者に時効の援用を認めないものと解するのが，信義則に照らし，相当である」（最高裁昭和41年4月20日判決）とし，時効完成の事実を知らずに債務の承認をした債務者は，信義則により援用権を喪失するとした。

ウ：不適切である。内容証明郵便による請求のような裁判外の請求を「催告」という。催告による時効の完成猶予の効果は暫定的なものであって，催告によって時効の完成が猶予されている間になされた再度の催告は，時効の完成猶予の効力を有しない（民法150条2項）。

エ：不適切である。債権は，債権者が権利を行使することができることを知った時から5年間，または権利を行使することができる時から10年間行使しない場合，時効によって消滅する（民法166条1項）。機械の売買代金の弁済期が令和2年5月31日の場合，日によって期間を定めた場合は原則として期間の初日は算入されないため（民法140条），代金債権の時効は翌日（令和2年6月1日）から起算される。

　よって，アが正解である。

消滅時効	ランク	1回目		2回目		3回目	
	A	/		/		/	

■令和 2 年度　第 18 問

時効に関する記述として，最も適切なものはどれか。

なお，「民法の一部を改正する法律」（平成 29 年法律第 44 号）により改正された民法が適用されるものとし，附則に定める経過措置及び特約は考慮しないものとする。

ア　飲食店の飲食料に係る債権は，1 年間行使しないときは，消滅する。

イ　債権について催告がなされ，その後本来の時効期間が経過し，時効の完成が猶予されている間に，当該債権についての協議を行うことの合意が書面でされても，それに基づく時効の完成猶予の効力は生じない。

ウ　債権は，時効の完成猶予や更新がなければ，債権者が権利を行使することができることを知った時から 10 年間行使しないときに初めて時効によって消滅する。

エ　天災のため時効の更新をするための手続を行うことができないときには，その障害が消滅した時から 2 週間を経過して初めて時効は完成する。

解答	イ

■解説

　改正民法（2020 年 4 月施行）における時効に関する変更点が問われている。改正民法の中でも特に大きな変更があったポイントであり，しっかりと学習しておきたい。

ア：不適切である。改正前は，宿泊料・飲食料等に係る債権は，1 年間行使しないと時効によって消滅するとされていた（短期消滅時効）。改正後は，短期消滅時効が撤廃され，一般の債権と同じ消滅時効期間（債権者が権利を行使することができることを知った時から 5 年間，または権利を行使することができる時から 10 年間）が適用される（民法 166 条 1 項・2 項）。

イ：適切である。時効期間が経過する前の段階では，一定の事由（裁判上の請求，強制執行，催告，権利についての協議を行う旨の合意等）があれば，時効の完成猶予の効力を生ずる。「権利についての協議を行う旨の合意」に関する時効の完成猶予期間は，合意から 1 年（それより短い期間を定めたときはその期間），相手方に対して協議の続行を拒絶する旨の通知が書面でされたときはその通知の時から 6 か月である（民法 151 条 1 項）。しかし，イのように，催告によって時効の完成が猶予されている間にされた合意は，時効の完成猶予の効力を有しない（同条 3 項）。つまり，先に行われた催告のみが，時効の完成猶予の効力を有することになる。

ウ：不適切である。アの解説で触れたように，改正後の時効消滅期間は，「債権者が権利を行使することができることを知った時から 5 年間，または権利を行使することができる時から 10 年間」である。「10 年間」の部分が誤りである。

エ：不適切である。改正前は，天災を理由とする時効の完成猶予期間は障害が消滅した時から 2 週間とされていた。改正後は，障害が消滅した時から 3 か月に変更された（民法 161 条）。「2 週間」の部分が誤りである。

　よって，イが正解である。

請負と委任	ランク	1回目	2回目	3回目
	A	／	／	／

■**令和 2 年度　第 22 問**

請負又は委任に関する記述として，最も適切なものはどれか。

なお，「民法の一部を改正する法律」（平成 29 年法律第 44 号）により改正された民法が適用されるものとし，附則に定める経過措置及び特約は考慮しないものとする。

ア　委任において，受任者は，委任者の許諾を得たとき，又はやむを得ない事由があるときでなければ，復受任者を選任することができない。

イ　請負人が品質に関して契約の内容に適合しない仕事の目的物を注文者に引き渡した場合，注文者は，その引渡しを受けた時から 1 年以内に当該不適合を請負人に通知しない限り，注文者が当該不適合を無過失で知らなかった場合でも，当該不適合を理由として，履行の追完の請求，報酬の減額の請求，損害賠償の請求及び契約の解除をすることはできない。

ウ　不可抗力によって委任事務の履行をすることができなくなったときは，受任者は，既にした履行の割合に応じた報酬さえも請求することはできない。

エ　不可抗力によって仕事を完成することができなくなった場合において，仕事内容が可分であり，注文者が既履行部分の給付によって利益を受けるときでも，請負人は，当該利益の割合に応じた報酬さえも請求することはできない。

解答	ア

■解説

　改正民法（2020年4月施行）で重要な変更があった，請負契約と委任契約について問われている。

　　ア：適切である。委任は委任者・受任者間の信頼関係に基づく契約であるため，受任者は原則として委任事務を自身で処理しなければならない。受任者は，委任者の許諾を得たとき，又はやむを得ない事由があるときでなければ，復受任者を選任することができないとされる（民法644条の2第1項）。

　　イ：不適切である。改正前は，仕事の目的物に瑕疵があった場合に，注文者が瑕疵の修補または損害賠償の請求及び契約の解除を求めるときは，目的物の引渡し時または仕事の終了時から1年以内にしなければならないとされていた。改正後は，注文者は契約不適合を知った時から1年以内に通知をしなければ，履行追完請求，報酬減額請求，損害賠償請求及び契約解除をすることができないと定められた（民法637条1項）。

　　ウ：不適切である。改正前は，委任者の責めに帰することができない事由により委任事務の履行ができなくなった場合の報酬について，明文の定めがなかった。改正後は，不可抗力によって委任事務の履行をすることができなくなった場合，受任者は既にした履行の割合に応じて報酬を請求することできると定められた（民法648条3項）。

　　エ：不適切である。改正前は，請負契約で仕事が完成しなかった場合の報酬について，明文の定めがなかった。改正後は，注文者の責めに帰することができない事由によって仕事を完成することができなくなった場合，または請負が仕事の完成前に解除された場合に，可分な部分の給付によって注文者が利益を受けるときはその部分を仕事の完成とみなし，請負人は注文者に対して，注文者の受ける利益の割合に応じて報酬を請求することができると定められた（民法634条）。

　よって，アが正解である。

定型約款	ランク	1回目		2回目		3回目	
	B	／		／		／	

■**令和 2 年度　第 21 問**

　以下の会話は，株式会社 Z の代表取締役甲氏と，中小企業診断士であるあなたと
の間で行われたものである。この会話を読んで，下記の設問に答えよ。

　なお，「民法の一部を改正する法律」（平成 29 年法律第 44 号）により改正された民
法が適用されるものとし，附則に定める経過措置は考慮しないものとする。

甲　氏：「インターネットを使った BtoC の新しいサービスを始める予定です。その
　　　　サービスを利用してもらうに当たっては，ルールを作って，そのサービスの
　　　　利用者に守ってもらいたいと考えているのですが，どのようにすればよろし
　　　　いでしょうか。」

あなた：「そのルールは，定型約款に該当し得ることになります。定型約款を御社と
　　　　サービス利用者との間の合意内容とするためには，サービス利用者の利益を
　　　　一方的に害するような内容でないこと等を前提として，その定型取引を行う
　　　　ことを合意した上で，御社が　　A　　。」

甲　氏：「ありがとうございます。他に対応しなければならないことはありますか。」

あなた：「一時的な通信障害が発生した場合等を除き，　　B　　。」

甲　氏：「分かりました。途中でその定型約款の内容を変更しようと思ったときには，
　　　　変更は可能なのでしょうか。」

あなた：「　　C　　。その定型約款は慎重に作成する必要がありますので，私の知り合
　　　　いの弁護士を紹介しますよ。」

甲　氏：「よろしくお願いいたします。」

（設問 1）

　会話の中の空欄 A と B に入る記述の組み合わせとして，最も適切なものはどれか。

　　ア　A：あらかじめその定型約款を契約の内容とする旨をサービス利用者に表示
　　　　　　していれば足ります
　　　　B：定型取引を行うことの合意前においてサービス利用者から請求があった
　　　　　　場合にその定型約款の内容を示さないと，定型約款は契約内容となりま
　　　　　　せん

　　イ　A：あらかじめその定型約款を契約の内容とする旨をサービス利用者に表示
　　　　　　していれば足ります
　　　　B：定型取引を行うことの合意前においてサービス利用者から請求があった
　　　　　　場合にその定型約款の内容を示さないと，定型約款は契約内容となりま
　　　　　　せん。これは，合意後に請求があった場合も同様です

　　ウ　A：サービス利用者との間で定型約款を契約の内容とする旨の個別の合意を
　　　　　　するしかありません
　　　　B：定型取引を行うことの合意前においてサービス利用者から請求があった
　　　　　　場合にその定型約款の内容を示さないと，定型約款は契約内容となりま
　　　　　　せん

　　エ　A：サービス利用者との間で定型約款を契約の内容とする旨の個別の合意を
　　　　　　するしかありません
　　　　B：定型取引を行うことの合意前においてサービス利用者から請求があった
　　　　　　場合にその定型約款の内容を示さないと，定型約款は契約内容となりま
　　　　　　せん。これは，合意後に請求があった場合も同様です

（設問2）

　会話の中の空欄Cに入る記述として，最も不適切なものはどれか。

　　ア　定型約款の中に，民法と異なる変更要件に係る特約を規定すれば，いかなる
　　　　特約であっても，当該特約に従って自由に変更ができます

　　イ　定型約款の変更は，効力発生時期が到来するまでに周知しないと，その効力
　　　　を生じないことがあります

　　ウ　定型約款の変更をするときは，効力発生時期を定め，かつ，変更する旨及び
　　　　変更後の内容並びにその効力発生時期を周知しなければなりません

　　エ　変更がサービス利用者の一般の利益に適合するときは，個別にサービス利用
　　　　者と合意をすることなく，契約の内容を変更することができます

（設問 1）

解答	ア

■解説

　改正民法（2020 年 4 月施行）で新設された，定型約款に関する規定について問われている。現代社会では定型的な約款を用いて契約が締結されることが多いことから，実態に沿ってその内容を規律するように改めたものである。

空欄 A について：

　改正民法では，定型約款を事業者とサービス利用者との間の合意内容とするためには，サービス利用者の利益を一方的に害するような内容でないこと等を前提として，その定型取引を行うことを合意したうえで，あらかじめその定型約款を契約の内容とする旨を相手方に表示することが必要であるとした（民法 548 条の 2）。サービス利用者との間で，定型約款を契約の内容とする旨の個別の合意をする必要はない。よって，「あらかじめその定型約款を契約の内容とする旨をサービス利用者に表示していれば足ります」が入る。

空欄 B について：

　改正民法では，定型取引を行い，又は行おうとする定型約款準備者は，定型取引合意の前又は定型取引合意の後相当の期間内に相手方から請求があった場合には，遅滞なく，相当な方法でその定型約款の内容を示さなければならないとされた（民法 548 条の 3 第 1 項本文）。合意後については「相当の期間内に相手方から請求があった場合」という限定が付されており，「合意後に請求があった場合も同様です」とは言えない。よって，「定型取引を行うことの合意前においてサービス利用者から請求があった場合にその定型約款の内容を示さないと，定型約款は契約内容となりません」が入る。

　よって，アが正解である。

（設問2）

解答	ア

■解説

　定型約款の変更について問われている。一度相手方との間で合意内容とされた定型約款であっても，それが継続的な取引に係るものであれば，後で内容を変更したい場合が出てくる。民法の契約に関する原則では，契約内容の変更には相手方との合意が必要である。しかし，すべての相手方から個別に同意を得なければならないとすると煩雑であり，同意しない者との間では定型約款を変更できない等の問題が生ずる。

　そこで，改正民法では，一定の要件を満たすことを要件に，定型約款を準備した事業者が個別に相手方との合意を得ることなく，定型約款を変更することができるとした。その要件とは，①定型約款の変更が相手方の一般の利益に合致し，合理的であること，②定型約款の効力発生時期を定め，定型約款を変更する旨と，変更後の定型約款の内容及び効力発生時期を，変更後の定型約款の効力発生時期が到来するまでに適切な方法で周知すること，の2つである（民法548条の4）。

　　ア：不適切である。変更内容が相手方の一般の利益に合致しない場合や合理性が認められない場合には，当該特約は効力を生じない。「いかなる特約であっても」や「自由に」という記述は誤りである。
　　イ：適切である。上記の解説を参照。
　　ウ：適切である。上記の解説を参照。
　　エ：適切である。上記の解説を参照。

　よって，アが正解である。

	ランク	1回目	2回目	3回目
契約不適合責任	A	/	/	/

■**令和3年度　第20問（設問1）**

　以下の会話は，X株式会社の代表取締役甲氏と，中小企業診断士であるあなたとの間で行われたものである。この会話を読んで，下記の設問に答えよ。

　なお，民法については「民法の一部を改正する法律」（平成29年法律第44号）により改正された民法が，商法については「民法の一部を改正する法律の施行に伴う関係法律の整備等に関する法律」（平成29年法律第45号）により改正された商法がそれぞれ適用されるものとし，附則に定める経過措置及び特約は考慮しないものとする。

甲　　氏：「弊社は，卸売業者であるY社から，1,000本の腕時計を仕入れたのですが，昨日納品された腕時計の中に，秒針が動かないものがありました。弊社は，秒針が動かない腕時計について，新しい腕時計をY社に納品し直して欲しいと思っているのですが，そのようなことは可能でしょうか。」

あなた：「はい，可能です。ただし，　A　。」

甲　　氏：「ありがとうございます。念のため確認しますが，大丈夫だと思います。」

（数日後）

甲　　氏：「先日おっしゃっていた件，確認した上で問題ありませんでしたので，Y社に秒針が動かない腕時計について，新しい腕時計を納品し直して欲しいと申し入れたところ，Y社からは，修理させて欲しいという申し出がありました。そもそもこのようなことは可能なのでしょうか。」

あなた：「はい，可能です。ただし，　B　。」

甲　　氏：「なるほど，よく分かりました。」

（10か月後）

甲　　氏：「10か月ほど前に相談させていただいた卸売業者であるY社から納品された腕時計の件で，先週，10か月前に納品された腕時計の一部に別の不良が見つかりました。店頭で販売した腕時計について，購入者の方から，全く動かなくなるというクレームがありまして，Y社に対して，何らかの請求はできませんでしょうか。」

あなた：「　C　ですので，商法第526条が直接適用されて，買主である御社に目的物の検査及び通知義務が課されます。そのため，腕時計が動かなくなるという不良が直ちに発見できないものだったとした場合，　D　。
　　　　　いずれにせよ，今後は契約書を専門家に見てもらった方がいいと思いますので，よろしければ私の知り合いの弁護士を紹介しますよ。」

甲　　氏：「ありがとうございます。よろしくお願いします。」

（設問1）

会話の中の空欄AとBに入る記述の組み合わせとして，最も適切なものはどれか。

ア　A：秒針が動かないことが買主である御社の責めに帰すべき事由によるもの
である場合は，できません
B：修理という方法が買主である御社に不相当な負担を課するものである場
合は，できません

イ　A：秒針が動かないことが買主である御社の責めに帰すべき事由によるもの
である場合は，できません
B：秒針が動かないことが売主であるY社の責めに帰すべき事由によるも
のである場合は，できません

ウ　A：秒針が動かないことが買主である御社の故意又は重過失によるものであ
る場合は，できません。しかし，御社の軽過失によるものである場合は，
できます
B：修理という方法が買主である御社に不相当な負担を課するものである場
合は，できません

エ　A：秒針が動かないことが買主である御社の故意又は重過失によるものであ
る場合は，できません。しかし，御社の軽過失によるものである場合は，
できます
B：秒針が動かないことが売主であるY社の責めに帰すべき事由によるも
のである場合は，できません

解答	ア

■解説

　売買契約について，民法に定められた契約不適合責任について問われている。改正民法の重要な変更点の1つであり，正確に理解しておきたい論点である。

　改正民法では，従来の「瑕疵担保責任」に代わって「契約不適合責任」が定められ，売主の責任は，「隠れた瑕疵」ではなく，契約において定めた品質を伴っていなかったり数量が不足したりといった，契約の内容に適合しないことについての責任として位置付けられた。

　民法は，「引き渡された目的物が種類，品質又は数量に関して契約の内容に適合しないものであるときは，買主は，売主に対し，目的物の修補，代替物の引渡し又は不足分の引渡しによる履行の追完を請求することができる。」と定める（民法562条1項本文）。本問の場合，買主であるX社が売主であるY社から仕入れた1,000本の腕時計の中に秒針が動かないものがあったことは，「引き渡された目的物」の「品質」に不適合があったと考えられる。そのため，X社はY社に対し，代替物の引渡による履行の追完を請求できるはずである。

　ただし，民法は「前項（民法562条1項）の不適合が買主の責めに帰すべき事由によるものであるときは，買主は，同項の規定による履行の追完の請求をすることができない。」とする（民法562条2項）。したがって，空欄Aには「秒針が動かないことが買主である御社の責めに帰すべき事由によるものである場合は，できません」が入る。

　また，民法は「売主は，買主に不相当な負担を課するものでないときは，買主が請求した方法と異なる方法による履行の追完をすることができる。」と定める（民法562条1項ただし書き）。つまり，Y社はX社の追完請求に対し，それがX社に不相当な負担を課すものであれば，修理（目的物の修補）という別の方法によって履行の追完をすることはできない。したがって，空欄Bには「修理という方法が買主である御社に不相当な負担を課するものである場合は，できません」が入る。

　よって，アが正解である。

	ランク	1回目	2回目	3回目
契約の解除	A	／	／	／

■令和3年度　第19問

　民法の定める解除に関する記述として，最も適切なものはどれか。

　なお，「民法の一部を改正する法律」（平成29年法律第44号）により改正された民法が適用されるものとし，附則に定める経過措置及び特約は考慮しないものとする。

　　ア　契約の性質により，特定の日時に履行しなければ契約をした目的を達することができない場合において，債務者が履行をしないでその時期を経過したときでも，催告をしなければ，契約の解除は認められない。

　　イ　債権者が履行を催告した時における不履行の程度が軽微といえないのであれば，その後催告期間中に債務者が債務の一部を履行したため，催告期間が経過した時になお残る不履行が軽微である場合でも，契約の解除は認められる。

　　ウ　債務の不履行が債権者のみの責めに帰すべき事由によるものであるときは，債権者は，相当の期間を定めてその履行を催告したとしても，契約の解除は認められない。

　　エ　債務の不履行につき，債務者と債権者のいずれにも帰責事由がないときは，債務の全部の履行が不能である場合でも，債権者による契約の解除は認められない。

解答	ウ

■解説

　民法の契約解除に関する規定が問われている。改正民法では，債務不履行を理由として契約を解除するために相手方の帰責性が不要とされるなど，大きな変更があったので，過去に一度学習した方も改めて確認されたい。

　ア：不適切である。本肢のように「契約の性質により，特定の日時に履行しなければ契約をした目的を達することができない場合」を，一般に「定期行為」という。定期行為の例として，クリスマスケーキの売買，年賀状の印刷，結婚式のためのウエディングドレスの製作などがある。民法は，このような定期行為について，「契約の性質又は当事者の意思表示により，特定の日時又は一定の期間内に履行をしなければ契約をした目的を達することができない場合において，債務者が履行をしないでその時期を経過したとき」は，催促をすることなく，直ちに当該契約を解除できるとする（民法542条1項4号）。

　イ：不適切である。民法は，「当事者の一方がその債務を履行しない場合において，相手方が相当の期間を定めてその履行の催告をし，その期間内に履行がないときは，相手方は，契約の解除をすることができる。ただし，その期間を経過した時における債務の不履行がその契約及び取引上の社会通念に照らして軽微であるときは，この限りでない。」と定める（民法541条）。この「軽微である」かどうかの判断は，債権者が催告して相当期間が経過した時点を基準としてなされる。債権者が履行を催告した時における不履行の程度が軽微とは言えず，その後催告期間中に債務者が債務の一部を履行したため，催告期間が経過した時になお残る不履行が軽微である場合は，契約の解除が認められない。

　ウ：適切である。民法は，「債務の不履行が債権者の責めに帰すべき事由によるものであるときは，債権者は，契約の解除をすることができない。」と定める（民法543条）。債権者の帰責事由により債務が不履行となった場合に，債権者に契約解除を認めることは不公平だからである。

　エ：不適切である。民法は，債務の全部の履行が不能であるときは，債権者は催告をすることなく，直ちに契約の解除をすることができるとする。（民法542条1項1号）。改正民法では，解除を純粋に「契約の拘束力から当事者を解放する手段」と捉え，債務不履行に基づく損害賠償とは別の制度と位置付ける。そのため，債務者に帰責事由があるか否かは，債権者による解除の可否には影響しない。

　よって，ウが正解である。

	ランク	1回目	2回目	3回目
時効制度	A	／	／	／

■**令和4年度　第18問**

　時効に関する記述として，最も適切なものはどれか。なお，別段の意思表示はないものとする。

　　ア　共同相続人に対する相続回復の請求権は，時効の完成猶予や更新がなければ，相続人又はその法定代理人が相続権を侵害された事実を知った時から3年間行使しないときは，時効によって消滅する。

　　イ　時効期間を延長する特約も，短縮する特約も，有効である。

　　ウ　人の身体の侵害による損害賠償請求権は，時効の完成猶予や更新がなければ，権利を行使することができる時から10年間行使しないときは，時効によって消滅する。

　　エ　人の身体を害する不法行為による損害賠償請求権は，時効の完成猶予や更新がなければ，被害者又はその法定代理人が損害及び加害者を知った時から5年間行使しないときは，時効によって消滅する。

解答	エ

■解説

　民法から時効制度について問われている。明文の規定がない細かい論点を含んでおり，やや難問である。

- ア：不適切である。共同相続人に対する相続回復の請求権は，相続人又はその法定代理人が<u>相続権を侵害された事実を知った時から5年間</u>行使しないときは，時効によって消滅する。<u>相続開始の時から20年</u>を経過したときも，同様である（民法884条）。

- イ：不適切である。時効の利益は，あらかじめ放棄することができない（民法146条）。時効期間の延長（例：5年の消滅時効期間を特約で10年にする）は，明文の規定はないが，原則として無効とする説が多い。その理由は，①永続した事実状態の尊重という時効制度の趣旨を害することと，②債権者が債務者の窮状に乗じて時効期間を延長させ，時効の利益をあらかじめ法規させるのと同様の結果をもたらすことである。一方，時効期間の短縮については，上記の時効期間を延長する場合のような弊害がないことから，一般に有効と解されている。

- ウ：不適切である。人の生命又は身体の侵害による損害賠償請求権は，債権者が<u>権利を行使することができることを知った時から5年間</u>，あるいは<u>権利を行使することができる時から20年間</u>行使しないときは，時効によって消滅する（民法166条1項，167条）。

- エ：適切である。人の生命又は身体を害する不法行為による損害賠償請求権は，被害者又はその法定代理人が<u>損害及び加害者を知った時から5年間</u>行使しないとき，あるいは<u>不法行為の時から20年間</u>行使しないときは，時効によって消滅する（民法724条，724条の2）。

　よって，エが正解である。

	ランク	1回目		2回目		3回目	
共有	B	/		/		/	

■令和5年度　第20問

　共有に関する記述として，最も適切なものはどれか。なお，別段の意思表示はないものとする。

　　ア　意匠権の各共有者は，その登録意匠をその持分に応じて実施をすることができる。

　　イ　商標権の各共有者は，他の共有者の同意を得なくてもその持分を譲渡することができる。

　　ウ　著作権の各共有者は，自ら複製等の著作権の利用をする場合でも，他の共有者全員の同意が必要である。

　　エ　不動産の各共有者は，共有物の全部について，自己の持分に関係なく使用をすることができる。

解答	ウ

■**解説**

知的財産権と不動産の共有について問われている。

知的財産権に関する選択肢ア～ウは，同年度に出題された特許権の共有（令和5年度第11問，第4章第1節参照）と合わせて学習しておいてほしい。

ア：不適切である。意匠法36条が準用する特許法の規定によると，特許権が共有に係るときは，各共有者は，契約で別段の定めをした場合を除き，他の共有者の同意を得ないでその特許発明の実施をすることができる（特許法73条2項）。この規定の解釈については学説に争いがあるが，多数説は，各共有者は持分にかかわらず無償かつ自由に特許発明を実施可能であるとする。

イ：不適切である。商標法31条6項・35条が準用する特許法の規定によると，特許権が共有に係るときは，各共有者は，他の共有者の同意を得なければ，その持分を譲渡し，又はその持分を目的として質権を設定することができない（特許法73条1項）。したがって，商標権の各共有者は，他の共有者の同意を得なければその持分を譲渡することができない。

ウ：適切である。共有著作権は，その共有者全員の合意によらなければ，行使することができない（著作権法65条2項）。自ら複製等の著作権の利用をする場合でも，他の共有者全員の合意が必要である。厳密には同意ではなく「合意」が正しいが，他の選択肢と比較して最も適切といえる。

　　なお，各共有者は，正当な理由がない限り，その合意の成立を妨げることができないとされる（同条3項）。

エ：不適切である。不動産の各共有者は，共有物の全部について，その持分に応じた使用をすることができる（民法249条1項）。本肢の「自己の持分に関係なく」という記述は誤りである。

　　なお，共有物を使用する共有者は，別段の合意がある場合を除き，他の共有者に対し，自己の持分を超える使用の対価を償還する義務を負う（同条2項）。また，共有者は，善良な管理者の注意をもって，共有物の使用をしなければならない（同条3項）。

よって，ウが正解である。

2. 相続法

▶▶ 出題項目のポイント

　民法では，親族法と相続法をそれぞれ 1 つの編としている。このうち，試験範囲に含まれるのは，相続法のみである。

　相続とは，ある人（被相続人）が死亡した場合，一身専属的なものを除く財産上の権利義務が，親族（6 親等内の血族・配偶者・3 親等内の姻族）に承継されることをいう。配偶者は常に相続人となるが，その他には順位があり，第 1 順位は直系卑属（子，孫など），第 2 順位は直系尊属（父母，祖父母など），第 3 順位は兄弟姉妹である。上位の相続順位の人がいる場合は，下位の人には相続権がない。

　各相続人が被相続人の財産をどのような割合で相続するかを，相続分といい，被相続人は遺言で相続分を指定できるが，指定がなければ法定相続分による（下表，民法900 条）。

法定相続分

相続人	相続分
直系卑属と配偶者の場合	直系卑属 1／2，配偶者 1／2
直系尊属と配偶者の場合	直系尊属 1／3，配偶者 2／3
兄弟姉妹と配偶者の場合	兄弟姉妹 1／4，配偶者 3／4
配偶者のみ	配偶者がすべて

　また，相続人は，一定期間内に相続財産に対する意思決定を行いうる。この意思決定には，単純承認（被相続人の権利義務を全面的に承継），相続放棄（相続をすべて拒絶），限定承認（相続により承継した財産の限度で被相続人の債務を弁済することを留保し，権利義務を承継）の 3 種類がある。相続放棄と限定承認は，相続人が自己のために相続の開始があったことを知った時から 3 か月以内に，家庭裁判所に対して行う。この期間が経過すると，単純承認をしたものとみなされる。

　被相続人が遺言により，法定相続分と異なる相続分を指定した場合，法定相続人には遺留分が認められる。遺留分は全体として，直系尊属のみが相続人であるときは被相続人の財産の 1/3，その他の場合は被相続人の財産の 1/2 となる。兄弟姉妹に遺留分はない（民法 1042 条）。

▶▶ 出題の傾向と勉強の方向性

　相続法は，過去にはまったく出題されなかったが，事業承継が中小企業の課題となっていることから，ほぼ毎年出題されるようになった。

　民法に関する知識（法定相続分，遺留分等）は，繰り返し出題されるなかで年々難易度が上がっている。さらに特別法である「経営承継円滑化法」についても，高難易度の問題が出題されている。試験対策としては，ランクＢまでの過去問に含まれる事項を確実に押さえておいてほしい。

　なお，民法については平成30年改正（配偶者居住権の創設，遺言制度の見直し，遺留分制度の見直し等），令和3年改正（遺産分割を促進する仕組みの創設等，相続制度の見直し），令和4年改正（嫡出推定制度の見直し等），経営承継円滑化法については平成30年度税制改正（事業承継税制の特例措置等），令和元年度税制改正（個人事業主の事業承継税制創設等）といった大きな変更があったので，それらの骨子を確実に理解しておきたい。

■取組状況チェックリスト

2. 相続法							
相続法							
問題番号	ランク	1回目		2回目		3回目	
平成26年度 第1問	A	／		／		／	
平成27年度 第5問	A	／		／		／	
平成28年度 第4問	A	／		／		／	
平成29年度 第5問	C*	／		／		／	
平成30年度 第3問	B	／		／		／	
平成30年度 第20問	A	／		／		／	
令和元年度 第4問	B	／		／		／	
令和元年度 第21問	A	／		／		／	
令和2年度 第4問	B	／		／		／	
令和3年度 第7問	A	／		／		／	
令和4年度 第21問	A	／		／		／	
令和4年度 第22問	B	／		／		／	
令和5年度 第17問	A	／		／		／	

（注）平成27年度第17問（遺留分減殺請求とその効果）は，民法改正により問題が成立しなくなったので，掲載していない。

＊ランクＣの問題と解説は，「過去問完全マスター」のHP（URL：https://jissen-c.jp/）よりダウンロードできます。

遺産の帰属と 法定相続分	ランク	1回目	2回目	3回目
	A	/	/	/

■平成 26 年度　第 1 問

　X 株式会社（以下「X 社」という。）の発行済株式総数は，30 万株であり，そのすべてを A が保有していた。その後，A は死亡し，B・C・D・E の 4 名のみが相続人として A の財産を相続した。B は，A の配偶者である。C 及び D は，A と B との間で出生した子である。E は，A と A と婚姻関係を有したことがない F との間で出生した子であり，A は E を認知している（下図参照）。

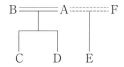

　この場合，X 社の株式の権利関係に関する記述として最も適切なものはどれか。

　なお，遺言はなく，遺産分割協議も整っておらず，相続人はいずれも廃除されていないものとし，寄与分及び特別受益についても考慮しないものとする。

ア　B，C，D 及び E が 30 万株を共有し，B の共有持分が 2 分の 1，C，D 及び E の 3 名の共有持分がそれぞれ 6 分の 1 となる。

イ　B，C，D 及び E が 30 万株を共有し，B の共有持分が 2 分の 1，C 及び D の 2 名の共有持分がそれぞれ 5 分の 1，E の共有持分が 10 分の 1 となる。

ウ　B が 15 万株を，C，D 及び E がそれぞれ 5 万株を保有する株主となる。

エ　B が 15 万株を，C 及び D がそれぞれ 6 万株を，E が 3 万株を保有する株主となる。

解答	ア

■解説

　株式の相続を例にとり，民法の相続法に関する知識を問う問題である。本問で必要な知識は，以下の2つである。

(1) 遺産の共有と遺産分割協議

　　　相続人が数人あるときは，相続財産は相続人の共有となる（民法898条）。この共有は暫定的な状態であり，相続人全員の話し合い（遺産分割協議）により，誰が何について権利を取得するかを決める（民法907条1項）。話し合いの結果を書面にまとめたものを「遺産分割協議書」という。

　　　なお，予備知識として，①相続人の一部を除外してなされた遺産分割協議は無効なこと，②相続人間に協議が調わない場合または協議をすることができない場合，家庭裁判所に申し立てて遺産分割を進められること（民法907条2項），③相続による不動産の所有権移転登記をする際などには添付書類として遺産分割協議書が必要なこと，を押さえておきたい。

(2) 法定相続分

　　　法定相続分とは，遺言による相続分の指定がない場合に適用される，各相続人が譲り受けることのできる遺産の割合をいい，下表のとおりである（民法900条）。

子と配偶者の場合	子1／2，配偶者1／2
直系尊属と配偶者の場合	直系尊属1／3，配偶者2／3
兄弟姉妹と配偶者の場合	兄弟姉妹1／4，配偶者3／4
配偶者のみ	配偶者がすべて

　　　本問では，C・Dは嫡出子，Eは非嫡出子である。以前は非嫡出子の相続分は嫡出子の2分の1とされていたが，平成25年9月の最高裁判決を受けて同年12月に民法が改正され，同年9月5日以降に開始した相続については，嫡出子と非嫡出子で相続分に違いはない。問題文には相続開始日の記載はないが，あえてこの論点を出題したことから，改正法が適用されると仮定する。

　以上を本問にあてはめると，問題文に「遺言はなく，遺産分割協議も整っておらず」とあることから，①遺産はまだ共有状態にあること，②法定相続分に従い，Aの配偶者Bが2分の1，3人の子C・D・Eが残り2分の1を3等分した6分の1ずつの共有持分を有すること，の2つがわかる。よって，アが正解である。

	ランク	1回目		2回目		3回目	
経営承継円滑化法	A	／		／		／	

■平成 27 年度　第 5 問

　中小企業における経営の承継の円滑化に関する法律に定められた遺留分に関する民法の特例に関する記述として，最も適切なものはどれか。

ア　後継者が旧代表者から贈与により取得した財産のうち，一部を除外合意の対象とし，残りの一部を固定合意の対象とすることができる。

イ　除外合意や固定合意の効力を生じさせるためには，経済産業大臣の許可を受ける必要がある。

ウ　除外合意や固定合意の効力を生じさせるためには，後継者以外の旧代表者の推定相続人も家庭裁判所の許可を受ける必要がある。

エ　除外合意や固定合意の対象となる株式を除いた後継者が所有する株式に係る議決権の数が総株主の議決権の 50％を超える場合であっても，除外合意や固定合意をすることができる。

解答	ア

■解説

　中小企業における経営の承継の円滑化に関する法律（以下，「経営承継円滑化法」という）が定める，遺留分に係る民法の特例に関する問題である。

　遺留分（民法1042条）とは，被相続人の遺言の内容にかかわらず，近親者が得ることのできる最小限度の遺産である。遺留分の制度は，後継者への自社株式及び事業用資産の集中を妨げ，中小企業の事業承継を阻害することがある。そこで，経営承継円滑化法は，所定の手続（遺留分権利者全員との合意，経済産業大臣の確認，および家庭裁判所の許可）を経た場合，以下の遺留分に係る特例を認める。

①除外合意

　　贈与株式等を遺留分算定基礎財産から除外できる。これにより，自社株式の相続による散逸を防止することができる。

②固定合意

　　贈与株式等の評価額をあらかじめ固定できる。これにより，後継者が企業価値を高めた分を他の相続人に渡す心配がなくなる。

　ア：適切である。後継者が取得した株式等に関する遺留分の算定に係る合意を例に取ると，除外合意，固定合意のいずれについても「全部又は一部」と規定されている（経営承継円滑化法4条）。このため，取得財産の一部を除外合意の対象とし，残りの一部を固定合意の対象とすることが認められる。

　イ：不適切である。上述のとおり，除外合意や固定合意の効力を生じさせるためには，経済産業大臣の「確認」を受ける必要がある（同法7条）。

　ウ：不適切である。家庭裁判所の許可（同法8条1項）は，経済産業大臣の確認を受けた後継者が受けるとされている。後継者以外の旧代表者の推定相続人が受けるのではない。

　エ：不適切である。除外合意や固定合意の対象となる株式を除いた後継者が所有する株式に係る議決権の数が，総株主の議決権の50％を超える場合，除外合意や固定合意はできない（同法4条1項ただし書き）。これは，合意対象となる株式等を除いても後継者が当該会社の議決権の過半数を確保できる場合にまで，除外合意又は固定合意を認める必要がないからである。

　よって，アが正解である。

	ランク	1回目	2回目	3回目
経営承継円滑化法	A	／	／	／

■平成 28 年度　第 4 問

　X株式会社（以下「X社」という。）は，中小企業における経営の承継の円滑化に関する法律に定める特例中小企業者である。

　以下の事実関係の下で，平成 29 年 4 月の時点で，CがAから生前贈与を受けたX社の発行済株式の全てについて除外合意が有効に成立していた場合と固定合意が有効に成立していた場合におけるDに係る遺留分侵害額の組み合わせとして，最も適切なものを下記の解答群から選べ。

　なお，平成 28 年 8 月以降，X社の発行済株式総数は，2,400 株のまま変化しておらず，Aの家族構成にも変わりなく，A以外に亡くなった者はおらず，廃除された相続人もいない。また，下記以外に，寄与分及び特別受益は存在せず，Aが保有している財産はない。

平成 28 年 8 月　　　Aは，X社の代表取締役社長を務め，X社の発行済株式の全て（2,400 株）を保有していた。Aの家族構成は，図 1 のとおりであった。Aの家族のうち，X社の経営に興味があったのがCのみであったことから，Aの家族の間では，CがAの後継者としてX社の経営を引き継ぐことは共通認識であり，Cは，X社の代表取締役専務として，X社の業務に従事しており，他方，B，D，E及びFは，X社の経営にも業務にも関与していなかった。

平成 29 年 4 月　　　Aは，引退を決意し，保有するX社の発行済株式の全てをCに生前贈与し，代表取締役を退任し，CがX社の代表取締役社長に就任した。同月時点におけるAが保有する財産及びその金額は，図 2 のとおりであった。

平成 29 年 4 月以降　Cは，社長就任後，社業に邁進し，そのおかげもあって，X社は，業績を順調に伸ばし，企業価値を向上させた。

平成 33 年 8 月　　　　Aは死亡した。この時までにX社の1株当たりの株式の価値は，20万円に上昇し，その他の財産（自宅不動産及び預貯金）の金額は，平成29年4月時点から変わりはなかった。Aは，図3のとおりに財産を相続させることを内容とする有効な遺言書を残していた。

図1　Aの家族関係

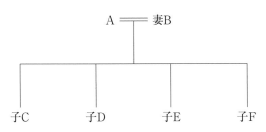

図2　平成29年4月時点でAが保有していた財産

財産	金額
X社株式 2,400 株（1 株 10 万円）	2 億 4,000 万円
自宅不動産	8,000 万円
預貯金	6,000 万円
負債	なし

図3　Aの遺言の内容

相続人	相続する財産
B	自宅不動産 8,000 万円
D	預貯金 2,000 万円
E	預貯金 2,000 万円
F	預貯金 2,000 万円

〔解答群〕

ア　除外合意：　　　0 円　　固定合意：　375 万円

イ　除外合意：　　　0 円　　固定合意：1,875 万円

ウ　除外合意：875 万円　　固定合意：　375 万円

エ　除外合意：875 万円　　固定合意：1,875 万円

解答	ア

■**解説**

　法定相続分，遺留分，経営承継円滑化法の除外合意・固定合意に関する知識を前提に，具体的なケースで遺留分侵害額を計算させる問題である。

・法定相続分

　　相続人が配偶者と子のため，配偶者Ｂが1/2，子全員の計で1/2（ＣＤＥＦそれぞれ1/8）である。

・遺留分

　　相続人が配偶者と子の場合，相続人全員の合計で1/2である（民法1042条）。つまり，配偶者Ｂは法定相続分1/2×遺留分割合1/2＝1/4，子ＣＤＥＦはそれぞれ法定相続分1/8×遺留分割合1/2＝1/16の遺留分が認められる。

・経営承継円滑化法の除外合意と固定合意

　　後継者への株式集中促進のため，現経営者の推定相続人全員の合意の上で現経営者から後継者に贈与等された自社株式について，遺留分特例を認める。

　①　除外合意が成立していた場合

　　　贈与株式等を遺留分算定基礎財産から除外できる。これにより，自社株式の相続による散逸を防止できる。本問の場合，遺留分算定の基礎となる相続財産は，自宅不動産8,000万円＋預貯金6,000万円＝1億4,000万円，Ｄの遺留分はその1/16の875万円である。Ａの遺言では，Ｄには預貯金2,000万円を相続させるとあり，遺留分侵害はない。

　②　固定合意が成立していた場合

　　　贈与株式等の評価を合意時の評価額で固定できる。これにより，後継者の努力で企業価値を高めた分を他の相続人に渡さずに自社に残すことができる。本問の場合，遺留分算定の基礎となる相続財産は，株式2億4,000万円（平成29年4月時点の評価額による）＋自宅不動産8,000万円＋預貯金6,000万円＝3億8,000万円，Ｄの遺留分はその1/16の2,375万円である。Ａの遺言では，Ｄには預貯金2,000万円を相続させるとあり，375万円の遺留分侵害となる。

　よって，アが正解である。

株式の相続と議決権	ランク	1回目	2回目	3回目
	B	／	／	／

■平成30年度　第3問

　Aは，X株式会社（以下「X社」という。）が発行する普通株式4万株（以下「本件株式」という。）を保有する株主であった。その後，Aは死亡し，B，C，Dの3名のみが相続人としてAの財産を相続した。Bは，Aの配偶者である。C及びDは，Aの子である（下図参照）。

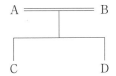

　この場合，本件株式に係る権利行使及び通知に関する記述として，最も適切なものはどれか。

　なお，遺言はなく，遺産分割協議も整っておらず，相続人はいずれも廃除されていないものとし，寄与分及び特別受益についても考慮しないものとする。

　　ア　Bは，C及びDが反対していても，自らを本件株式についての権利を行使する者として指定し，自らの氏名をX社に通知した上で，X社の同意を得た場合，株主総会において，本件株式について議決権を行使することができる。

　　イ　Cは，その指定に参加する機会をDに与えた上で，Bの同意を得て，自らを本件株式についての権利を行使する者として指定し，自らの氏名をX社に通知した場合，本件株式について議決権を行使することができる。

　　ウ　Cは，自らを本件株式のうち1万株についての権利を行使する者として指定し，それをBとDに通知した上で，X社の同意を得た場合，X社の株主総会において，その1万株について単独で議決権を行使することができる。

　　エ　X社は，B，C，Dのいずれからも通知又は催告を受領する者の通知を受けていない場合において，株主総会を開催するときは，B，C，Dの3名全員に招集通知を発しなければならない。

解答	イ

■**解説**

株式に相続が生じた場合の議決権行使について問われている。

ア：不適切である。遺産分割協議がなされるまでの間，会社としては誰を株主として扱えばよいのか判断に困る。そこで，株式に相続が生じて遺産分割協議がなされるまでの間，相続人が議決権を行使するには，相続人間において権利行使者1人を定め，会社に通知する必要があるとされる（会社法106条）。この権利行使者は，持分価格の過半数で決する。配偶者Bの法定相続分は2分の1であり，過半数には達しないため，単独で自らを権利行使者にはできない。

イ：適切である。アの解説を参照。仮にDが反対したとしても，Bの同意を得れば法定相続分の過半数の賛成が得られたことになり，Cは自らを権利行使者にできる。

ウ：不適切である。株式に相続が生じた場合，遺産分割がなされるまでは共同相続人が株式を準共有する状態となる。相続人が直ちに法定相続分の割合で株主としての権利を行使できるようになるわけではない。

エ：不適切である。ある株主が死亡した後に株主総会の召集通知を発する場合，相続人から何の連絡もなければ，会社は相続人のうち1名に対して通知すれば足りる（会社法126条4項）。

よって，イが正解である。

	ランク	1回目		2回目		3回目	
法定相続分	A	/		/		/	

■平成 30 年度　第 20 問

　被相続人Xが死亡し，相続が生じた。EはXの配偶者である。CはBの後妻であり，X，F，H及びJはB及びCの子である。AはBの前妻であり，DはA及びBの子である。GはFの配偶者であり，LはF及びGの子である。MはLの配偶者であり，OはL及びMの子である。IはHの配偶者であり，NはH及びIの子である。KはJの配偶者であり，JとKとの間には胎児Pがいる。B，C，F，J及びLはX死亡以前に死亡していた（下図参照）。

　HはXの相続について相続放棄をしたが，それ以外の相続人は承認した。

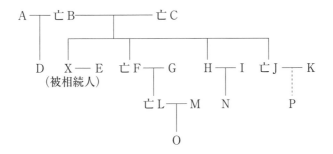

　この場合，Xの相続財産について，それぞれの相続人が相続する割合として，最も適切なものはどれか。

　なお，遺言はなく，遺産分割協議も整っておらず，相続人はいずれも廃除されていないものとし，寄与分及び特別受益についても考慮しないものとする。

　　ア　Dが20分の1，Eが4分の3，Oが10分の1，Pが10分の1を相続する。

　　イ　Dが20分の1，Eが4分の3，Nが10分の1，Pが10分の1を相続する。

　　ウ　Dが12分の1，Eが4分の3，Pが6分の1を相続する。

　　エ　Dが8分の1，Eが4分の3，Pが8分の1を相続する。

解答	ウ

■**解説**

　民法（相続法）から，法定相続分が問われている。過年度の類題と比較して，より細かな知識まで必要とされている。

　本問における法定相続人は，被相続人Xの配偶者Eと兄弟姉妹であるから，配偶者Eが相続財産の4分の3を，兄弟姉妹の合計で相続財産の4分の1を相続する（民法900条3号）。

　次に，兄弟姉妹について個別に見ていくと，

・D：父母の一方のみを同じくする兄弟姉妹にあたるため，相続分は父母の双方を同じくする兄弟姉妹の相続分の2分の1となる（民法900条4号）。

・O：兄弟姉妹Fの孫にあたるが，兄弟姉妹が相続人となる場合，代襲相続できるのはその子までであるため（民法901条2項），相続分はない。

・H：相続放棄しているので相続分はない。その子Nも同様である。

・P：Xの兄弟姉妹であるJの子であるため，代襲相続する（901条2項）。なお，Pは胎児であるが，相続については既に生まれたものとみなされる（民法886条1項）。

　以上より，配偶者Eが4分の3，兄弟姉妹の合計4分の1をDとPが1対2の割合で分け合うことから，Dが12分の1，Pが6分の1という相続割合となる。

　よって，ウが正解である。

特別受益と寄与分	ランク	1 回目	2 回目	3 回目
	B	/	/	/

■令和元年度 第 4 問

A は，X 株式会社の代表取締役であったが，昨年（2018 年）12 月 30 日に死亡した。A には配偶者 B，嫡出子 C，D，E がいる（下図参照）。

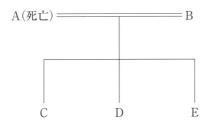

A の遺産の額は 1 億 4,000 万円であり，配偶者 B には特別受益として 400 万円の生前贈与，子 E には特別受益として 200 万円の生前贈与があり，子 D には寄与分が 500 万円あった。この場合の相続分（取得額）に関する記述として，最も適切なものはどれか。

なお，相続人の中で，相続欠格者，相続廃除者，相続放棄者はおらず，また，遺産分割協議は成立していない。

ア　B の相続分（取得額）は 6,650 万円となる。

イ　C の相続分（取得額）は 3,500 万円となる。

ウ　D の相続分（取得額）は 2,350 万円となる。

エ　E の相続分（取得額）は 2,550 万円となる。

解答	ア

■**解説**

　相続が発生した際の相続分（取得額）の算定が求められている。過年度の類題と比較して，細かい知識が加わり，難易度が高くなっている。

　法定相続分以外に本問で必要な知識は，以下の２つである。

（1）　特別受益

　　　被相続人の生前に贈与を受けた相続人と受けていない相続人とがいる場合に，相続人間の公平を図るための制度である。特別受益がある場合の相続分の計算方法は以下のとおりである。なお，法定相続分を超える特別受益がある場合はさらに計算方法が複雑になるが，ここでは割愛する。

特別受益を受けていない相続人	相続分＝（相続財産＋贈与額）×法定相続分
特別受益を受けた相続人	相続分＝（相続財産＋贈与額）×法定相続分－贈与額

（2）　寄与分

　　　寄与分とは，被相続人の生前に，その財産の維持や増加の影響について特別の寄与（例：「被相続人の営む事業を手伝った」，「被相続人の看病に精を出した」等）をした相続人がいる場合，相続人間の公平を図るための制度である。寄与分がある場合，被相続人が相続開始の時において有した財産の価額からその者の寄与分（共同相続人の協議で定める）を控除したものを相続財産とみなし，法定相続分に寄与分を加えた額をもってその者の相続分とする。

　以上を本問にあてはめると，Ｂが受けていた400万円の生前贈与とＥが受けていた200万円の生前贈与が加わり，Ｄの寄与分500万円が控除されて，相続財産は１億4,000万円＋（400万円＋200万円）－500万円＝１億4,100万円となる。Ａが相続開始時において有した財産（１億4,000万円）は，以下のように分配される。

　・Ｂの相続分　１億4,100万円×1/2－400万円＝6,650万円

　・Ｃの相続分　１億4,100万円×1/6＝2,350万円

　・Ｄの相続分　１億4,100万円×1/6＋500万円＝2,850万円

　・Ｅの相続分　１億4,100万円×1/6－200万円＝2,150万円

　よって，アが正解である。

遺言	ランク	1回目	2回目	3回目
	A	／	／	／

■**令和元年度　第 21 問**

遺言に関する記述として，最も適切なものはどれか。

ア　遺言者が，遺言において，「この遺言を撤回しない」と意思表示しても，遺言者は，いつでも，遺言の方式に従って，その遺言を撤回することができる。

イ　遺言は，20 歳に達しなければできない。

ウ　検認を経ないで，家庭裁判所外において開封された自筆証書遺言は，検認を経なかったことをもって無効となる。

エ　自筆証書によって遺言をする場合，日付及び氏名を自署し，これに印を押せば，全文はパソコンで作成することができる。

解答	ア

■**解説**

　民法（相続法）から，遺言について問われている。エでは，平成30年改正法（2019年1月施行）の知識が必要とされている。

　ア：適切である。遺言とは，遺言者の最終的な意思を反映させるものである。仮に遺言は絶対撤回しないと宣言していても，遺言を撤回しない旨の意思表示は無効なので，撤回することができる（民法1026条）。

　イ：不適切である。遺言は，満15歳に達していればできる（民法961条）。

　ウ：不適切である。公正証書による場合を除き，遺言書は家庭裁判所において，相続人全員の立会いの下で開封（検認）することが必要とされ（民法1004条），違反者には5万円以下の過料が科される（民法1005条）。ただし，検認を受ける前に開封したことをもって，遺言が無効になるわけではない。

　エ：不適切である。従来，自筆遺言証書を作成する場合は，財産目録を含めて全文を自書する必要があった。平成30年改正法では，遺言書に自書によらない財産目録（パソコンで作成したものや通帳のコピー。ただし，署名押印が必要）の添付を認めた。しかし，遺言の内容や日付等は，法改正以前と同様，自筆で書く必要がある。全文をパソコンで作成してよいわけではない。

　よって，アが正解である。

	ランク	1回目	2回目	3回目
限定承認	B	／	／	／

■令和2年度　第4問

民法においては，相続によって得た財産の限度においてのみ被相続人の債務及び遺贈を弁済すべきことを留保して，相続の承認をする「限定承認」が定められている。

この限定承認に関する記述として，最も適切なものはどれか。

なお，本問においては，法定単純承認事由は発生しておらず，また，相続放棄者，相続廃除者，相続欠格者はおらず，遺産分割協議は成立していないものとする。

ア 限定承認者は，限定承認に関する公告期間の満了前であっても，主要な相続債権者及び遺贈者に対しては一切弁済を拒むことはできず，これらの者から請求があれば，相続財産を超える部分についても，その全額を弁済しなければならない。

イ 限定承認者は，限定承認をしたあと1年以内であれば，その理由を問わず，撤回することができる。

ウ 限定承認は，家庭裁判所において伸長がなされない限り，自己のために相続の開始があったことを知った時から3か月以内にしなければならない。

エ 限定承認は，相続人が数人あるときであっても，共同相続人のうち一人が単独で行わなければならず，共同相続人の全員が共同して行うことはできない。

解答	ウ

■解説

　民法（相続法）から，限定承認について問われている。各肢の正誤を判定するには細かい知識まで必要とされるが，一番基本的なウさえ知っていれば正解することはできる。

　限定承認とは，相続人が，相続によって得た財産の限度においてのみ被相続人の債務及び遺贈を弁済すべきことを留保して，相続の承認をすることをいう（民法 922 条）。債務超過が明らかな場合には「相続放棄」が用いられることが多いが，債務超過の可能性があるという程度であれば，精算してみて積極財産が多ければ相続人が残余財産を取得できる可能性があり，相続人に有利であることから，「限定承認」が用いられることが多い。

　　ア：不適切である。限定承認者は，2 か月以上の期間を定めて，すべての相続債権者及び遺贈者に対し，限定承認をしたこと及びその期間内に請求の申出をすべき旨を公告しなければならない（民法 927 条 1 項）。この公告期間の満了前は，相続債権者及び受遺者に対して弁済を拒むことができる（民法 928 条）。そのため，本肢の「一切弁済を拒むことはできず」や「全額を弁済しなければならない」という記述は誤りである。

　　イ：不適切である。相続の承認及び放棄は，早期に法律関係を確定させるため，裁判所に受理されるとその効力が生じ，たとえ自己のために相続の開始があったことを知った時から 3 か月以内であったとしても，撤回することはできない（民法 919 条 1 項）。仮に詐欺・強迫など意思表示の取消し事由があったとしても，追認をすることができる時から「6 か月間」行使しないときは，取消権は時効により消滅する（同条 2 項）。

　　ウ：適切である。相続の承認及び放棄は，早期に法律関係を確定させるため，原則として，自己のために相続の開始があったことを知った時から 3 か月以内にしなければならない。（民法 915 条 1 項）。

　　エ：不適切である。限定承認は，相続に関する法律関係が複雑化するのを避けるため，相続人が数人あるときは，共同相続人の全員が共同してのみこれをすることができる（民法 923 条）。共同相続人のうち一人が単独で行うことはできない。

　よって，ウが正解である。

遺留分特例と議決権制限株式の扱い	ランク	1回目	2回目	3回目
	A	／	／	／

■令和3年度　第7問

　以下の会話は，X株式会社（以下「X社」という。）の代表取締役甲氏と，中小企業診断士であるあなたとの間で行われたものである。この会話を読んで，下記の設問に答えよ。

　なお，甲氏は，現在，77歳であり，配偶者（a）と2人の子（βとγ）がいる。また，X社は，公開会社ではなく，かつ，大会社ではない。

甲　氏：「私も，77歳なので，最近，X社の事業承継はどうしたらよいかを考えています。現在，X社の株式は，私が80％，10年前に70歳でX社を退職した乙氏が20％持っています。aとγは，X社の仕事をしていないので，私が死んだ後は，私の持っているX社の株式はすべてβに相続させたいと考えています。βに相続させるに当たって，注意点はありますか。」

あなた：「甲さんは，X社の株式の他にも，自宅や預貯金の財産をお持ちですので，遺言書を作って，これらの分配方法を定めておくことがよいと思いますが，遺言では，相続人の<u>遺留分</u>に注意する必要があります。」

甲　氏：「分かりました。私の財産は，ほとんどがX社の株式なので，遺留分のことを考えるとaとγにもX社の株式を相続させることになるかもしれません。この場合でも，aとγがX社の経営に口を挟むことなく，βが自分の考えに従ってX社を経営してほしいと思っています。何か方法はありますか。」

あなた：「aさんとγさんにもX社の株式を相続させることとする場合には，議決権制限株式を発行し，βさんには普通株式，aさんとγさんには議決権制限株式を相続させるという方法を検討しておくことが考えられます。法律上，　A　。」

甲　氏：「乙氏は最近病気がちのようで，相続が発生するかもしれません。正直，乙氏の相続人の丙氏とはそりが合わないので，丙氏にはX社の株主にはなってもらいたくありません。何か方法はありますか。」

あなた：「相続人に対する売渡請求に関する定款変更を行い，乙氏が死亡した場合には，X社から乙氏の相続人に対し，株式の売渡請求を行うことができるようしておくことが考えられます。　B　。」

（設問 1）

会話の中の下線部の「遺留分」に関する記述として，最も適切なものはどれか。

ア 遺留分侵害額の請求権は，遺留分権利者が，相続の開始及び遺留分を侵害する贈与又は遺贈があったことを知った時から3か月間行使しないときは，時効によって消滅する。

イ 相続の開始前における遺留分の放棄は，家庭裁判所の許可を受けたときに限り，その効力を生じる。

ウ 「中小企業における経営の承継の円滑化に関する法律」に基づく遺留分に関する民法の特例である除外合意，固定合意は，遺留分を有する先代経営者（旧代表者）の推定相続人の過半数が合意の当事者であれば，その効力を生じる。

エ 配偶者 a の遺留分の額は，遺留分を算定するための財産の価額の2分の1，子 γ の遺留分の額は4分の1である。

（設問2）

　会話の中の空欄AとBに入る記述の組み合わせとして，最も適切なものはどれか。

　　ア　A：この議決権制限株式は，公開会社ではない会社では，発行限度の定めは
　　　　　　ありません
　　　　B：この相続人に対する売渡請求は，相続があったことを知った日から1年
　　　　　　以内に行使しなければなりませんので，注意が必要です

　　イ　A：この議決権制限株式は，公開会社ではない会社では，発行済株式総数の
　　　　　　2分の1までしか発行できませんので，注意が必要です
　　　　B：この相続人に対する売渡請求は，相続があったことを知った日から2年
　　　　　　以内に行使しなければなりませんので，注意が必要です

　　ウ　A：この議決権制限株式は，公開会社ではない会社では，発行済株式総数の
　　　　　　2分の1までしか発行できませんので，注意が必要です
　　　　B：この相続人に対する売渡請求は，相続があったことを知った日から6か
　　　　　　月以内に行使しなければなりませんので，注意が必要です

　　エ　A：この議決権制限株式は，公開会社ではない会社では，発行済株式総数の
　　　　　　5分の1までしか発行できませんので，注意が必要です
　　　　B：この相続人に対する売渡請求は，相続があったことを知った日から1年
　　　　　　以内に行使しなければなりませんので，注意が必要です

（設問 1）

解答	イ

■解説

　民法の遺留分と中小企業における経営の承継の円滑化に関する法律（以下，「経営承継円滑化法」という）の遺留分特例について問われている。いずれも基本的な知識であり，確実に正解したい。

　ア：不適切である。遺留分侵害額の請求権は，遺留分権利者が，相続の開始及び遺留分を侵害する贈与又は遺贈があったことを知った時から「1 年間」行使しないときは，時効によって消滅する。相続開始の時から 10 年を経過したときも同様とされる（民法 1048 条）。時効消滅期間は「3 か月」ではない。

　イ：適切である。相続の開始前における遺留分の放棄は，家庭裁判所の許可を受けたときに限り，その効力を生じる（民法 1049 条 1 項）。その趣旨は，被相続人等の圧迫により遺留分権利者が遺留分減殺請求権をあらかじめ放棄するよう強要されるおそれがあるため，家庭裁判所に放棄の理由が客観的に合理的か否かを判断させる点にある。

　ウ：不適切である。経営承継円滑化法が定める遺留分特例（除外合意及び固定合意）が有効になるためには，旧代表者の推定相続人及び会社事業後継者の「全員」の合意をもって，書面により定めることが必要である（経営承継円滑化法 4 条，同法 5 条）。「過半数」の合意ではない。

　エ：不適切である。直系尊属以外の者が相続人である場合，遺留分の対象は全体で遺留分を算定するための財産の価額の 2 分の 1 とされ（民法 1042 条 1 項 2 号），それに各相続人の法定相続分の割合を乗じたものが，各相続人の遺留分の額となる（同条 2 項）。本問の場合，遺留分の対象は全体で相続財産の 2 分の 1 であるから，配偶者 a の遺留分の額は 2 分の 1 × 2 分の 1 ＝ 4 分の 1，子 γ の遺留分の額は 2 分の 1 × 4 分の 1 ＝ 8 分の 1 である。

　よって，イが正解である。

（設問 2）

解答	ア

■解説

　事業承継を円滑に行うための手段としても使われる，議決権制限株式（会社法 108 条 1 項 3 号）の扱いについて問われている。一見すると高度な内容に見えるが，非公開会社では議決権制限株式の発行限度の定めはない（会社法 115 条の反対解釈）ことを知っていれば，空欄 A に入る記述が正しい選択肢はアのみとわかる。

　ア：適切である。
　・空欄 A について
　　公開会社であれば，議決権制限株式の割合が高くなりすぎると会社経営の適正さが損なわれるおそれがあるため，議決権制限株式の割合が発行済株式総数の 2 分の 1 を超えた場合，直ちに 2 分の 1 以下にするための措置をとらなければならない（会社法 115 条）。しかし，本問の前提は非公開会社であるから，議決権制限株式の発行限度の定めはない。
　・空欄 B について
　　相続人に対する株式売渡請求の知識が問われている。譲渡制限株式を発行する株式会社は，あらかじめ定款に定めておけば（会社法 174 条），相続その他の一般承継により譲渡制限株式を取得した者に対し，当該株式を売り渡すよう請求できる。ただし，その請求は，相続等があったことを知った時から 1 年以内に行使しなければならない（会社法 176 条 1 項）。
　イ：不適切である。アの解説を参照。空欄 A，空欄 B ともに誤りである。
　ウ：不適切である。アの解説を参照。空欄 A，空欄 B ともに誤りである。
　エ：不適切である。アの解説を参照。空欄 A は誤りである。空欄 B は正しい。

　よって，アが正解である。

法定相続分	ランク	1回目	2回目	3回目
	A	／	／	／

■令和4年度　第21問

　被相続人Xが死亡し，相続が生じた。AはXの配偶者である。B，C，E及びG
はA及びXの子である。DはCの配偶者であり，I及びJはC及びDの子である。
FはEの配偶者であり，KはE及びFの子である。HはGの配偶者であり，GとH
との間には胎児Lがおり，胎児LはX死亡後に生きて生まれた。A，C及びGはX
死亡以前に死亡していた（下図参照）。

　EはXの相続について相続放棄をしたが，それ以外の相続人は承認した。

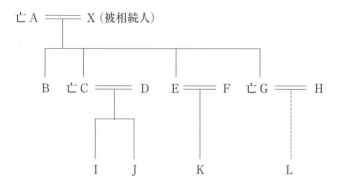

　この場合，X の相続財産について，それぞれの相続人が相続する割合として，最も適切なものはどれか。

　なお，遺言はなく，遺産分割協議も整っておらず，相続人はいずれも廃除されていないものとし，寄与分及び特別受益についても考慮しないものとする。

　　ア　B が 3 分の 1，I が 6 分の 1，J が 6 分の 1，
　　　　K が 3 分の 1 を相続する。

　　イ　B が 3 分の 1，I が 6 分の 1，J が 6 分の 1，
　　　　L が 3 分の 1 を相続する。

　　ウ　B が 4 分の 1，I が 4 分の 1，J が 4 分の 1，
　　　　L が 4 分の 1 を相続する。

　　エ　B が 4 分の 1，I が 8 分の 1，J が 8 分の 1，
　　　　K が 4 分の 1，L が 4 分の 1 を相続する。

解答	イ

■解説

　民法の相続法から，法定相続分が問われている。遺言，相続廃除，寄与分，特別受益等の事情は考慮しないものとされており，原則どおりの法定相続分を知っていれば正答できる，比較的シンプルな問題である。

- B：被相続人 X の子であり，相続人となる（民法 887 条 1 項）。
- I・J：被相続人 X の子である C が相続の開始以前に死亡しているため，C を代襲して相続人となる（民法 887 条 2 項）。
- E：被相続人 X の子であるが，相続放棄（民法 915 条）をしているため，相続人から除外される。
- K：E（被相続人 X の子）の子であるが，E が相続放棄をしているため，相続人とはならない。代襲相続について定める民法 887 条 2 項は，「被相続人の子が，相続の開始以前に死亡したとき，又は第 891 条の規定（注：故意に被相続人を死亡させた等，欠格事由がある者）に該当し，若しくは廃除によって，その相続権を失ったときは，その者の子がこれを代襲して相続人となる」としており，相続放棄は代襲原因に含まれないからである。
- L：被相続人 X の子である G が相続の開始以前に死亡しているため，G を代襲して相続人となる（民法 887 条 2 項）。相続開始時点で L は胎児であったが，胎児は相続については既に生まれたものとみなされる（民法 886 条）。

　以上を前提として，法定相続分を見ていくと，B が 3 分の 1，C を代襲相続する I と J がそれぞれ 6 分の 1，G を代襲相続する L が 3 分の 1 となる。

　よって，イが正解である。

相続と配偶者居住権	ランク	1回目		2回目		3回目	
	B	／		／		／	

■令和4年度　第22問

　相続に関する記述として，最も適切なものはどれか。なお，「民法及び家事事件手続法の一部を改正する法律」（平成30年法律第72号）により改正された民法が適用されるものとし，附則に定める経過措置は考慮しないものとする。

ア　相続による権利の承継は，法定相続分を超える部分について，登記その他の対抗要件を備えなくても，第三者に対抗することができる。

イ　相続人が数人ある場合において，一部の相続人が相続放棄をしたときは，放棄をした者を除いた共同相続人の全員が共同しても，限定承認をすることができない。

ウ　相続人が相続財産である建物につき，5年の賃貸をしたとしても，単純承認をしたものとはみなされない。

エ　被相続人の配偶者が取得した配偶者居住権を第三者に対抗するためには，居住建物の引渡しでは認められず，配偶者居住権の設定の登記をしなければならない。

解答	工

■解説

　民法の相続法からの出題である。平成30年の法改正（配偶者の居住権を保護するための方策等）を含めて，細かい知識まで必要な難問である。

　　ア：不適切である。相続による権利の承継は，遺産の分割によるものかどうかにかかわらず，法定相続分を超える部分については，登記，登録その他の対抗要件を備えなければ，第三者に対抗することができない（民法899条の2第1項）。

　　イ：不適切である。相続人が数人あるときは，限定承認は共同相続人の全員が共同してのみすることができる（民法923条）。一方，相続の放棄をした者は，その相続に関して初めから相続人とならなかったものとみなされる（民法939条）。そのため，放棄をした者を除いた共同相続人の全員が共同すれば，限定承認をすることができる。

　　ウ：不適切である。相続人が相続財産の全部又は一部を処分したときは，単純承認をしたものとみなされる。ただし，保存行為及び民法第602条に定める期間を超えない賃貸をすることは，この限りでない（民法921条1項）。ここにいう「民法第602条に定める期間を超えない賃貸」とは，建物の場合は「3年」であり，5年の賃貸は単純承認事由となる。

　　エ：適切である。配偶者居住権には，不動産賃借権の対抗要件について定める民法605条が準用される（民法1031条2項）。民法605条は「不動産の賃貸借は，これを登記したときは，その不動産について物権を取得した者その他の第三者に対抗することができる」と規定しており，配偶者居住権を第三者に対抗するためには，配偶者居住権の設定の登記をしなければならない。

　よって，エが正解である。

相続と経営承継円滑化法の民法特例	ランク	1回目		2回目		3回目	
	A	／		／		／	

■**令和5年度　第17問**

　以下は，中小企業診断士であるあなたと，X株式会社の代表取締役甲氏との会話である。この会話を読んで，下記の設問に答えよ。なお，甲氏には，長男，次男，長女の3人の子ども（いずれも嫡出子）がいる。

甲　　氏：「そろそろ後継者に会社を任せようと思っています。私には3人の子供がいるのですが，次男に自社の株式や事業用の資産を集中して承継させたく，生前贈与等を考えています。」

あなた：「原則として，ご自身の財産をどのように処分するのも自由ですが，民法は，遺族の生活の安定や最低限度の相続人間の平等を確保するために，一定の相続人のために法律上必ず留保されなければならない遺産の一定割合を定めております。この制度を [　　　] といい，生前贈与や遺言の内容によっては，株式や事業用資産を承継したご次男が，他の相続人の [　　　] を侵害したとして，その侵害額に相当する金銭の支払を請求される可能性があります。場合によっては，承継した株式や事業用資産を売却せざるをえない事態もありえますので，注意が必要です。」

甲　　氏：「将来もめずにうまく会社を引き継ぐ方法はないですか。」

あなた：「中小企業における経営の承継の円滑化に関する法律，いわゆる経営承継円滑化法に，民法の特例が設けられています。先代経営者から後継者に贈与等された自社株式について，一定の要件を満たしていることを条件に，[　　　] の算定の基礎となる相続財産から除外するなどの取り決めが可能です。これにより，後継者が確実に自社株式を承継することができます。必要があれば，知り合いの弁護士を紹介します。」

Ⅳ．企業活動に関する法律知識

（設問 1）

　会話の中の空欄に入る用語として，最も適切なものはどれか。

　　　ア　遺留分

　　　イ　寄与分

　　　ウ　指定相続分

　　　エ　法定相続分

(設問 2)

　会話の中の下線部について，経営承継円滑化法における民法の特例に関する記述として，最も適切なものはどれか。

　　ア　経営承継円滑化法における民法の特例を受けることができるのは，中小企業者のみで，個人事業主の場合は，この特例を受けることはできない。

　　イ　経営承継円滑化法における民法の特例を受けるためには，会社の先代経営者からの贈与等により株式を取得したことにより，後継者は会社の議決権の 3 分の 1 を保有していれば足りる。

　　ウ　経営承継円滑化法における民法の特例を受けるためには，経済産業大臣の確認と家庭裁判所の許可の双方が必要である。

　　エ　経営承継円滑化法における民法の特例を受けるためには，推定相続人全員の合意までは求められておらず，過半数の合意で足りる。

（設問 1）

解答	ア

■解説
　民法の相続法について，遺留分に関する知識が問われている。極めて基本的な知識であり，落としてはいけない問題である。

　　ア：適切である。会話文の「あなた」の第一発言にある「民法は，遺族の生活の安定や最低限度の相続人間の平等を確保するために，一定の相続人のために法律上必ず留保されなければならない遺産の一定割合を定めております」という説明は，遺留分（民法 1042 条以下）を指している。空欄に入る用語として，「遺留分」が最も適切といえる。

　　イ：不適切である。「寄与分」とは，共同相続人の中に，被相続人の財産の維持又は増加について特別の寄与（被相続人の事業に関する労務の提供，被相続人の療養看護など）をした者がいる場合に，その者に寄与に応じた相続分の増加を認める制度である（民法 904 条の 2）。

　　ウ：不適切である。「指定相続分」とは，被相続人が遺言で共同相続人の相続分を定めた場合の相続分である（民法 902 条）。

　　エ：不適切である。「法定相続分」とは，民法に定められた相続人の構成に応じた相続分である（民法 900 条）。

　よって，アが正解である。

（設問 2）

解答	ウ

■解説

　経営承継円滑化法による民法の遺留分に関する特例について問われている。経営承継円滑化法では，後継者への自社株式及び事業用資産の集中を容易にするため，一定の要件を満たすことを前提に，①除外合意（贈与株式等を遺留分算定基礎財産から除外できる（同法 4 条 1 号）），②固定合意（贈与株式等の評価額をあらかじめ固定できる（同法 4 条 2 号））の 2 種類の特例を認める。

ア：不適切である。令和元年の法改正により，会社事業後継者が取得した株式等に加えて，<u>個人事業後継者が取得した事業用資産</u>についても，遺留分に関する民法の特例が適用されるようになった（経営承継円滑化法 4 条）。なお，令和元年度税制改正において，10 年間限定で，個人の事業用資産に係る贈与税・相続税の納税猶予制度（個人版事業承継税制）も創設された。

イ：不適切である。経営承継円滑化法における民法の特例を受けるためには，会社の先代経営者からの贈与等により株式を取得したことにより，後継者が会社の<u>議決権の過半数</u>を保有することが必要である（同法 3 条 3 項）。仮にこの規定を知らなかったとしても，後継者が議決権の過半数を有しないのであれば経営を承継したとは言いがたく，同法の目的（後継者の経営承継を円滑にする）に照らして不十分ではないかと気づきたい。

ウ　適切である。経営承継円滑化法における民法の特例を受けるためには，推定相続人全員で除外合意または固定合意について書面により合意した後，<u>経済産業大臣の確認</u>（同法 7 条）<u>と家庭裁判所の許可</u>（同法 8 条）を得ることが必要である。

エ　不適切である。経営承継円滑化法における民法の特例を受けるためには，<u>推定相続人全員の合意が必要</u>である（経営承継円滑化法 4 条 1 項本文）。相続人が複数いる場合，生前贈与や遺言によって後継者に自社株式を集中して承継させると，後継者以外の相続人の遺留分を侵害する可能性がある。そこで，後継者以外の相続人の利益を保護するため，推定相続人全員の合意が必要とされている。

　よって，ウが正解である。

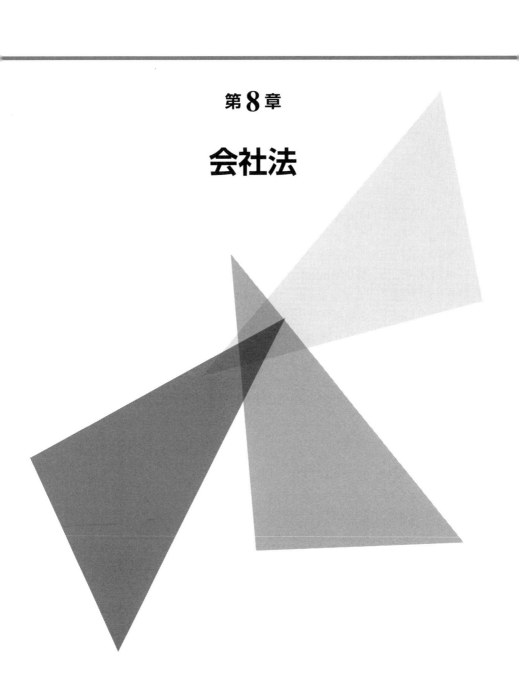

第8章

会社法

1. 株式・株主

▶▶ 出題項目のポイント

　株式会社は，多数の投資者から広く出資を募って資金を調達し，その資金で事業活動を行うことを目的とする。そのため，投資者（会社の所有者）の地位を「株式」という均一な割合的単位で表す。株主は，原則として所有する株式の数に応じて平等に扱われ（株主平等の原則），出資した額を限度として間接的に責任を負担する（間接有限責任）。

　そして，会社資本確保の要請から，原則として出資の払い戻しは行われない（例外として，自己株式の取得がある）。株主は，投下資本を回収するため，原則として株式を自由に譲渡することができる（株式譲渡自由の原則。例外として，譲渡制限株式がある）。

　株主の権利には，自益権と共益権がある。自益権とは，会社に対して配当などの経済的な利益を要求する権利である。共益権とは，会社の実質的所有者である株主が，会社経営に参加し，取締役などの業務執行を監督・是正する権利である。共益権の代表例が，株主総会における議決権である。

　共益権の中には，総株主の議決権の一定割合または一定数以上の株式を保有する株主にのみ認められる権利（少数株主権）がある。少数株主権の例として，株主総会招集請求権，議題提案権，会計帳簿閲覧請求権，役員解任の訴えの提起などがある。

▶▶ 出題の傾向と勉強の方向性

　株式と株主は，株式会社における最も根本的な事項であり，毎年 1 題程度は出題されている。過去の出題を見ると，譲渡制限株式，自己株式といった上記の原則に対する例外事項が主である。まず会社法の原則を確認し，これらの例外について，目的と内容を押さえておきたい。

　少数株主権については一度，細かい要件を問う問題が出ているが（平成 23 年度），すべてを暗記する必要はない。より重大な共益権ほど，多くの株式割合を持つ株主しか行使できないというイメージだけ持っておけば，とりあえず十分である。

　なお，平成 26 年改正会社法では，従来の株主代表訴訟に加え，一定の要件を満たす場合，完全親会社の株主が子会社の役員に対して株主代表訴訟を提起することを認める制度（多重代表訴訟）が新設された。手持ちのテキストで確認しておいてほしい。

　さらに，令和元年改正会社法では，株主総会に関する手続を合理化するため，株主総会資料の電子提供制度の導入（自社のホームページ等に掲載＋書面でアドレスを通知），株主提案権の変更（株主が同一の株主総会において提案することができる議案の数を 10 に制限）が行われた。改正会社法の施行日は，2021 年 3 月 1 日である（株主総会資料の電子提供制度は 2022 年 9 月 1 日施行）。

■取組状況チェックリスト

1. 株式・株主

株式・株主

問題番号	ランク	1回目		2回目		3回目	
平成26年度 第3問	B	／		／		／	
平成27年度 第2問	B	／		／		／	
平成28年度 第2問	A	／		／		／	
平成29年度 第1問	A	／		／		／	
平成30年度 第6問	C*	／		／		／	
令和2年度 第7問	A	／		／		／	
令和4年度 第1問	A	／		／		／	
令和4年度 第3問	B	／		／		／	
令和4年度 第6問（設問1）	B	／		／		／	

＊ランクCの問題と解説は，「過去問完全マスター」のHP（URL：https://jissen-c.jp/）よりダウンロードできます。

株主提案権	ランク	1回目	2回目	3回目
	B	/	/	/

■平成 26 年度　第 3 問

　A 氏は，X 株式会社（以下「X 社」という。）に対し B 氏を X 社の取締役に選任する議案を株主総会に提出したい。

　これに関する記述として最も適切なものはどれか。

　ただし，X 社は取締役会設置会社であり，A 氏の所有株式数は 10 株で，X 社の議決権のある株式数は 2,000 株である。

　また，当該議案と実質的に同一の議案は，過去 3 年間上程されていないものとする。

　　ア　A 氏は B 氏を取締役とする議案の要領を株主総会の招集通知に記載することを請求することはできないが，取締役選任の議題があれば株主総会においてB 氏を取締役とする議案を提出することができる。

　　イ　A 氏はいかなる場合も B 氏を取締役とする議案を株主総会に提出することはできない。

　　ウ　A 氏はいつでも B 氏を取締役とする議案の要領を株主総会の招集通知に記載することを請求でき，かつ，株主総会において B 氏を取締役とする議案を提出することができる。

　　エ　A 氏は株主総会の 8 週間前までであれば，B 氏を取締役とする議案の要領を株主総会の招集通知に記載することを請求できるが，株主総会において B 氏を取締役とする議案を提出することができない。

解答	ア

■解説

　株主提案権に関する問題である。株主提案権とは共益権（経営に参加する権利）の1つで，株主が株主総会において議題や議案を提案する権利の総称であり，以下の3種類を含む。

(1)　議題提案権

　株主は，一定の事項を株主総会の目的（議題）（例：「取締役選任の件」）とすることを請求できる。取締役会設置会社においては，総株主の議決権の100分の1以上の議決権または300個以上（定款で引き下げ可）の議決権を6か月（定款で短縮可）前から引き続き有する株主に限り，一定の事項を株主総会の目的とすることを請求できる（会社法303条2項）。ただし，公開会社でない取締役会設置会社については，株式保有期間の制限はない（会社法303条3項）。この請求は，株主総会の日の8週間（定款で短縮可）前までにしなければならない。

(2)　議案通知請求権

　株主は，議題について株主が提出しようとする議案の要領を招集通知に記載または記録することを請求できる（会社法305条）。この請求が可能な期間と必要な議決権数については，上記（1）と同様である。

(3)　議案提案権

　株主は株主総会において，議題につき議案（例：「B氏を取締役に選任する件」）を提出することができる（単独株主権）。ただし，当該議案が法令若しくは定款に違反する場合又は実質的に同一の議案につき株主総会において総株主の議決権の10分の1（定款で引き下げ可）以上の賛成を得られなかった日から3年を経過していない場合は，この限りでない（会社法304条）。

　本問の場合，上記（2）の議案通知請求権については，A 氏は必要な議決権数（総株主の議決権の 100 分の 1 以上または 300 個以上）を満たさないため，B 氏を取締役とする議案の要領を株主総会の招集通知に記載するよう請求することはできない。しかし，「当該議案と実質的に同一の議案は，過去 3 年間上程されていない」ため，A 氏は上記（3）の議案提案権を行使することはできる。よって，アが正解である。

自己株式の取得	ランク	1回目	2回目	3回目
	B	/	/	/

■平成27年度　第2問

　自己株式の取得に関する以下の会話は，中小企業診断士であるあなたとX株式会社（以下「X社」という。）の総務部門の担当者である甲氏との間で行われたものである。この会話を読んで，下記の設問に答えよ。なお，X社は，公開会社ではなく，取締役会設置会社であるとする。また，定款に特段の定めもないものとする。

甲　氏：「今，有償での自己株式の取得を検討しているのですが，手続について教えてもらえませんか。株主総会の決議が必要なのは分かっているのですが。」
あなた：「株主との合意によりX社の株式を取得するということですよね。有償で自己株式を取得する場合，取得対価の帳簿価格の総額が　A　を超えてはいけないことになっているのですが，その点は大丈夫ですか。」
甲　氏：「はい。それは既に確認しているので大丈夫です。」
あなた：「よかったです。では，手続ですが，株主全員に譲渡の勧誘をする方法（①の方法）と特定の株主から取得する方法（②の方法）の2つがあります。②の方法では，特定の株主だけから株式を取得するので，その株主の氏名を株主総会で決議する必要があります。ただ，②の方法の場合，他の株主は，自己を取得の相手に加えるように請求することができます。」
甲　氏：「なるほど。2つの方法で株主総会の招集手続に違いはありますか。」
あなた：「書面又は電磁的方法による議決権行使を認めないことを前提とすると，総会の日の　B　前までに招集通知を発送しなければならないのは，①の方法でも②の方法でも変わらないのですが，②の方法の場合，自己を取得の相手に加える旨の請求を行う機会を与えるために，その請求ができることを招集通知の発送期限までに株主に通知しなければなりません。この通知と招集通知を兼ねるとすると，②の方法の場合の方が，①の方法の場合よりも早く招集通知を発送しなければならないことになります。」
甲　氏：「決議要件はどうでしょうか。」
あなた：「　C　」
甲　氏：「なるほど。ありがとうございました。」

あなた：「今回の場合にどちらの手続が具体的に良いのかは，専門家にきちんと相談
　　　　した方がいいと思います。顧問弁護士の先生に連絡を取ってみてはどうでし
　　　　ょうか。」

（設問1）
　会話の中の空欄Aに入る語句として最も適切なものはどれか。

　　ア　資本金の額
　　イ　資本準備金の額
　　ウ　投資有価証券の額
　　エ　分配可能額

（設問2）
　会話の中の空欄Bに入る期間として最も適切なものはどれか。

　　ア　5日
　　イ　1週間
　　ウ　2週間
　　エ　1か月

（設問3）
　会話の中の空欄Cに入る記述として最も適切なものはどれか。

　　ア　①の方法の場合でも②の方法の場合でも特別決議です。
　　イ　①の方法の場合でも②の方法の場合でも普通決議です。
　　ウ　①の方法の場合には特別決議ですが，②の方法の場合には普通決議です。
　　エ　①の方法の場合には普通決議ですが，②の方法の場合には特別決議です。

IV. 企業活動に関する法律知識

（設問 1）

解答	エ

■解説

　そもそも，株式会社の株主は出資した金額以上の責任を負わない（有限責任）。そこで，債権者保護のため，資本金の額に相当する財産が現実に保有されなければならないとされる（資本維持の原則）。この原則から，配当における分配可能額は，剰余金（その他資本剰余金＋任意積立金＋繰越利益剰余金）から自己株式の帳簿価格，のれん等調整額等の減算・加算を行って算定するとされる（会社法446条，461条2項）。

　一方，自己株式の有償取得は，実質的には株主の出資の払戻であるから，配当におけると同様に債権者保護の必要がある。そのため，配当と同様の基準が採用され，取得対価の帳簿価格の総額は，取得の効力発生日における分配可能額を超えてはならないとされる（会社法461条1項）。

　よって，エが正解である。

（設問 2）

解答	イ

■解説

　株主総会の招集通知を発する時期は，機関設計等によって異なっている。具体的には，下記のとおりである（会社法299条）。

書面または電磁的方法による議決権行使	非公開会社		公開会社
	取締役会非設置会社	取締役会設置会社	
認める	株主総会の日の2週間前まで		株主総会の日の2週間前まで
認めない	株主総会の日の1週間前まで（定款で短縮可能）	株主総会の日の1週間前まで	

　本問の前提は，非公開会社かつ取締役会設置会社であるから，表より，株主総会の日の1週間前までに招集通知を発送しなければならない。

　なお，取締役会設置会社においては，通知は書面または電磁的方法で発しなくてはならないが，取締役会非設置会社においては通知は口頭でもよいことを，あわせて覚

えておきたい。

　よって，イが正解である。

（設問 3）

解答	エ

■解説

　自己株式の取得には，株主全員に譲渡の勧誘をする方法（本問の①）と特定の株主から取得する方法（本問の②）がある。

　①においては，株主総会の普通決議で，(1) 取得する株式の数，(2) 株式を取得するのと引換えに交付する金銭等，(3) 株式を取得することができる期間（1 年以内）を決定する（会社法 156 条）。

　一方，②においては，株主総会の特別決議で，上記 (1) から (3) と，(4) 譲渡人となる株主を決定する（会社法 160 条，同 309 条 2 項 2 号）。また，譲渡人とされた以外の株主は，自己を譲渡人に加えることを請求できる。②において特別決議が必要とされるのは，特定の株主から恣意的に自己株式を取得できると会社支配の不公正が生ずる可能性があるため，要件が加重されたものである。

　なお，これらの定めを正確に記憶していなかったとしても，特定の株主から自己株式取得を行う場合には，他の株主を保護する必要が生ずることから，要件がより重いと想像できる。（未知の問題に遭遇した場合でも，論理的に考えることで正解にマークする確率を上げたい。）

　よって，エが正解である。

譲渡制限株式に関する手続	ランク	1回目	2回目	3回目
	A	/	/	/

■平成 28 年度　第 2 問

　X 株式会社（以下「X 社」という。）の株主である A 株式会社（以下「A 社」という。）からの譲渡承認請求に関する以下の会話は，中小企業診断士であるあなたと X 社の代表取締役甲氏との間で行われたものである。会話の中の空欄に入る語句として，最も適切なものを下記の解答群から選べ。なお，X 社は，発行する株式の全てが譲渡制限株式であり，取締役会設置会社であるとする。また，これらの点を除き，定款に特段の定めも X 社と A 社との合意による別段の定めもないものとする。

甲　氏：「当社の株主 A 社から，このような請求書が内容証明郵便で届きました。」

あなた：「どれどれ…。『A 社が保有している株式を B 株式会社（以下「B 社」という。）に譲渡したいので，B 社がその株式を取得することについて承認するかどうかを決定してほしい。もし，承認しない場合には，X 社か X 社が指定する第三者に買い取ってほしい。』という内容ですね。甲さんは，B 社が株主になっても構わないのですか。」

甲　氏：「正直 B 社という会社がどういう会社なのか全く分からないので，できれば株主にはなってほしくないですね。」

あなた：「この請求書は，いつ X 社に届いたのですか。」

甲　氏：「平成 28 年 8 月 10 日です。」

あなた：「そうすると，　　　　　までに，承認しない旨の通知が A 社に届かないと，承認したものとみなされてしまって困ったことになりますね。承認しない旨の通知も内容証明郵便で送った方がいいと思います。また，その後に，X 社が買うか，買取人を指定するかの手続も控えていますから，早く顧問弁護士の先生に相談した方がいいと思いますよ。」

甲　氏：「分かりました。すぐにでも連絡を取ってみます。」

【参考】平成 28 年 8 月のカレンダー

日	月	火	水	木	金	土
	1	2	3	4	5	6
7	8	9	10	11	12	13
14	15	16	17	18	19	20
21	22	23	24	25	26	27
28	29	30	31			

〔解答群〕

ア　平成 28 年 8 月 16 日

イ　平成 28 年 8 月 17 日

ウ　平成 28 年 8 月 23 日

エ　平成 28 年 8 月 24 日

解答	エ

■解説

　譲渡制限株式について，譲渡人から会社に対して譲渡承認請求がなされた場合について問われている。

　譲渡制限株式の譲渡承認請求に対して，会社は請求の日から2週間以内に承認するか否かの通知をしなければならず，通知をしなかった場合は譲渡を承認したものとみなされる（会社法145条1号）。そして，日，週，月または年によって期間を定めたときは，期間の初日は算入されない（民法140条）。よって，譲渡を承諾しない旨の通知は，A社から譲渡承認請求が届いた翌日の8月11日から起算して満2週間が経過する8月24日までに，A社に届かなければならない。

　よって，エが正解である。

株式の併合と分割	ランク	1回目		2回目		3回目	
	A	/		/		/	

■平成 29 年度　第 1 問

株式の併合又は株式の分割に関する記述として，最も適切なものはどれか。

ア　株式の併合によって発行済株式総数は増加し，株式の分割によって発行済株式総数は減少する。

イ　株式の併合又は株式の分割があっても，資本金額は変動しない。

ウ　株式の併合を行う場合には取締役会の決議で足りるが，株式の分割を行う場合には株主総会の特別決議が必要である。

エ　株式無償割当てにより，株式の分割の目的を達成することはできない。

解答	イ

■**解説**

　株式の併合と分割について，基本的な性質や要件が問われている。

　株式の併合とは，既存の数個の株式を１株に統合することである。株主管理のコスト削減や合併等の準備を目的として行われる。一方，株式の分割とは，既存の１個の株式を数株に分けることである。発行済株式数を増やして株価を下げ，株式の流動性を高める等の目的で行われる。

　ア：不適切である。株式の併合とは，既存の数個の株式を１株に統合することであるから，実施すると発行済株式総数は「減少」する。株式の分割とは，既存の１個の株式を数株に分けることであるから，実施すると発行済株式総数は「増加」する。

　イ：適切である。株式の併合または分割を行うと「資本金を何株に分けるか」が変わるだけであり，資本金額には影響を及ぼさない。

　ウ：不適切である。たとえば，理論上，株式の併合により既存の10株を１株に統合すれば価値は10倍になり，株式の分割により既存の１株を10株に分ければ価値は10分の１になるため，株式の併合や分割自体は，株式価値には影響を及ぼさない。しかし，株式の併合によって，９株以下しか持たない株主は株主の地位を失い，10株以上を持つ株主にも端数が生じて譲渡が困難になるという不利益が生じうる。そこで，株式の併合を行う場合には「株主総会の特別決議」が必要とされる（会社法180条２項，309条２項４号）。一方，株式の分割では，株式の併合におけるような不利益を株主に及ぼさないため，株主総会の普通決議（取締役会設置会社では，取締役会の決議）で足りるとされる（会社法183条２項）。

　エ：不適切である。株式の分割は，発行済株式数を増やして株価を下げ，株式の流動性を高める等の目的で行われるが，株式無償割当てによっても同じ目的を達成できる。ただし，①株式の分割では基準日を定める必要がある（株式無償割当では任意），②株式無償割当で発行可能株式総数を増加させる場合，株主総会の特別決議が必要（株式の分割の場合は，一定の条件を満たせば取締役会の決議で可）といった違いはあるので，覚えておきたい。

　よって，イが正解である。

自己株式	ランク	1回目	2回目	3回目
	A	／	／	／

■令和2年度　第7問

　取締役会設置会社における自己株式に関する記述として，最も適切なものはどれか。

　なお，本問における株式会社は，監査役会設置会社であり，また，種類株式発行会社ではなく，定款において自己株式に係る特段の定めはないものとする。

　　ア　株式会社は，その保有する自己株式について，議決権を有する。

　　イ　株式会社は，その保有する自己株式について，剰余金の配当をすることができる。

　　ウ　株式会社は，その保有する自己株式について，新株予約権の無償割当てをすることができる。

　　エ　株式会社は，その保有する自己株式を消却する場合，取締役会決議によって，消却する自己株式の数を定めなければならない。

解答	エ

■解説

　株式会社の自己株式の性質について問われている。自己株式とは，発行した会社自身が取得し，保有している株式である（会社法 113 条 4 項）。会社が発行済株式を取得して自己株式とすることは，①株主への利益還元（株主から調達した資金を払い戻す），②事業承継対策（株式の分散防止），③少数株式の整理，④敵対的買収対策（持ち株比率と株価を上昇させる）等を目的として行われる。

ア：不適切である。株式会社は，自己株式について議決権を行使することはできない（会社法 308 条 2 項）。これは，会社が自分自身の株主総会で議決権を行使することを認めると，決議の公正が害されて，経営陣による不当な会社支配に利用される危険があるからである。

イ：不適切である。株式会社は，その株主（当該株式会社を除く）に対し，剰余金の配当をすることができるとされる（会社法 453 条）。自己株式について剰余金を配当することはできない。これは，仮に自己株式について配当ができるとすると，その配当は会社の収益として計上され，会社の収益力を計算書類に正しく反映できなくなってしまうからである。

ウ：不適切である。株式会社は，自己株式について，新株予約権の無償割当てをすることはできない（会社法 278 条 2 項）。
　なお，自己株式については，株式の無償割当（同法 186 条），募集株式の割当（同法 202 条 2 項），新株予約権の有償割当（同法 241 条 2 項）のいずれも行うことができないとされる。

エ：適切である。取締役会設置会社においては，自己株式の消却の決定は，取締役会の決議によらなければならない（会社法 178 条 2 項）。株主総会の決議を不要としたのは，自己株式の消却は既存株主に不利益を与えるおそれが少ないためである。問題文に，取締役会・監査役会が設置され，種類株式発行会社ではなく，定款に自己株式に係る特段の定めはないとあるため，自己株式の消却を取締役会で決定することに問題はない。
　なお，取締役会非設置会社においては，自己株式の消却の決定機関について明文の規定はない。株主総会の普通決議が必要だとする説と，取締役の過半数の決定（会社法 348 条 2 項）で足りるとする説がある。

　よって，エが正解である。

株式の併合と分割	ランク	1回目		2回目		3回目	
	A	／		／		／	

■令和4年度　第1問

　下表は，取締役会設置会社における株式の併合と株式の分割との比較に関する事項をまとめたものである。空欄 A～D に入る語句の組み合わせとして，最も適切なものを下記の解答群から選べ。

	株式の併合	株式の分割
株主の所有株式数	A	B
資本金額	変動しない	C
手続き	D	取締役会の決議

〔解答群〕

　ア　A：減少　　B：増加　　C：変動しない　　D：株主総会の特別決議

　イ　A：減少　　B：増加　　C：変動する　　　D：株主総会の特別決議

　ウ　A：増加　　B：減少　　C：変動しない　　D：株主総会の普通決議

　エ　A：増加　　B：増加　　C：変動しない　　D：株主総会の普通決議

解答	ア

■**解説**

　株式の併合と分割を比較して基本的な性質や手続きが問われている。平成 29 年度第 1 問で同じ知識が問われており，過去問を学習していれば容易に正答できる問題である。

空欄 A・B：

　株式の併合とは，既存の数個の株式を 1 株に統合することであるから，株主の所有株式数は<u>減少</u>する（例：1 株 50 万円の株を 2 株→ 1 株 100 万円の株を 1 株）。一方，株式の分割とは，既存の 1 個の株式を数株に分けることであるから，株主の所有株式数は<u>増加</u>する（例：1 株 100 万円の株を 1 株→ 1 株 50 万円の株を 2 株）。

空欄C：

　空欄 A・B の例からわかるように，1 株あたりの金額に株式数を掛けた結果は不変であるから，株式の併合・分割のいずれも資本金額は<u>変動しない</u>。

空欄D：

　株式の併合は株式価値には影響を及ぼさないが，株式の併合によって 1 株未満しか持たなくなる株主は株主の地位を失い，それ以外の株主にも端数が生じて譲渡が困難になるという不利益が生じうる。そこで，株式の併合を行う場合には，<u>株主総会の特別決議</u>が必要とされる（会社法 180 条 2 項，309 条 2 項 4 号）。

　なお，株式の分割では，株式の併合におけるような不利益を株主に及ぼさないため，株主総会の普通決議（本問のような取締役会設置会社では，取締役会の決議）で足りる（会社法 183 条 2 項）。

　よって，空欄 A には「減少」，空欄 B には「増加」，空欄 C には「変動しない」，空欄 D には「株主総会の特別決議」がそれぞれ入り，アが正解である。

株主提案権の濫用的な行使の制限	ランク	1回目		2回目		3回目	
	B	／		／		／	

■令和4年度　第3問

　以下の文章は，令和元年になされた会社法改正に関して説明したものである。空欄に入る数値として，最も適切なものを下記の解答群から選べ。

　なお，議案要領通知請求権とは，株主が提出しようとする議案の要領を株主に通知すること（招集通知に記載又は記録すること）を請求できる権利のことである。

　「会社法の一部を改正する法律」（令和元年法律第70号）においては，株主提案権の濫用的な行使を制限するための措置として，取締役会設置会社の株主が議案要領通知請求権（会社法第305条第1項）を行使する場合に，同一の株主総会に提案することができる議案の数の上限を　　　　　　に制限することとされた。

〔解答群〕

　ア　3

　イ　5

　ウ　7

　エ　10

解答	エ

■解説

　令和元年改正会社法で規定された，濫用的な株主提案権の行使を制限するための措置（2021年3月1日施行）について問われている。今回の主要な改正点の1つではあるが，やや細かい知識に属する。

　株主は，取締役に対し，株主総会の日の8週間（定款で短縮可）前までに，株主総会の目的である事項につき当該株主が提出しようとする議案の要領を株主に通知（電磁的方法による場合は記載または記録）するよう請求することができる（議案要領通知請求権，会社法305条1項）。

　「議案要領通知請求権」は，株主提案権を構成する重要な権利ではあるが，1回の株主総会で特定の株主が膨大な数の議案を提出し，株主総会の円滑な進行が阻害される事態が発生して問題となっていた。

　そこで，令和元年改正会社法では，このような濫用的な株主提案権の行使を制限するため，取締役会設置会社の株主が議案要領通知請求権を行使する場合，1回の株主総会において提出することができる議案の上限を10と定めた（会社法305条4項）。

　よって，エが正解である。

非公開会社の特徴	ランク	1回目	2回目	3回目
	B	/	/	/

■**令和4年度　第6問（設問1）**

　以下の会話は，甲氏と，中小企業診断士であるあなたとの間で行われたものである。この会話に基づき下記の設問に答えよ。

甲　氏：「最近，私の友人が株式会社を立ち上げました。私も，株式会社をつくって，事業をやりたいと思います。友人の株式会社は，公開会社ではない株式会社と聞きました。公開会社ではない株式会社とは，どのような会社ですか。」

あなた：「公開会社ではない株式会社とは，発行する全部の株式が譲渡制限株式である会社をいいます。」

甲　氏：「公開会社ではない株式会社には，どのような特徴があるのでしょうか。」

あなた：「公開会社ではない株式会社の場合には，　　A　　。」

甲　氏：「ありがとうございます。今後，実際に株式会社を設立する場合，どのような点に注意すればよいのでしょうか。」

あなた：「　　B　　。」

甲　氏：「ありがとうございます。分からないことがあったら，またお伺いします。」

（設問1）

　会話の中の空欄Aに入る記述として，最も適切なものはどれか。

ア　議決権制限株式を発行するときは，発行済株式総数の2分の1以下までしか発行できません

イ　社債を発行することはできません

ウ　剰余金の配当を受ける権利に関する事項について，株主ごとに異なる取扱いをする旨を定款で定めることができます

エ　定款で株券を発行する旨を定めることはできません

解答	ウ

■解説

　公開会社（会社法2条5号）ではない株式会社（すべての株式について取得には会社の承認を要する旨を定款に定めている。以下，「非公開会社」という）の特徴について問われている。やや細かい知識である。

ア：不適切である。「議決権制限株式」とは，株主総会において議決権を行使することができる事項について制限のある種類株式を指す。議決権制限株式の割合が発行済株式の総数の2分の1以下でなければならないのは，<u>公開会社</u>である（会社法115条）。公開会社についてそのように定められたのは，公開会社では少数の者が会社を支配することは望ましくないからである。

イ：不適切である。社債（会社法2条23号）は持分会社を含むすべての会社で発行することが可能であり，非公開会社でも発行できる。

ウ：適切である。株式会社の株主は平等であることが原則である。例外として，非公開会社では，株主の権利（剰余金の配当を受ける権利，残余財産の分配を受ける権利，株主総会における議決権）に関する事項について，株主ごとに異なる取扱いを行う旨を定款で定めることができる（会社法109条2項）。たとえば，特定の株主が所有する株式について，1株あたり複数の議決権を認めることが許される。その趣旨は，非公開会社では人的なつながりが強いため，株主の個性に着目した取扱を認めてもよいという点にある。

エ：不適切である。会社法では株券は発行しないのが原則であるが，株券を発行する旨を定款で定めることができる（会社法214条）。この点は公開会社と非公開会社とで違いはない。

　よって，ウが正解である。

2.　会社の機関

▶▶ 出題項目のポイント

　株式会社は，本来，所有と経営の分離，間接有限責任，株式譲渡自由などの仕組みにより，広く資本を結集し，大規模会社を作るのに適した会社形態である。しかし，実際には小規模な株式会社も多数存在している。そこで，会社法（平成18年5月施行）では，機関設計を柔軟に選択できるように改め（機関設計の柔軟化），その上で規模や特質に応じて一定の制約を設けている。

　株主総会と取締役は，すべての株式会社における必置機関である。取締役は，株主総会の普通決議で選出される。会社とは委任関係となり，会社に対して善管注意義務と忠実義務を負う。

　取締役会は，以前は株式会社の必置機関であったが，会社法により，一定の場合を除いて任意的機関とされた。取締役会は，3人以上の取締役全員で構成される。その役割は，会社の規模が大きくなるにつれ，意思決定のすべてを株主総会で行うのは非効率となるため，特に重要な事項以外の意思決定を取締役会が担う点にある。

　その他の会社の機関として，監査役および監査役会，会計参与，会計監査人，監査等委員会，指名委員会等（指名・監査・報酬の各委員会）と執行役がある。平成26年改正法では，新たに「監査等委員会設置会社」の制度が設けられ，従来の委員会設置会社は「指名委員会等設置会社」と名称が改められた。（混乱を避けるため，本書の解説では従来の名称のまま変更していない。）

▶▶ 出題の傾向と勉強の方向性

　機関設計については，頻出ではあるが，会社法施行から時間が経つにつれ，出題は減りつつある。しかし，問題を作りやすい分野であり，引き続き注意は必要である。そのため，会社法の定める機関設計のルールについて，参考書等を用いて正確に理解しておきたい。例として，「公開会社は取締役会を設置しなければならない」，「大会社は会計監査人を設置しなければならない」などがある。一覧表やツリー状の図にまとめておき，問題を解いた際に参照して復習するとよい。

　なお，「公開会社」（上場企業のことではない）や「大会社」の定義は，事例問題が出された際，判断上必要になるので，正確に記憶しておくこと。

　また，取締役の責任については，競業避止義務違反，利益相反取引などの任務懈怠行為について，抽象論の暗記にとどまらず，参考書等で具体例を確認しておきたい。知識レベルとしては過去問程度で十分で，細かい判例等の暗記は不要である。

　さらに，令和元年改正会社法では，取締役の職務執行の一層の適正化等を図るため，取締役の報酬，補償契約（会社補償），役員等賠償責任保険契約，業務執行の社外取締役への委託，社外取締役の設置義務について変更がなされた。改正会社法の施行日は，2021 年 3 月 1 日である。

■取組状況チェックリスト

2.　会社の機関						

機関設計						
問題番号	ランク	1 回目		2 回目		3 回目
平成 30 年度　第 21 問	C*	／		／		／
令和 2 年度　第 6 問	A	／		／		／

株主総会						
問題番号	ランク	1 回目		2 回目		3 回目
平成 26 年度　第 2 問（設問 2）	C*	／		／		／
令和元年度　第 6 問	B	／		／		／
令和 2 年度　第 3 問	C*	／		／		／
令和 5 年度　第 1 問	B	／		／		／

取締役						
問題番号	ランク	1 回目		2 回目		3 回目
平成 27 年度　第 1 問	A	／		／		／
平成 28 年度　第 1 問	A	／		／		／
令和 3 年度　第 6 問	A	／		／		／
令和 4 年度　第 2 問	A	／		／		／
令和 5 年度　第 2 問	A	／		／		／
令和 5 年度　第 3 問	A	／		／		／

監査役・会計参与・執行役など						
問題番号	ランク	1 回目		2 回目		3 回目
令和 5 年度　第 4 問	B	／		／		／

＊ランク C の問題と解説は，「過去問完全マスター」の HP（URL：https://jissen-c.jp/）よりダウンロードできます。

株式会社の機関設計	ランク	1回目	2回目	3回目
	A	／	／	／

■**令和2年度　第6問**

　以下の会話は，X株式会社（以下「X社」という。）の取締役甲氏と，中小企業診断士であるあなたとの間で行われたものである。この会話を読んで，下記の設問に答えよ。

　なお，X社は，会社法上の大会社ではなく，かつ公開会社ではない。

甲　氏：「X社は，これまで，私一人が取締役として事業を行っていましたが，今後，会社を大きくしたいので，まず手始めに取締役の人数を増やしたいと思っています。株式会社の機関設計には，いろいろな組み合わせがあると聞いて悩んでいます。どうしたらよいでしょうか。」

あなた：「取締役会を設置するかについては，どのように考えていますか。」

甲　氏：「取締役会を設置したいと考えています。」

あなた：「そうすると，X社では，取締役会を設置するということなので，　A　。監査役については，何か考えていますか。」

甲　氏：「まだ，どうしたらいいのか決めていません。どうすればよいですか。」

あなた：「会計参与や会計監査人を置くことは考えていますか。」

甲　氏：「いいえ。知り合いの会社でも会計参与や会計監査人は置いていないと聞きましたので，X社でも，置かないこととしたいです。」

あなた：「現在，X社の定款では，全ての株式の譲渡には株主総会の承認を必要とすると定めていますが，これを変更することは考えていますか。」

甲　氏：「取締役会を設ける予定のため，全ての株式の譲渡制限については，取締役会の承認を必要とするという定款の定めに変更しようと思っています。」

あなた：「これまでのお話をまとめると，今後，X社は，取締役会を設置する，会計参与や会計監査人は設置しない，定款で全ての株式に譲渡制限に関する定めを置くという会社にするということでよいですか。」

甲　氏：「はい，そうです。」

あなた：「そうすると，X社では，　B　。」

（設問 1）

　会話の中の空欄 A に入る記述として，最も適切なものはどれか。

　　　ア　甲氏以外の取締役を選任する場合，取締役は法人でも構いません

　　　イ　取締役の人数については，甲氏を含めて 2 人いればよく，3 人までは必要ありません

　　　ウ　取締役の人数については，甲氏を含めて 3 人以上必要になります

　　　エ　取締役の人数については，甲氏を含めて 4 人以上必要になり，そのうち 1 人は社外取締役でなければなりません

（設問 2）

会話の中の空欄 B に入る記述として，最も適切なものはどれか。

ア　監査役会を設置しない場合，定款の定めにより，監査役の権限を会計監査に
　　関する事項に限定することができます

イ　監査役会を設置する場合には，監査役は 3 人以上必要ですが，社外監査役を
　　置く必要はありません

ウ　監査役を置く代わりに，指名委員会等設置会社にして監査委員を置いたり，
　　監査等委員会設置会社にして監査等委員を置くことができます

エ　監査役を設置しないこともできます

（設問 1）

解答	ウ

■解説

　取締役会を設置する株式会社について，取締役の資格と人数が問われている。いずれも基本的な事項であり，確実に正解したい。

　　ア：不適切である。法人は取締役となることができない（会社法 331 条 1 項 1 号）。他に同条 1 項が定める欠格事由として，①成年被後見人若しくは被保佐人（2 号），②会社法等の一定の法令に違反した罪で刑に処せられ，その執行を終わり又はその執行を受けることがなくなった日から 2 年を経過しない者（3 号），③その他の法令の規定に違反し，禁錮以上の刑に処せられ，その執行を終わるまで又はその執行を受けることがなくなるまでの者（執行猶予中を除く）（4 号）がある。

　　　　なお，2021 年 3 月 1 日施行の改正会社法では，上記①の成年被後見人若しくは被保佐人について，条件付きで取締役に就任できると変更された。

　　イ：不適切である。取締役会設置会社においては，取締役は 3 人以上でなければならない（会社法 331 条 5 項）。取締役会は多数決で意思決定をする合議体であり，最低 3 人以上は必要だからである。

　　ウ：適切である。イの解説を参照。

　　エ：不適切である。取締役の人数については，イの解説を参照。社外取締役の起用が義務づけられるのは，以下の 3 つの場合であり，本問ではこれらに該当する記述はない。

　　　①取締役会設置会社において，特別取締役による議決の定めをするためには，取締役のうち 1 名以上が社外取締役でなければならない（会社法 373 条 1 項 2 号）。

　　　②監査等委員会設置会社では，監査等委員である取締役は 3 人以上で，その過半数は社外取締役でなければならない（会社法 331 条 6 項）。

　　　③指名委員会等設置会社では，各委員会の委員の過半数は社外取締役でなければならない（会社法 400 条 3 項）。

　　　　なお，2021 年 3 月 1 日施行の改正会社法では，金融商品取引法の適用会社である監査役設置会社（公開会社かつ大会社）には，社外取締役の選任が義務づけられた。

　よって，ウが正解である。

(設問 2)

解答	ア

■解説

　取締役会を設置する株式会社について，機関設計が問われている。いずれも基本的な知識であり，確実に正解したい。

　問題文と「あなた」の発言内容から，今後の X 社について，①非公開会社である，②取締役会設置会社である，③会計参与や会計監査人は設置しない，④会社法上の大会社ではない，の 4 つがわかる。これらを前提に，各選択肢の正誤を判定することになる。

　　ア：適切である。株式会社の監査役は，取締役の職務の執行を監査する（会社法381 条 1 項）。会社の規模を問わず，監査役の権限には，業務監査と会計監査の両方が含まれる。ただし，非公開会社（監査役会設置会社及び会計監査人設置会社を除く）は，監査役の権限を会計監査に限定する旨を定款で定めることができる。（会社法 389 条 1 項）。

　　イ：不適切である。監査役会は監査役により構成される合議体であるから，取締役会と同様，3 人以上でなければならないという記述は正しい。しかし，監査役会を設置する場合，半数以上は社外監査役でなければならない（会社法335 条 3 項）ため，「社外監査役を置く必要はありません」という記述は誤りである。

　　ウ：不適切である。監査等委員会設置会社及び指名委員会等設置会社は，会計監査人を置かなければならない（会社法 327 条 5 項）。X 社は会計監査人を設置しないとしているので，監査等委員会設置会社や指名委員会等設置会社を選択することはできない。

　　エ：不適切である。非公開かつ取締役会設置かつ大会社以外の株式会社（監査等委員会設置会社及び指名委員会等設置会社を除く）は，監査役か会計参与のどちらか，あるいは両方を設置しなければならない（会社法 327 条 2 項）。X 社は会計参与を設置しないとしているので，監査役を設置する必要がある。

　よって，アが正解である。

株主総会の招集と株主提案権	ランク	1回目		2回目		3回目	
	B	／		／		／	

■**令和元年度　第6問**

　X株式会社（以下「X社」という。）は，取締役会及び監査役会を設置している会社（公開会社ではなく，かつ大会社ではない）である。

　中小企業診断士であるあなたは，2019年1月に，今年（2019年）の株主総会のスケジュール等について，X社の株主総会担当者の甲氏から相談を受けた。以下の会話は，その相談の際のものである。この会話を読んで，下記の設問に答えよ。

　　甲　　氏：「当社の事業年度は，4月1日から翌年3月31日までです。2019年は6月27日（木）に株主総会を開催したいと考えています。株主総会の招集通知はいつまでに発送すればよいですか。」

　　あなた：「御社では，株主総会に出席しない株主に，書面による議決権の行使や，電磁的方法による議決権の行使を認める制度を設けていますか。」

　　甲　　氏：「いいえ。設けていません。」

　　あなた：「そうすると，御社は，取締役会を設置している会社ですが，公開会社ではありませんし，また，書面による議決権の行使や，電磁的方法による議決権の行使を認める制度を設けていないので，　Ａ　までに招集通知を発送する必要があります。」

　　甲　　氏：「分かりました。ところで，今回の株主総会でも，昨年と同様，3年前まで当社の取締役であった乙氏が，「自分を取締役に選任しろ」という議案を株主提案として提出してくると聞いています。どのような点に注意した方がよいでしょうか。」

　　あなた：「御社では，定款で株主提案に関する何らかの規定は設けていますか。」

　　甲　　氏：「いいえ。定款では特に規定は設けていません。」

　　あなた：「　Ｂ　」

（設問 1）

会話の中の空欄 A に入る記述として，最も適切なものはどれか。

    ア　株主総会の日の 1 週間前

    イ　株主総会の日の 2 週間前

    ウ　原則として株主総会の日の 1 週間前ですが，定款で 1 週間を下回る期間を定
　　　めた場合にはその期間の前

    エ　原則として株主総会の日の 2 週間前ですが，定款で 2 週間を下回る期間を定
　　　めた場合にはその期間の前

（設問 2）

　会話の中の空欄 B に入る記述として，最も適切なものはどれか。

ア　御社の場合，株主が，株主提案について，議案の要領を株主に通知すること
　　を求めるには，株主総会の日の 6 週間前までに請求することが必要です。こ
　　のため，乙氏が株主提案をしてきた場合は，この要件を満たしているのかを
　　確認してください。

イ　御社の場合，株主が，株主提案について，議案の要領を株主に通知すること
　　を求めるには，総株主の議決権の 100 分の 3 以上の議決権又は 300 個以上の
　　議決権を，6 か月前から引き続き有していることが要件となります。このた
　　め，乙氏が株主提案をしてきた場合は，この要件を満たしているかを確認し
　　てください。

ウ　株主の提案する議案が，実質的に同一の議案につき株主総会において総株主
　　の議決権の 10 分の 1 以上の賛成を得られなかった日から 3 年を経過してい
　　ない場合は，会社は，その株主提案を拒絶することができます。乙氏は，昨
　　年の株主総会でも同様の株主提案をしてきたとのことですので，乙氏が株主
　　提案をしてきた場合は，まず昨年の賛否の状況を確認してください。

エ　株主の提案する議案が，法令や定款に違反する議案の場合であっても，株主
　　提案は，株主の基本的な権利ですので，議案の要領を株主に通知する必要が
　　あります。このため，乙氏が株主提案をしてきた場合は，その提案が法令に
　　違反するものであっても，必ず，議案の要領を株主に通知してください。

（設問 1）

解答	ア

■解説

　株主総会について，招集通知の発送時期が問われている。

　株主総会の招集通知を発する時期は，機関設計等によって異なる。具体的には，下記のとおりである（会社法 299 条）。

書面または電磁的方法による議決権行使	非公開会社		公開会社
	取締役会非設置会社	取締役会設置会社	
認める	株主総会の日の 2 週間前まで		株主総会の日の2 週間前まで
認めない	株主総会の日の1 週間前まで（定款で短縮可能）	株主総会の日の1 週間前まで	

　「あなた」の発言によると，X 社は非公開会社かつ取締役会設置会社であり，書面または電磁的方法による議決権の行使を認めていない。よって，表より，株主総会の日の 1 週間前までに，招集通知を発送する必要がある。

　なお，ウとエには「定款で〜を下回る期間を定めた場合には」とある。公開会社では，招集期間を定款の定めにより短縮することはできない。非公開会社かつ取締役会非設置会社の場合は，定款の定めにより期間の短縮が可能である（「3 日前まで」等）。ただし，書面または電磁的方法による議決権の行使を認める場合は，期間の短縮はできない。本問の X 社は，非公開会社かつ取締役会設置会社であるから，定款の定めによる期間の短縮はできない。

　よって，アが正解である。

（設問 2）

解答	ウ

■解説

株主提案への会社としての対応について問われている。

ア：不適切である。株主は，議題について株主が提出しようとする議案の要領を招集通知に記載または記録することを請求できる（議案通知請求権）。この請求は，株主総会の日の8週間（定款で短縮可）前までにしなければならない（会社法305条1項本文）。

イ：不適切である。議案通知請求権を行使できるのは，取締役会設置会社においては，総株主の議決権の100分の1以上の議決権または300個以上（定款で引き下げ可）の議決権を6か月（定款で短縮可）前から引き続き有する株主に限られる（会社法305条1項ただし書き）。ただし，公開会社でない取締役会設置会社（本問のX社はこれに当たる）においては，株式保有期間の制限はない（会社法305条2項）。

ウ：適切である。株主は株主総会において，議題につき議案を提出することができる。ただし，当該議案が法令若しくは定款に違反する場合又は実質的に同一の議案につき株主総会において総株主の議決権の10分の1（定款で引き下げ可）以上の賛成を得られなかった日から3年を経過していない場合は，議案の提出を拒絶することができる（会社法304条）。

エ：不適切である。ウの解説を参照。

よって，ウが正解である。

株主総会の決議と招集手続	ランク	1回目		2回目		3回目	
	B	／		／		／	

■令和5年度　第1問

株主総会に関する記述として，最も適切なものはどれか。

ア　株主総会の報告事項及び決議事項について，株主総会における決議及び報告のいずれも省略することが可能となった場合，株主総会の開催を省略することができるため，株主総会議事録の作成も不要となる。

イ　公開会社ではない会社及び公開会社のいずれの会社においても，取締役又は株主が提案した株主総会の目的である事項について，当該提案につき議決権を行使することができる株主の全員から書面又は電磁的方法により同意の意思表示があったときは，当該提案を可決する旨の決議があったものとみなされる。

ウ　公開会社ではない会社においては，株主総会は，株主全員の同意があるときは招集手続を経ることなく開催することができるが，公開会社においては，定款に書面による議決権行使及び電磁的方法による議決権行使に関する定めがあるか否かにかかわらず，株主全員の同意があっても，招集手続を経ることなく株主総会を開催することはできない。

エ　公開会社ではない会社においては，取締役が株主の全員に対して株主総会に報告すべき事項を通知した場合において，当該事項を株主総会に報告することを要しないことについて株主の全員が書面又は電磁的方法により同意の意思表示をしたときは，当該事項の株主総会への報告があったものとみなされるが，公開会社においては，このような株主全員の同意の意思表示があっても，当該事項の株主総会への報告があったものとみなされない。

解答	イ

■解説

　株主総会の決議と招集手続きについて問われている。会社法の規定の適用範囲について，公開会社と非公開会社，取締役会設置会社と非設置会社などの区別の有無を意識して学習することで，確実な正答につなげたい。

　　ア：不適切である。株主総会の目的である事項（報告事項・決議事項）について，議決権を行使できる株主の全員が書面または電磁的記録により同意の意思表示をしたときは，株主総会における報告や決議があったものとみなされる（会社法319条1項）。これにより，定時株主総会の目的である事項のすべてについて提案を可決する旨の株主総会決議があったものとみなされた場合には，その時に当該定時株主総会が終結したものとみなし（同条5項），株主総会の開催を省略できる。しかし，株主総会を省略した場合であっても，会社は書面または電磁的記録によって株主総会の議事録を作成し，備え置かなければならない（同条2項）。

　　イ：適切である。選択肢アの解説で触れた，株主総会決議の省略に関する規定（会社法319条1項）は，非公開会社と公開会社とを区別しておらず，いずれにおいても適用される。

　　ウ：不適切である。株主総会は，株主の全員の同意があるときは，招集の手続を経ることなく開催することができる（会社法300条本文）。ただし，定款で書面または電磁的方法によって議決権を行使できると定めている場合（会社法298条1項3号・4号）は，招集手続を省略することができない（会社法300条ただし書き）。これらの規定は非公開会社と公開会社とを区別しておらず，いずれにおいても適用される。

　　エ：不適切である。株主総会における報告事項について，当該事項を株主総会に報告することを要しないことにつき，株主全員が書面または電磁的記録により同意の意思表示をしたときは，当該事項の株主総会への報告があったものとみなされる（会社法320条）。この規定は非公開会社と公開会社とを区別しておらず，いずれにおいても適用される。

　よって，イが正解である。

社外取締役の要件	ランク	1回目		2回目		3回目	
	A	/		/		/	

　以下の者のうち，X 株式会社において，社外取締役の要件を<u>満たさない者</u>はどれか。なお，経過規定については考慮しないものとする。

　　ア　15 年前まで，X 株式会社に勤務していた者

　　イ　X 株式会社の親会社の業務執行取締役

　　ウ　X 株式会社の業務執行取締役の甥

　　エ　X 株式会社の主要な取引先の業務執行取締役

解答	イ

■解説

平成 26 年の会社法改正で変更された，社外取締役の要件に関する問題である。この改正以前，社外取締役の資格要件は，次の①・②のように定められていた。

①当該会社又はその子会社の「業務執行取締役もしくは執行役又は支配人その他の使用人」（以下，「業務執行取締役等」という）でなく，かつ，

②過去に当該会社又はその子会社の業務執行取締役等となったことがないもの

平成 26 年改正法（会社法 2 条 15 号）では，社外取締役による業務執行者に対する監督の実効性を確保するため，上記①に，

③当該会社の経営を支配している個人（以下，「支配個人」という），又は親会社の取締役もしくは執行役もしくは支配人その他の使用人でないこと

④親会社の子会社（当該会社を除く）（以下，「兄弟会社」という）の業務執行取締役等でないこと

⑤当該会社の取締役，支配人，その他の重要な使用人又は支配個人の配偶者，2 親等内の親族（親子，兄弟姉妹等）ではないこと

の 3 点が追加された。

一方，②については，現在もしくは過去 10 年以内に当該会社又はその子会社の業務執行取締役等となったことがないものと改められ（②′），要件が緩和された。

　ア：満たす。現在勤務しておらず，かつ退職してから 15 年が経過しているため，上記②′ より社外取締役となり得る。

　イ：満たさない。上記③に抵触するため，社外取締役とはなり得ない。

　ウ：満たす。甥は 3 親等なので上記⑤に抵触せず，社外取締役となり得る。

　エ：満たす。上記①～⑤のいずれにも，主要な取引先の業務執行取締役を社外取締役にできないという規定はなく，社外取締役となり得る。

よって，イが正解である。

株式会社の役員の選任・解任等	ランク	1回目		2回目		3回目	
	A	/		/		/	

■平成 28 年度　第 1 問

　株式会社の役員に関する記述の組み合わせとして，最も適切なものを下記の解答群から選べ。

　　a　定款で定めれば，株主総会において，議決権を行使することができる株主の議決権の 3 分の 1 以上の割合を有する株主が出席し，出席した当該株主の議決権の過半数をもって，監査役を解任することができる。

　　b　定款で定めれば，増員として選任された監査役の任期を，他の現任監査役の任期の満了する時までとすることができる。

　　c　公開会社でない株式会社は，監査等委員会設置会社又は指名委員会等設置会社でない限り，取締役の任期について，定款で定めることにより，選任後10 年以内に終了する事業年度のうち最終のものに関する定時株主総会終結の時まで伸長することができる。

　　d　正当な理由なく取締役を解任された者は，解任によって生じた損害の賠償を株式会社に対して請求することができる。ここでいう損害には，残存任期中に支給を受けるはずだった取締役の報酬等も含まれる。

〔解答群〕

　ア　a と b

　イ　a と d

　ウ　b と c

　エ　c と d

解答	エ

■解説

株式会社の取締役・監査役について，選任・解任の手続や任期が問われている。

a：不適切である。監査役の解任要件は取締役のそれよりも重く，株主総会の特別決議事項とされている（会社法334条4項）。これは，監査役の解任手続を慎重に行わせることにより，監査役の独立性を保つためである。特別決議においては，定款に別段の定めをする場合でも，定足数は3分の1を下回る割合を設定できず，決議要件は3分の2以上の割合にのみ設定できる（会社法309条2項7号）。

b：不適切である。増員取締役については，他の取締役と退任時期を合わせるため，定款で「増員により選任された取締役の任期は，他の取締役の任期の残存期間と同一とする」と定めることができる（会社法332条1項）。しかし，増員監査役の任期を他の在任監査役の任期と同一にすることは認められていない。このため，増員監査役についても，任期は原則どおり4年となる。

c：適切である。監査等委員会設置会社又は指名委員会等設置会社でない限り，非公開会社では，取締役の任期を最長10年まで伸長することができる（会社法332条2項）。

d：適切である。取締役の解任によって生じた損害（会社法339条2項）には，残存任期中に支給を受けるはずだった報酬等も含まれるとするのが通説・判例である。

よって，エが正解である。

取締役会と監査役会	ランク	1回目		2回目		3回目	
	A	/		/		/	

■**令和3年度　第6問**

　会社法が定める取締役会と監査役会の比較に関する記述として，最も適切なものはどれか。

　なお，本問における会社は，監査役会設置会社であって，公開会社ではなく，かつ，大会社ではない。また，定款に別段の定めはないものとする。

　ア　取締役会：取締役会の決議に参加した取締役であって，当該決議に係る議事録に異議をとどめないものは，その決議に賛成したものと推定される。

　　　監査役会：監査役会の決議に参加した監査役であって，当該決議に係る議事録に異議をとどめないものは，その決議に賛成したものと推定される。

　イ　取締役会：取締役会は，2か月に1回以上開催しなければならない。

　　　監査役会：監査役会は，取締役会が開催される月には開催しなければならない。

　ウ　取締役会：取締役会は，取締役の全員が招集手続の省略に同意すれば，監査役が同意しなくても，招集手続を省略して開催することができる。

　　　監査役会：監査役会は，監査役の全員が招集手続の省略に同意すれば，招集手続を省略して開催することができる。

　エ　取締役会：取締役会を構成する取締役のうち2人以上は，社外取締役でなければならない。

　　　監査役会：監査役会を構成する監査役のうち半数以上は，社外監査役でなければならない。

解答	ア

■解説

株式会社における取締役会と監査役会の異同を問う問題である。

ア：適切である。取締役会については，決議に参加した取締役であって，当該決議に係る議事録に異議をとどめないものは，その決議に賛成したものと推定される（会社法 369 条 5 項）。決議に基づいて行われた行為によって会社に損害が発生した場合，その責任は決議に賛成した取締役にも問うべきであり，異議を述べなかった取締役にも同等の責任があるためである。監査役会についても，同様の推定規定が置かれている（会社法 393 条 4 項）。

イ：不適切である。取締役会については，監督機能の実効性を担保するため，代表取締役・業務執行取締役から 3 か月に 1 回以上，職務執行の状況について報告してもらうことになっている（会社法 363 条 2 項）。したがって，取締役会は「3 か月」に 1 回以上開催する必要がある。一方，監査役会については，何か月に 1 回以上という定めはなく，「取締役会が開催される月には開催しなければならない」という定めもない。

ウ：不適切である。取締役会については，取締役及び監査役の全員が招集手続の省略に同意していれば，招集手続を省略して開催することができる（会社法 368 条 2 項）。「監査役が同意しなくても」という記述は誤りである。一方，監査役会については，監査役の全員が同意していれば，招集手続を省略することができる（会社法 392 条 2 項）。

エ：不適切である。取締役会については，改正会社法（2021 年 4 月 1 日施行）では，監査役会設置会社（公開会社かつ大会社に限る）である有価証券報告書提出会社に，社外取締役の設置が義務付けられた（会社法 327 条の 2）。しかし，本問の会社は公開会社でも大会社でもないのでこの規定は当てはまらず，社外取締役の設置義務はない。一方，監査役会については，構成する監査役のうち，半数以上は社外監査役でなければならない（会社法 355 条 3 項）。

よって，アが正解である。

取締役と監査役の任期	ランク	1回目		2回目		3回目	
	A	/		/		/	

■令和4年度　第2問

　下表は，会社法が定める監査役設置会社における取締役と監査役の任期をまとめたものである。空欄 A〜C に入る数値と語句の組み合わせとして，最も適切なものを下記の解答群から選べ。

　なお，本問においては，補欠取締役・補欠監査役が取締役・監査役に就任した場合の任期，監査等委員会設置会社・指名委員会等設置会社となるための定款変更，公開会社となるための定款変更，監査役の監査権限を会計監査に限定する定款変更等による任期の終了は考慮しないものとする。

　また，定款に剰余金配当に関する特段の定めはない。

	取締役	監査役
原則	選任後 ［ A ］ 年以内に終了する事業年度のうち最終のものに関する定時株主総会の終結時まで	選任後4年以内に終了する事業年度のうち最終のものに関する定時株主総会の終結時まで
公開会社ではない会社の特則（任期の伸長）	定款により，選任後10年以内に終了する事業年度のうち最終のものに関する定時株主総会の終結時まで伸長可能	定款により，選任後 ［ B ］ 年以内に終了する事業年度のうち最終のものに関する定時株主総会の終結時まで伸長可能
任期の短縮	定款又は株主総会の決議によって短縮可能	定款又は株主総会の決議によって短縮 ［ C ］

〔解答群〕

　ア　A：1　　B：8　　C：不可

　イ　A：1　　B：10　　C：可能

　ウ　A：2　　B：8　　C：可能

　エ　A：2　　B：10　　C：不可

解答	工

■解説

　監査役会設置会社における取締役と監査役の任期が問われている。いずれも会社法の基本的な知識であり，落としてはいけない問題である。

空欄A：

　取締役の任期は，「選任後2年以内に終了する事業年度のうち最終のものに関する定時株主総会の終結の時まで」である（会社法332条1項）。ただし，表の中段左の通り，公開会社でない株式会社（監査等委員会設置会社及び指名委員会等設置会社を除く）においては，定款によって，選任後10年以内に終了する事業年度のうち最終のものに関する定時株主総会の終結の時まで伸長することを妨げない（会社法332条2項）。

空欄B：

　監査役の任期は，表の上段右のとおり，「選任後4年以内に終了する事業年度のうち最終のものに関する定時株主総会の終結の時まで」である（会社法336条1項）。ただし，公開会社でない株式会社において，定款によって，同項の任期を選任後10年以内に終了する事業年度のうち最終のものに関する定時株主総会の終結の時まで伸長することを妨げない（会社法336条2項）。

空欄C：

　取締役については，表の下段左のとおり，定款または株主総会の決議によって任期を短縮することができる（会社法332条1項ただし書き）。一方，監査役については，任期を短縮することができない（監査役の任期を定める会社法336条1項には，取締役のようなただし書きがない）。その趣旨は，監査役の地位を長期間にわたって保障することにより，監査役の独立性を確保することにある。

　なお，任期の満了前に退任した監査役の補欠として選任された監査役の任期について，退任した監査役の任期の満了する時までとすることは可能であるが，本問では「考慮しないものとする」とされている。

　よって，空欄Aには「2」，空欄Bには「10」，空欄Cには「不可」がそれぞれ入り，エが正解である。

取締役・監査役の選任と解任	ランク	1回目	2回目	3回目
	A	／	／	／

■**令和5年度　第2問**

　監査役会設置会社における取締役及び監査役の株主総会における選任と解任の決議に関する事項の記述として，最も適切なものはどれか。

ア　取締役及び監査役の解任に関する株主総会の決議は，いずれも，定款に定めることにより，議決権を行使することができる株主の議決権の3分の1を有する株主が出席し，出席した当該株主の議決権の過半数をもって行うとすることができる。

イ　取締役及び監査役の解任に関する株主総会の決議は，いずれも，定款に別段の定めがない場合，議決権を行使することができる株主の議決権の過半数を有する株主が出席し，出席した当該株主の議決権の3分の2以上に当たる多数をもって行わなければならない。

ウ　取締役及び監査役の選任に関する株主総会の決議は，いずれも，定款に定めることにより，議決権を行使することができる株主の議決権の5分の1を有する株主が出席し，出席した当該株主の議決権の過半数をもって行うとすることができる。

エ　取締役及び監査役の選任に関する株主総会の決議は，いずれも，定款に別段の定めがない場合，議決権を行使することができる株主の議決権の過半数を有する株主が出席し，出席した当該株主の議決権の過半数をもって行わなければならない。

解答	エ

■解説

　監査役会設置会社における役員の選任と解任について問われている。株主総会決議については，定足数と表決数の原則と例外（いかなる場合に特別決議が必要か）を正確に押さえておきたい。

ア：不適切である。株主総会の決議は，定款に別段の定めがある場合を除き，議決権を行使できる株主の議決権の過半数を有する株主が出席し，出席株主の議決権の過半数をもって行う（普通決議，会社法309条1項）。定足数については，原則として定款で任意に定めることができる。ただし，役員を選任または解任する株主総会については，定足数は議決権を行使できる株主の議決権の過半数（3分の1以上の割合を定款で定めた場合はその割合以上），表決数は出席株主の議決権の過半数（定款でそれを上回る割合を定めた場合はその割合以上）とされる（会社法341条）。

　ここまで読むと選択肢アは正しいように見えるが，会社法にはもう一段階の例外がある。「監査役」の「解任」については，特別決議（議決権を行使できる株主の議決権の過半数（3分の1以上の割合を定款で定めた場合はその割合以上）を有する株主が出席し，出席した株主の議決権の3分の2以上（定款でそれを上回る割合を定めた場合はその割合以上）の賛成を必要とする）によるとされる（会社法334条4項，309条2項7号）。

イ：不適切である。本肢は特別決議の定足数と表決数を述べている。選択肢アの解説で触れたように，監査役の解任については特別決議が必要であるが，取締役の解任については特別決議は必要ない。

ウ：不適切である。選択肢アの解説を参照。役員を選任または解任する株主総会については，定款に別段の定めをした場合であっても，定足数を議決権を行使できる株主の議決権の「3分の1」未満にはできない（会社法341条）。

エ：適切である。選択肢アの解説を参照。定款に別段の定めがない場合，取締役・監査役ともに選任については，定足数は議決権を行使できる株主の議決権の過半数，表決数は出席株主の議決権の過半数となる（会社法341条）。

　よって，エが正解である。

取締役会の招集	ランク	1回目		2回目		3回目	
	A	/		/		/	

■**令和 5 年度　第 3 問**

　監査役会設置会社における取締役会の会社法の定めに関する記述として，最も適切なものはどれか。なお，本問における取締役会は特別取締役による取締役会は考慮しないものとする。

　　ア　会社法上，監査役は，必要があると認めるときは，取締役に対し，取締役会の招集を請求することができるとされているが，いかなる場合においても監査役自らが取締役会を招集することはできないとされている。

　　イ　会社法上，定款又は取締役会で定めた取締役が取締役会を招集する場合，取締役会の招集通知には，取締役会の日時及び場所並びに取締役会の目的事項を記載しなければならないとされている。

　　ウ　会社法上，取締役会の招集通知は，各取締役の他に，各監査役に対しても発しなければならないとされている。

　　エ　会社法上，取締役会の招集通知は，定款で定めることにより，取締役会の日の 1 週間前までに発する必要はなくなるが，その場合でも取締役会の日の 3 日前までには発しなければならないとされている。

解答	ウ

■解説

監査役会設置会社における取締役会の招集について問われている。

ア：不適切である。監査役は，取締役が不正の行為をし，もしくは当該行為をするおそれがあると認めるとき，又は法令もしくは定款に違反する事実もしくは著しく不当な事実があると認めるときは，取締役会の招集を請求できる（会社法383条1項・2項）。その請求があった日から5日以内に，請求があった日から2週間以内の日を取締役会の日とする取締役会の招集の通知が発せられない場合は，監査役は自ら取締役会を招集することができる（同条3項）。

なお，問題文で考慮しないとしている特別取締役とは，6名以上の取締役（うち社外取締役1名以上）が存在する株式会社において，経営の効率化のため，3名以上を会社の重要な財産の処分・譲受および借財に関する決定を行う権限を有する「特別取締役」とするものである。特別取締役による取締役会を監査役が自ら招集することはできない。

イ：不適切である。取締役会の招集通知は，任意の方法で行えば足りる。日時と場所を通知しなければ会議は行えないであろうが，目的事項は必ずしも記載する必要はない。なお，株主総会の招集通知では，日時と場所，目的事項の記載が必要とされている（会社法299条4項，298条1項1号・2号）。会社法は，経営のプロによる取締役会と一般の投資家を対象とする株主総会で，扱いを異にしている。

ウ：適切である。取締役会を招集する者は，取締役会の日の1週間（これを下回る期間を定款で定めた場合は，その期間）前までに，各取締役（監査役設置会社では，各取締役及び各監査役）に対してその通知を発しなければならない（会社法368条1項）。監査役に対して取締役会の招集通知が必要なのは，監査役は取締役会に出席し，必要があると認めるときは意見を述べなければならない（会社法383条1項）からである。

エ：不適切である。選択肢ウの解説で触れたように，取締役会を招集する者は，取締役会の日の1週間（これを下回る期間を定款で定めた場合は，その期間）前までにその通知を発することを要する。この「これを下回る期間」について何日前までという制限はなく，例えば前日でもよい。

よって，ウが正解である。

監査役の地位と権限	ランク	1回目		2回目		3回目	
	B	／		／		／	

■**令和5年度　第4問**

　監査役会設置会社における監査役に関する記述として，最も適切なものはどれか。

　　ア　監査役の報酬は，その額を定款で定めていないときは，取締役会の決議で定
　　　　めなければならない。

　　イ　監査役は，当該会社の業務及び財産の状況の調査をすることができる。

　　ウ　監査役は，当該会社の取締役・使用人，子会社の取締役を兼ねることができ
　　　　ないが，子会社の使用人については兼ねることができる。

　　エ　監査役は，取締役が法令に違反する行為をするおそれがある場合において，
　　　　当該行為によって当該会社に著しい損害が生ずるおそれがあるときであって
　　　　も，監査役会の決議を経なければ，当該行為の差止めを請求することができ
　　　　ない。

解答	イ

■解説

監査役会設置会社における監査役の地位と権限について問われている。

ア：不適切である。監査役の報酬等は，その額を定款で定めていないときは，取締役会ではなく株主総会の決議（普通決議）によって定める（会社法387条1項）。その目的は，報酬面から監査役の独立性を保障するためである。なお，監査役が複数いる場合に，各監査役の報酬等について定款の定めまたは株主総会の決議がないときは，監査役の協議によって決定する（同条2項）。

イ：適切である。監査役は，取締役（会計参与設置会社にあっては，取締役及び会計参与）の職務の執行を監査する（会社法381条1項）。この「職務の執行」は業務と会計の両方を含む。例外として，非公開会社（監査役会設置会社及び会計監査人設置会社を除く）は，監査役の監査の範囲を会計監査に限定する旨を定款で定めることができる（会社法389条1項）。本問の前提は監査役会設置会社であるから，仮に非公開会社であったとしても，業務と会計の両方について調査をすることができる。

ウ：不適切である。監査役は，株式会社とその子会社の取締役・支配人その他の使用人，及び子会社の会計参与（会計参与が法人であるときは，その職務を行うべき社員）・執行役を兼ねることができない（会社法335条2項）。その目的は，監査役の独立性を担保するためである。

エ：不適切である。監査役は，取締役が監査役設置会社の目的の範囲外の行為その他法令もしくは定款に違反する行為をし，又はこれらの行為をするおそれがある場合において，当該行為によって当該監査役設置会社に著しい損害が生ずるおそれがあるときは，当該取締役に対し，当該行為をやめることを請求することができる（会社法385条1項）。監査役会設置会社では，監査の方針，会社の業務及び財産の状況の調査の方法その他の監査役の職務の執行に関する事項は監査役会で決定するが（会社法390条2項3号），各監査役の権限の行使を妨げることはできないとされる（同条2項柱書ただし書）。そのため，各監査役は監査役会の決議を経なくても，取締役の違法行為の差止めを請求することができる。

よって，イが正解である。

3. 会社の計算

▶▶ 出題項目のポイント

　株式会社の株主は有限責任であるため，会社債権者にとって会社財産が確保されていることは非常に重要である。そのため，会社法には，剰余金の分配が厳格に行われなければならないことなど，計算規定が詳細に設けられている。株式会社の会計は，一般に公正妥当と認められる企業会計の慣行に従うものとされる（会社法431条）。

　また，株式会社は，法務省令（会社計算規則）で定めるところにより，適時に正確な会計帳簿を作成し，監査役設置会社であれば監査役の監査を経て，原則として定時株主総会の承認を受けなければならない。さらに，会計帳簿およびその事業に関する重要な資料を，10年間保存しなければならない（会社法432条）。

　貸借対照表の資産の額と自己株式の簿価の合計額から負債・資本金・準備金などを減じて得た額を剰余金といい，会社は剰余金を配当することができる。会社法により，株主総会（期中であれば臨時株主総会）の普通決議により，分配可能額の範囲内であり，かつ純資産の額が300万円以上であれば，いつでも，一事業年度に何回でも剰余金の配当が可能とされた。また，取締役会設置会社においては，一事業年度に1回に限り，取締役会決議により中間配当を行うことができる。

▶▶ 出題の傾向と勉強の方向性

　会社の計算は，本来は重要であるが，単体での出題はほとんど見られない。参考書等で，計算書類の種類や配当に関する要件をひととおり押さえる程度で十分である。

　その他，株主総会の招集手続，監査役や会計参与の職務などについて，計算書類のことが出てくるので，イメージはできるようにしておいてほしい。

■取組状況チェックリスト

3. 会社の計算						
会社の計算						
問題番号	ランク	1回目		2回目		3回目
平成29年度 第4問（設問1）	B	／		／		／
平成29年度 第4問（設問2）	C*	／		／		／
平成30年度 第7問	B	／		／		／

＊ランクCの問題と解説は，「過去問完全マスター」のHP（URL：https://jissen-c.jp/）よりダウンロードできます。

新株発行と資本金	ランク	1回目	2回目	3回目
	B	／	／	／

■平成 29 年度　第 4 問 （設問 1）

　以下の会話は，中小企業診断士であるあなたと，新株発行による資金調達を行おうとしている X 株式会社の代表取締役甲氏との間で行われたものである。この会話を読んで，下記の設問に答えよ。

　甲　氏：「新株発行により 3,000 万円を調達しようと考えています。株式の発行に際して払い込まれた金額は，資本金か資本準備金かのどちらかに計上しなければならないと聞きましたが，具体的にいくらにすればいいのでしょうか。」

　あなた：「会社法上の規定により，3,000　万円のうち，少なくとも　 A 　円は，資本金として計上しなければならないので，残りの　 B 　円についていくらを資本金にするのかが問題になります。資本金の額が許認可の要件となっている事業を行う場合などを除き，一般的には資本金に計上する金額を少なくした方が有利なことが多いように思います。」

　甲　氏：「資本金を増やす特別な理由がないのであれば，資本金に計上する金額は少なくした方がいいみたいですね。今回は，　 B 　円を資本準備金の金額としておきます。」

（設問 1）

　会話の中の空欄 A と B に入る数値の組み合わせとして，最も適切なものはどれか。

　ア　A：1　　　　　B：2,999 万 9,999

　イ　A：300 万　　　B：2,700 万

　ウ　A：1,000 万　　B：2,000 万

　エ　A：1,500 万　　B：1,500 万

解答	エ

■解説

　新株発行による資金調達について，資本金への計上に関する会社法の規定が問われている。

　株式会社の資本金の額は，原則として，設立又は株式の発行に際して株主となる者が払込み又は給付をした財産の全額である（会社法445条1項）。ただし，払込み又は給付に係る額の2分の1を超えない額は，資本金として計上しないことができる（会社法445条2項）。資本金として計上しないこととした額は，資本準備金として計上しなければならない（会社法445条3項）。

　本問の場合，新株発行によって3,000万円を調達できたとすると，最低でも2分の1の1,500万円は資本金に計上しなければならない。残額の1,500万円は，資本金と資本準備金のいずれに計上してもよい，ということになる。

　よって，エが正解である。

資本等の減少と債権者保護	ランク	1回目		2回目		3回目	
	B	/		/		/	

■平成 30 年度　第 7 問

資本の部の計数の増減に関する記述として，最も適切なものはどれか。

　ア　資本金の額を減少させ，その減少させた金額と同じ金額だけその他資本剰余金の額を増やすためには，債権者異議手続を行う必要がある。

　イ　資本金の額を減少させ，その減少させた金額と同じ金額だけ利益準備金の額を増やすためには，債権者異議手続を行う必要がある。

　ウ　資本準備金の額を減少させ，その減少させた金額と同じ金額だけ資本金の額を増やすためには，債権者異議手続を行う必要がある。

　エ　その他資本剰余金の額を減少させ，その減少させた金額と同じ金額だけ資本金の額を増やすためには，債権者異議手続を行う必要がある。

解答	ア

■解説

会社の計算から, 資本の部の計数増減における手続について問われている。

ア：適切である。資本金の額を減少させた分, その他資本剰余金の額を増やすことは, 分配可能額の増加につながり, 債権者にとっては重大な関心事であるため, 債権者異議手続を行う必要がある（会社法449条1項）。

イ：不適切である。利益準備金は, 剰余金の配当をする場合, 原則として配当額に10分の1を乗じた額を積み立てるものである（会社法445条4項）。資本金の額を減少させた分, 利益準備金の額を増やすことはできない。

ウ：不適切である。資本準備金の額を減少させた分, 資本金の額を増やす場合は, 株主総会の普通決議が必要である。一方, 分配可能額を増加させないため, 債権者異議手続を行う必要はない。

エ：不適切である。その他資本剰余金の額を減少させた分, 資本金の額を増やす場合は, 株主総会の普通決議が必要である。一方, 分配可能額を増加させないため, 債権者異議手続を行う必要はない。

よって, アが正解である。

第9章

その他の法律

1. その他の法律

▶▶ 出題項目のポイント

民法と会社法以外の法律では，独占禁止法と下請法，消費者保護に関する法律が重要である。

⑴ 独占禁止法（私的独占の禁止及び公正取引の確保に関する法律）

公正かつ自由な競争を促進することによって，一般消費者の利益の確保と民主的で健全な国民経済の発達を図ることを目的とする法律である。

同法が禁止する行為としては，①私的独占（他の事業者の事業活動を排除・支配する行為），②不当な取引制限（カルテル・入札談合等），③不公正な取引方法（再販売価格の拘束，優越的地位の濫用，抱き合わせ販売，排他条件付取引など），④事業者団体による一定の行為（事業者数の制限など），⑤企業結合（市場支配力が過度に集中する事態の防止）の５種類がある。

独占禁止法の運用（一般指定行為の決定，違反行為の摘発など）は，内閣総理大臣の所轄の下に設置され，準司法的な機能を持つ「公正取引委員会」が行う。

上記②の不当な取引制限を行った企業が，公正取引委員会にその事実を報告し資料を提供した場合に，課徴金の免除や減額を受けられる制度（課徴金減免制度）が定められている。

⑵ 下請法（下請代金支払遅延等防止法）

独占禁止法の特別法である。下請事業者の利益を保護し，取引の適正化を推進することを目的とする。平成15年改正では，規制対象が役務取引に拡大され，違反行為に対する措置が強化された。

親事業者には，発注書面の交付など４つの義務が課せられ，代金支払遅延や買いたたきなど11の行為が禁止される。

なお，同法は，「親事業者」と「下請事業者」を資本金額で定義しており，物品の製造・修理委託と情報成果物の作成・役務提供委託とで異なるので，確認のこと。

⑶ 消費者保護に関する法律

一般消費者の利益を保護することを目的とする主な法律として，以下の法律がある。

・消費者基本法：消費者保護に関する一般法
・消費者契約法：消費者を不当な勧誘や契約条項から守るため，消費者契約に関するルールを定める

・景品表示法：　消費者を惑わす販売行為を防止する
・割賦販売法：　割賦払いによる契約条件をめぐる消費者トラブルを防止する
・特定商取引法：消費者トラブルを生じやすい取引類型を対象に，事業者が守るべきルールと消費者を守るルール（クーリング・オフ等）を定める
・製造物責任法：メーカーとの力の不均衡により，消費者による責任追及が困難であることに鑑み，製品の欠陥による損害賠償請求を容易にする

▶▶ 出題の傾向と勉強の方向性

　独占禁止法は，ミクロ経済学と関連していること，公正取引委員会に運用が委ねられること，蓄積された事例が膨大であること等から，難解な法律である。試験対策上は，違反行為の類型と典型的な例，課徴金減免制度の概要を押さえておく程度にとどめてよい。

　なお，令和元年の独占禁止法改正では，公正取引委員会の調査に協力するインセンティブを高めて独占禁止法違反行為に対する抑止力向上を図るため，課徴金減免制度が大幅に見直されたので注意されたい。具体的には，①申請順位に応じた固定の減免率を下げる，②事業者の実態解明への協力度合いに応じた減算率を付加する，③申請者数の上限を撤廃する，である。

　下請法では，「親事業者」と「下請事業者」の定義を覚え，過去問をもとに代表的な義務および違反行為だけは押さえたい。

　消費者保護に関する法律については，出題頻度は高くはないが，いざ出題された場合，各法律の基本的知識が頭に入っていないと全く解答できないケースもありうる。手持ちのテキスト等で該当箇所を押さえ，過去問ではどこがどのように問われているか，確認しておいてほしい。法改正があった後に変更点が出題されるケースが見られ，要注意の論点としては，特定商取引法の令和3年改正（①「初回無料」など詐欺的な定期購入対策，②送り付け商法対策，③クーリング・オフを電子メールで行うことを可能に）と，景品表示法の令和5年改正（①確約手続（優良誤認表示等の疑いがある表示を行った事業者が是正措置計画を申請して認定された場合，当該行為について措置命令・課徴金の納付命令の対象としない）の導入，②課徴金制度の見直し（課徴金額の推計，再度の違反における課徴金額割増），③優良誤認表示・有利誤認表示を行った事業者に対する直罰（100万円以下の罰金）の新設，他）がある。

　また，消費者契約法については，平成 28 年（高齢化の進展等に対応し，消費者の取消権等を拡大する），平成 30 年（消費者と事業者の情報格差や交渉力の格差の解消を図る），令和 3 年（契約の取消事由を追加，免責の範囲が不明確な条項を無効に，事業者の努力義務を拡充）の 3 回の大きな改正があったので，変更内容を押さえておきたい。

■取組状況チェックリスト

1．その他の法律							

独占禁止法・下請法

問題番号	ランク	1 回目		2 回目		3 回目	
平成 27 年度　第 3 問（設問 1）	A	／		／		／	
平成 27 年度　第 3 問（設問 2）	A	／		／		／	
平成 27 年度　第 4 問	C*	／		／		／	
平成 28 年度　第 3 問（設問 2）	C*	／		／		／	
令和元年度　第 7 問	C*	／		／		／	
令和 5 年度　第 7 問	A	／		／		／	

消費者保護に関する法律

問題番号	ランク	1 回目		2 回目		3 回目	
平成 29 年度　第 19 問	B	／		／		／	
平成 26 年度　第 5 問	A	／		／		／	
平成 29 年度　第 20 問	A	／		／		／	
令和 3 年度　第 5 問	A	／		／		／	
令和 5 年度　第 19 問	A	／		／		／	
平成 29 年度　第 18 問	B	／		／		／	
令和 5 年度　第 18 問	B	／		／		／	
平成 30 年度　第 23 問	C*	／		／		／	

＊ランク C の問題と解説は，「過去問完全マスター」の HP（URL：https://jissen-c.jp/）よりダウンロードできます。

再販売価格の拘束	ランク	1回目	2回目	3回目
	A	／	／	／

■平成 27 年度　第 3 問（設問 1）

　以下の会話は，中小企業診断士であるあなたと X 株式会社（以下「X 社」という。）の代表取締役甲氏との間で行われたものである。この会話を読んで，下記の設問に答えよ。

甲　氏：「今度，当社で開発した新製品 a の販売を計画しています。そこで，卸売業者との間で締結する継続的な売買基本契約の内容を検討しています。ちょっと見てもらってもいいですか。売主が当社で，買主が卸売業者になります。」

あなた：「分かりました。あれ，『買主は，売主が指定した価格で商品を小売業者に転売するものとする。』という条項が定められていますね。」

甲　氏：「何か問題がありますか。」

あなた：「こうした条項を定めることは，　　A　　のうちの再販売価格の拘束に当たり，独占禁止法上，原則として違法となるとされていたはずです。」

甲　氏：「そうなんですか。」

あなた：「ええ。他にも，卸売業者に対して，a と競合する商品の購入を禁止したり，X 社が事前に同意していない小売業者への転売を禁止したりすると，　　A　　に該当する可能性があります。」

甲　氏：「知りませんでした。　　A　　に該当するとどのような処分を受けるのですか。」

あなた：「例えば，公正取引委員会から　　B　　を受ける場合があります。ただ，　　A　　に該当する可能性のある条項でも場合によっては定めることができたと思います。詳しいことは弁護士の先生に相談してみてはどうでしょうか。」

（設問 1）

　会話の中の空欄 A に入る語句として最も適切なものはどれか。

　　ア　抱き合わせ販売　　　　イ　不公正な取引方法
　　ウ　不当な取引制限　　　　エ　優越的地位の濫用

解答	イ

■**解説**

　独占禁止法は，公正で自由な競争を促進するため，私的独占，不当な取引制限，及び不公正な取引方法の各類型にあてはまる行為を禁止している。

　ア：不適切である。抱き合わせ販売とは，ある商品の供給にあわせて，他の商品を自己または自己の指定する事業者から購入させる等を強制することをいう。抱き合わせ販売は，公正取引委員会の告示（一般指定）の中で，「不公正な取引方法」にあたるとされている（選択肢イの解説を参照）。

　イ：適切である。不公正な取引方法とは，公正な競争を阻害するおそれがある行為をいい，独占禁止法2条9項に定義されている。その1つとして，再販売価格の拘束がある（同法2条9項4号）。なお，不公正な取引方法については，同法2条9項6号に基づき公正取引委員会が告示する「一般指定」（すべての業種に適用される）と「特殊指定」（特定の業界を対象とする）がある。このうち「一般指定」には，不当廉売，抱き合わせ販売，排他条件付取引など15種類がある。

　ウ：不適切である。不当な取引制限とは，他の事業者と共同して対価を決定する等，競争を実質的に制限する行為をいう（独占禁止法2条6項）。一般にカルテルや談合と呼ばれるものがこれに該当する。

　エ：不適切である。優越的地位の濫用とは，自己の取引上の地位の優越を利用して，不当に当該取引に係る商品又は役務以外の商品又は役務を購入させる等の行為をいう。優越的地位の濫用も，「不公正な取引方法」の1類型である（独占禁止法2条9項5号）。

　よって，イが正解である。

再販売価格の拘束	ランク	1回目	2回目	3回目
	A	/	/	/

■平成27年度　第3問（設問2）

　以下の会話は，中小企業診断士であるあなたとX株式会社（以下「X社」という。）の代表取締役甲氏との間で行われたものである。この会話を読んで，下記の設問に答えよ。

甲　氏：「今度，当社で開発した新製品aの販売を計画しています。そこで，卸売業者との間で締結する継続的な売買基本契約の内容を検討しています。ちょっと見てもらってもいいですか。売主が当社で，買主が卸売業者になります。」

あなた：「分かりました。あれ，『買主は，売主が指定した価格で商品を小売業者に転売するものとする。』という条項が定められていますね。」

甲　氏：「何か問題がありますか。」

あなた：「こうした条項を定めることは，　A　のうちの再販売価格の拘束に当たり，独占禁止法上，原則として違法となるとされていたはずです。」

甲　氏：「そうなんですか。」

あなた：「ええ。他にも，卸売業者に対して，aと競合する商品の購入を禁止したり，X社が事前に同意していない小売業者への転売を禁止したりすると，　A　に該当する可能性があります。」

甲　氏：「知りませんでした。　A　に該当するとどのような処分を受けるのですか。」

あなた：「例えば，公正取引委員会から　B　を受ける場合があります。ただ，　A　に該当する可能性のある条項でも場合によっては定めることができたと思います。詳しいことは弁護士の先生に相談してみてはどうでしょうか。」

（設問2）

　会話の中の空欄Bに入る語句として，最も不適切なものはどれか。

　　ア　課徴金納付命令　　　　　イ　警告

　　ウ　排除措置命令　　　　　　エ　罰金刑

解答	エ

■解説

ア：適切である。私的独占，不当な取引制限及び一定の不公正な取引方法については，違反事業者に対して課徴金納付命令が出される。

イ：適切である。公正取引委員会は，排除措置命令等の法的措置を採るに足る証拠が得られなかった場合であっても，違反するおそれがある行為があるときは，関係事業者等に対して「警告」を行い，その行為を取りやめること等を指示する。

ウ：適切である。公正取引委員会は，違反行為をした者に対し，その違反行為を除くために必要な措置を命ずる。これを「排除措置命令」という。

エ：不適切である。不当な取引制限や私的独占をした者は，5年以下の懲役又は500万円以下の罰金に処せられ（懲役と罰金は併科できる），法人等に対しては5億円以下の罰金の両罰規定がある。しかし，不公正な取引方法については，刑事罰の適用はない。また，刑事罰は公正取引委員会ではなく，裁判所が科すものである。

よって，エが正解である。

課徴金減免制度	ランク	1回目		2回目		3回目	
	B	/		/		/	

■令和5年度　第7問

独占禁止法が定める課徴金減免制度に関する記述として，最も適切なものはどれか。

なお，令和2年12月25日改正後の制度によるものとし，本問においては，いわゆる調査協力減算制度における協力度合いに応じた減算率は考慮しないものとする。

ア　課徴金減免制度における申請方法は，所定の報告書を公正取引委員会に郵送又は持参することにより提出する方法に限られ，電話により口頭で伝える方法や電子メールにより所定の報告書を送信する方法は認められていない。

イ　課徴金減免制度の対象は，いわゆるカルテルや入札談合といった不当な取引制限行為の他に，優越的地位の濫用行為も含まれる。

ウ　調査開始後に課徴金減免申請を行った場合，調査開始前に課徴金減免申請を行った者がおらず，かつ，調査開始後の課徴金減免申請の申請順位が1位の場合であっても，申請順位に応じた課徴金の減免を一切受けることはできない。

エ　調査開始前に単独で課徴金減免申請を行い，その申請順位が1位の場合，申請順位に応じた減免率は100％（全額免除）である。

解答	エ

■解説

　独占禁止法の課徴金減免制度について，令和元年の法改正（2020年12月25日施行）を踏まえて解答することが求められている。

　ア：不適切である。課徴金減免制度とは，事業者が自ら関与した不当な取引制限（カルテル・入札談合）について，公正取引委員会に違反行為に関する事実の報告及び資料の提出（以下，「申請」という）を行い，調査に協力した場合，申請の順位に応じて課徴金を免除ないし減額する制度である。その狙いは，企業が違反を通報するインセンティブを与えることによって，違反行為の真相解明を効率的・効果的に行い，公正な競争秩序を早期に回復させることにある。

　　　課徴金減免制度では，企業からの申請の順位を正確に判定できるように，公正取引委員会が定めるメールアドレスへ電子メールで申請することとされている（課徴金の減免に係る事実の報告及び資料の提出に関する規則4条）。

　イ：不適切である。選択肢アの解説で触れたように，課徴金減免制度の対象行為は，不当な取引制限のみである。再販売価格の拘束や優越的地位の濫用など，他の違反行為には適用されない。

　ウ：不適切である。令和元年の法改正により，公正取引委員会の調査開始後に申請を行った場合，調査開始前に申請を行った者がおらず，かつ，調査開始後の申請の申請順位が1位の場合には，課徴金が10％減免されるようになった。なお，調査への協力度合いに応じて減免率がさらに最大20％プラスされるが，本問では考慮しないとされている。

　エ：適切である。公正取引委員会の調査開始前に単独で申請を行い，その申請順位が1位の場合，申請順位に応じた減免率は100％（全額免除）である。

　よって，エが正解である。

	ランク	1回目	2回目	3回目
消費者契約法	B	／	／	／

■平成29年度　第19問

消費者契約法に関する記述として，最も適切なものはどれか。

ア　個人事業主が，A株式会社から，ミネラルウォーターを自宅で飲むために購入した場合，当該契約に消費者契約法は適用される。

イ　事業者が消費者の代理人に対し，重要事項について事実と異なることを告げたことにより，当該代理人が，告げられた内容が事実であるとの誤認をし，それにより契約を締結した場合において，当該代理人が事業者に該当するときは，消費者契約法は適用されない。

ウ　住居の賃貸借契約において，事業者である賃貸人の重過失に起因する債務不履行により賃借人に生じた損害を賠償する責任の一部を免除する条項は有効である。

エ　洗濯機の売買契約において，事業者である売主の軽過失に起因する債務不履行により消費者である買主に生じた損害を賠償する責任の全部を免除する条項は有効である。

解答	ア

■解説

　消費者契約法について問われている。消費者契約法は，消費者と事業者の情報力・交渉力の格差を前提とし，消費者の利益擁護を図ることを目的として制定された法律であって，消費者と事業者との間で締結される契約（労働契約を除く）に適用される。

- ア：適切である。消費者契約法は，個人であっても「事業として又は事業のために契約の当事者となる場合」は「消費者」にはあたらないとする（同法2条1項）。個人がどのような目的で契約するのかは内心の問題であるため，客観的な事情から判断される。アの「ミネラルウォーターを自宅で飲むために購入した」という記述からは，消費者契約法が適用されると考えられる。

- イ：不適切である。不実の告知による誤認等を根拠とする契約の取消について，消費者契約の締結に係る消費者の代理人は「消費者」とみなされる（同法5条2項）。消費者の代理人が事業者であったとしても，契約取消の可否には影響を及ぼさない。

- ウ：不適切である。事業者の故意または重過失による債務不履行によって消費者に生じた損害を賠償する責任の一部を免除する消費者契約の条項は，「無効」とされる（同法8条1項2号）。

- エ：不適切である。事業者の債務不履行により消費者に生じた損害を賠償する責任の全部を免除する消費者契約の条項は，「無効」とされる（同法8条1項1号）。

　よって，アが正解である。

景品表示法	ランク	1回目		2回目		3回目	
	A	/		/		/	

■平成26年度　第5問

　不当景品類及び不当表示防止法（以下「景表法」という。）で定義される表示に関する記述として，最も適切なものはどれか。

　　ア　イタリアで縫製され，日本でラベルが付された衣料品について，「MADE IN ITALY」と表示することは，景表法に違反する。

　　イ　景表法上，比較広告を行うことは禁止されている。

　　ウ　口頭で行うセールストークは，表示には含まれない。

　　エ　消費者庁長官から，表示の裏付けとなる合理的な根拠を示す資料の提出を求められたのに提出しなかった場合には，景表法に違反する表示とみなされる。

解答	エ

■解説

　不当景品類及び不当表示防止法（以下，「景品表示法」という）における「表示」について問われている。

　　ア：不適切である。景品表示法5条1項3号に基づき，「商品の原産国に関する不当な表示」が指定されている。イタリアで縫製された衣料品について「MADE IN ITALY」と表示することはこれにあたらない。逆に，文字による表示の全部または主要部分が和文で示されていると，不当表示にあたる可能性がある。

　　イ：不適切である。景品表示法は一切の比較広告を禁じているわけではない。消費者庁「比較広告ガイドライン」によると，比較広告が不当表示とならないためには，①比較広告で主張する内容が客観的に実証されていること，②実証されている数値や事実を正確かつ適正に引用すること，③比較の方法が公正であること，の3要件をすべて満たす必要がある。

　　ウ：不適切である。景品表示法の「表示」（2条4項）には，商品，包装，チラシなどによる広告その他の表示のみならず，口頭による広告その他の表示も含まれる。

　　エ：適切である。消費者庁長官は，優良誤認表示に該当するか否かを判断する必要がある場合には，期間を定めて，事業者に表示の裏付けとなる合理的な根拠を示す資料の提出を求めることができ，合理的な根拠を示す資料が提出されない場合は，当該表示は不当表示とみなされる（景品表示法7条2項）。

　よって，エが正解である。

	ランク	1回目	2回目	3回目
景品表示法	A	／	／	／

■平成 29 年度　第 20 問

　不当景品類及び不当表示防止法（以下「景品表示法」という。）に基づいて課される課徴金に関する記述として，最も不適切なものはどれか。

ア　課徴金対象行為を行った事業者のうち，最初に課徴金対象行為に該当する事実を内閣総理大臣に報告（自己申告）した者に対しては，課徴金の納付は命じられない。

イ　課徴金対象行為をやめた日から 5 年を経過すれば，当該課徴金対象行為について課徴金の納付を命じられることはない。

ウ　景品表示法に定める手続に従って返金措置を実施した場合において，その返金した金額が課徴金の額以上の場合には，課徴金納付命令を受けることはない。

エ　結果として表示が優良誤認表示や有利誤認表示に該当していた場合でも，表示を行った期間を通じて，相当な注意を払った上で該当することを知らなかった者であれば，課徴金納付命令を受けることはない。

解答	ア

■解説

　不当景品類及び不当表示防止法（景品表示法）の平成26年改正で導入された，課徴金制度について問われている。

　この制度では，優良誤認表示及び有利誤認表示により措置命令を受けた企業に対して，課徴金（不当表示があった商品やサービスについて最大3年分の売上額の3%）が課される（同法8条）。ただし，不当表示を中止して5年以上経過した場合，相当の注意をした場合（例：商品の仕入先に表示の根拠を確認した等），及び課徴金額が150万円未満の場合は，課徴金は課されない。また，不当表示を自主申告した事業者は，課徴金額の2分の1が減額される。

　　ア：不適切である。課徴金対象行為に該当する事実を自己申告した者については，課徴金額の2分の1が減額される（同法9条）。課徴金の納付を命じられなくなるわけではない。この点，独占禁止法の課徴金制度と混同しないようにしてほしい。

　　イ：適切である。課徴金対象行為をやめた日から5年を経過した場合，当該課徴金対象行為について課徴金は課されない（同法12条7項）。

　　ウ：適切である。事業者が所定の手続に沿って返金措置を実施した場合は，課徴金が減額される，または命じられない。すなわち，返金措置における金銭交付相当額が課徴金額未満の場合，課徴金が減額される。金銭交付相当額が課徴金額以上の場合，課徴金は課されない（同法11条）。

　　エ：適切である。表示が優良誤認表示や有利誤認表示に該当していた場合でも，事業者が当該課徴金対象行為をした期間を通じて，当該表示が課徴金対象行為に該当することを知らず，かつ知らないことにつき相当の注意を怠った者でないと認められる場合，課徴金は課されない（同法8条1項ただし書き）。

　よって，アが正解である。

景品表示法	ランク	1回目		2回目		3回目	
	A	/		/		/	

■**令和3年度　第5問**

　下表は，不当景品類及び不当表示防止法（以下「景表法」という。）に基づく懸賞による景品類の提供に関する景品類の限度額をまとめたものである。空欄AとBに入る数値の組み合わせとして，最も適切なものを下記の解答群から選べ。

　なお，本問においては，新聞業等の特定の業種に対する業種別の景品規制は考慮しないものとする。

	景品類の限度額	
	最高額	（景品類の）総額
共同懸賞	取引価額にかかわらず 　A　万円	懸賞に係る売上予定総額の 3%
一般懸賞	取引価額が 5,000 円未満の場合 ⇒取引価額の 20 倍	懸賞に係る売上予定総額の 　B　%
	取引価額が 5,000 円以上の場合 ⇒10 万円	

〔解答群〕

　ア　A：30　　B：2

　イ　A：30　　B：3

　ウ　A：50　　B：2

　エ　A：100　　B：3

解答	ア

■解説

　不当景品類及び不当表示防止法（以下「景品表示法」という）の懸賞に関する規定について問われている。景品表示法の表示については過去に出題されたが，懸賞については初出題である。本問では，基本的な数字さえ押さえておけば解答できる。

　景品表示法は，景品類の最高額，総額等を規制することにより，一般消費者の利益を保護するとともに，過大景品による不健全な競争の防止を図っている。同法にいう「景品類」とは，①顧客を誘引するための手段として，②事業者が自己の供給する商品・サービスの取引に付随して提供する，③物品，金銭その他の経済上の利益である。商品・サービスの利用者に対し，くじ等の偶然性，特定行為の優劣等によって景品類を提供することを「懸賞」という。懸賞は，以下の2種類に分かれる。

・共同懸賞
　複数の事業者が参加して行うもの（例：商店街の中元・歳末セール，一定の地域の同業者の相当多数が共同で実施する「電気まつり」等における抽選会）
・一般懸賞
　共同懸賞以外のもの

　景品表示法に基づいて内閣総理大臣告示で定められた制限は，下表のとおりである。

	景品類の限度額	
	最高額	（景品類の）総額
共同懸賞	取引価額にかかわらず 　30　万円	懸賞に係る売上予定総額の 3%
一般懸賞	取引価額が5,000円未満の場合 ⇒取引価額の20倍	懸賞に係る売上予定総額の 　2　%
	取引価額が5,000円以上の場合 ⇒10万円	

上記より，空欄Aには「30」，空欄Bには「2」が入る。

　よって，アが正解である。

景品表示法	ランク	1回目		2回目		3回目	
	A	／		／		／	

■令和 5 年度　第 19 問

不当景品類及び不当表示防止法（以下「景表法」という。）で定義される表示に関する記述として，最も適切なものはどれか。

ア　景表法上，比較広告を行うことは一律禁止されている。

イ　消費者庁長官から，表示の裏付けとなる合理的な根拠を示す資料の提出を求められ，当該資料を提出しなかった場合，景表法に違反する表示とみなされる。

ウ　商品の品質に関して不当表示が行われた場合，景表法の規制対象となるのは不当な表示を行った事業者であって，その表示内容の決定に関与しただけの事業者は，景表法の規制対象とはならない。

エ　優良誤認表示及び有利誤認表示に該当するには，表示をした事業者の故意又は過失が必要である。

解答	イ

■**解説**

　不当景品類及び不当表示防止法（以下，「景品表示法」という）が定める不当表示について問われている。

　同法5条は，①優良誤認表示（商品・サービスの品質，規格，その他の内容についての不当表示），②有利誤認表示（商品・サービスの価格，その他の取引条件についての不当表示），③その他誤認されるおそれのある表示（一般消費者に誤認されるおそれがあるとして内閣総理大臣が指定する不当表示）の3種類を禁止している。

ア：不適切である。景品表示法は，一切の比較広告を禁じているわけではない。消費者庁「比較広告ガイドライン」によると，比較広告が不当表示とならないためには，①比較広告で主張する内容が客観的に実証されていること，②実証されている数値や事実を正確かつ適正に引用すること，③比較の方法が公正であること，の3要件をすべて満たす必要があるとされる。

イ：適切である。内閣総理大臣は，事業者に対し，期間を定めて表示の裏付けとなる合理的な根拠を示す資料の提出を求めることができ，その事業者が資料を提出しなかった場合，景品表示法に違反する表示とみなされる（同法7条2項）。この内閣総理大臣の権限は，消費者庁長官に委任されているため（同法33条1項），本肢の記述は正しい。

ウ：不適切である。消費者庁「表示に関するQ&A」によると，不当表示による顧客の誘引を防止するという規制の趣旨から，不当表示についてその内容の決定に関与した事業者が，景品表示法上，規制の対象となる。この場合の「決定に関与」とは，自ら又は他の者と共同して積極的に当該表示の内容を決定した場合のみならず，他の者の表示内容に関する説明に基づきその内容を定めた場合や，他の者にその決定を委ねた場合も含むとされる。

エ：不適切である。消費者庁「表示に関するQ&A」によると，優良誤認表示及び有利誤認表示に該当するには，当該表示が景品表示法5条に規定する不当表示であることについて，当該表示の決定に関与した者に故意又は過失があることは要しないとされる。

　よって，イが正解である。

	ランク	1回目		2回目		3回目	
製造物責任	B	／		／		／	

　製造物責任に関する記述として，最も適切なものはどれか。

　　ア　魚の塩焼きは，製造物責任法に定める製造物に該当しない。

　　イ　製造物にその製造業者と誤認させるような氏名の表示をしただけの者は，製
　　　　造物責任法上の責任を負わない。

　　ウ　被害者が損害又は賠償義務者を知らないまま，製造業者が製造物を引き渡し
　　　　た時から 5 年を経過したときは，当該製造業者に対する損害賠償請求はでき
　　　　なくなる。

　　エ　不動産は，製造物責任法に定める製造物に該当しない。

解答	エ

■解説

　製造物責任法について問われている。基本的な出題であり，必ず正解したい。以下の解説は，平成 29 年に成立した民法改正整備法（2020 年 4 月 1 日施行）に基づく。

　　ア：不適切である。製造物責任法では，製造物を「製造又は加工された動産」と定義している（同法 2 条 1 項）。つまり，人為的な操作や処理がなされ，引き渡された動産が「製造物」にあたる。不動産，未加工の農林畜水産物，電気，ソフトウェア等は「製造物」に含まれない。アの「魚の塩焼き」は，水産物ではあるが，人為的な操作や処理がなされているので，同法の「製造物」にあたる。

　　イ：不適切である。製造物責任法の「製造業者等」には，当該製造物を業として製造等した者（製造業者）のほか，自ら製造業者として当該製造物に氏名，商号，商標その他の表示をした者，または当該製造物にその製造業者と誤認させるような氏名等の表示をした者も含まれる（同法 2 条 3 項 2 号）。

　　ウ：不適切である。製造物責任法における損害賠償請求権は，被害者またはその法定代理人が損害及び賠償義務者を知った時から 3 年間（人の生命又は身体を侵害した場合は 5 年間）行使しないと，時効によって消滅する。製造業者等が当該製造物を引き渡した時から「10 年」を経過した場合も，時効によって消滅する（同法 5 条 1 項・2 項）。

　　エ：適切である。不動産は，製造物責任法における製造物にあたらない。アの解説を参照。

　よって，エが正解である。

製造物責任	ランク	1回目	2回目	3回目
	B	／	／	／

■令和 5 年度　第 18 問

製造物責任に関する記述として，最も適切なものはどれか。

- ア　外国から輸入した製品の欠陥により損害が発生した場合，輸入事業者は製造物責任法による損害賠償責任を負わない。

- イ　製造物責任法は，過失責任が原則である民法の不法行為責任（民法第 709 条）の特例として定められたもので，製造業者等の過失や，過失と欠陥の因果関係の証明に代えて，被害者が製品に欠陥があることと，その欠陥と損害との因果関係を証明すれば，損害賠償を請求できるようにしたものである。

- ウ　製造物の欠陥によって，他人の財産等に損害が発生しておらず，製造物自体に損害が発生したのみであっても，製造業者は製造物責任法による損害賠償責任を負う。

- エ　製品の製造は行わず，製造物にその製造業者と誤認させるような氏名の表示をしただけの者は，製造物責任法による損害賠償責任を負わない。

解答	イ

■解説

　製造物責任について，制度趣旨，製造物の定義，責任を負う者など，基本的な知識が幅広く問われている。

　ア：不適切である。製造物責任法で製造物責任を負う「製造業者等」は，以下のいずれかに該当する者とされている（製造物責任法 2 条 3 項）。

　　⑴　当該製造物を業として製造，加工又は輸入した者（製造業者）

　　⑵　自ら当該製造物の製造業者として当該製造物にその氏名，商号，商標その他の表示（以下「氏名等の表示」という）をした者又は当該製造物にその製造業者と誤認させるような氏名等の表示をした者（表示製造業者）

　　⑶　⑵のほか，当該製造物の製造，加工，輸入又は販売に係る形態その他の事情からみて，当該製造物にその実質的な製造業者と認めることができる氏名等の表示をした者（実質製造業者）

　　輸入事業者は上記の⑴にあたり，製造物責任法による損害賠償責任を負う。

　イ：適切である。製造物責任法は，メーカーとの力の不均衡により，消費者による責任追及が困難であることに鑑み，過失責任が原則である民法の不法行為責任（民法 709 条）の特例として定められた。製造業者等の過失や，過失と欠陥の因果関係の証明に代えて，被害者が製品に欠陥があることと，その欠陥と損害との因果関係を証明すれば，損害賠償を請求できるようにしたものである。

　ウ：不適切である。製造業者等は，引き渡した製造物の欠陥により他人の生命，身体又は財産を侵害したときは，これによって生じた損害を賠償する責めに任ずる。ただし，その損害が当該製造物についてのみ生じたときは，この限りでない（同法 3 条）。

　エ：不適切である。製品の製造は行わず，製造物にその製造業者と誤認させるような氏名の表示をしただけの者は，選択肢アの解説⑵（表示製造業者）に該当し，製造物責任法による損害賠償責任を負う。

　よって，イが正解である。

Ⅴ．資本市場への
アクセスと手続

第 **10** 章

資本市場に関する基礎的知識

1. 資本政策

▶▶ 出題項目のポイント

　資本政策とは，企業の成長に必要な資金調達を行うための財務戦略であり，事業計画と整合していることが重要である。事業計画に基づいて，必要な開発資金・設備投資資金・運転資金などを算出し，「いつ・いくら・どのように」調達するのかを決めていくことになる。

　企業の資金調達方法には，大きく分けて，直接金融（株式市場などの資本市場からの資金調達）と，間接金融（金融機関からの借り入れ）がある。直接金融には，安定的に低コストで資金調達できるメリットがあるが，金融商品取引法の規制を受けるなど，手続が厳格かつ煩雑となるデメリットがあり，また，議決権比率次第では，経営に関する安定性が脅かされるリスクがある。

　上記の金融商品取引法の定める内部統制（いわゆるJ-SOX）は，エンロン事件など粉飾の多発を受けて整備された米国法を参考に制度化されたものである。内部統制の定義について，企業会計審査会が4つの目的と6つの基本的要素を定めている。

　また，役員や従業員へのインセンティブ制度として，ストックオプションがある。ストックオプションには，役員や従業員の資産形成に寄与し，安定株主対策にもなるというメリットがあるが，有能なスタッフが上場後に退職し，会社の成長阻害につながるリスクもある。

　なお，社債についてはⅤ．第2章，株式公開手続については第3章も参照のこと。

▶▶ 出題の傾向と勉強の方向性

　過去には，資本政策の全体像や各種の手法をまとめて問う総合的な問題が，頻繁に出題されている。細かい知識の出題も多いが，試験対策上はそれらにとらわれず，手法の概要とメリット・デメリットを押さえておけば充分である。

　また，金融商品取引法については，最低限の知識として，上記の適時開示のため金融商品取引法に基づいて作成が義務付けられる書類（有価証券報告書，有価証券届出書，有価証券通知書，目論見書）の名称と内容，提出期限，EDINET とは何かぐらいは知っておいてほしい。

■取組状況チェックリスト

1. 資本政策							

資本政策全般							
問題番号	ランク	1回目		2回目		3回目	
平成30年度 第4問	C*	／		／		／	

金融商品取引法							
問題番号	ランク	1回目		2回目		3回目	
平成27年度 第18問（設問1）	B	／		／		／	
平成27年度 第18問（設問2）	C*	／		／		／	
平成30年度 第22問	B	／		／		／	
令和元年度 第8問	B	／		／		／	

＊ランクCの問題と解説は，「過去問完全マスター」のHP（URL：https://jissen-c.jp/）よりダウンロードできます。

適時開示	ランク	1回目	2回目	3回目
	B	／	／	／

■**平成 27 年度　第 18 問（設問 1）**

中小企業診断士であるあなたと，東京証券取引所が運営する新興市場に上場した顧客企業の IR 担当執行役員甲氏との以下の会話を読んで，下記の設問に答えよ。

あなた：「今月上場されたのですよね。おめでとうございます。」

甲　氏：「ありがとうございます。」

あなた：「でも，甲さんの仕事はこれからが大変ですね。上場企業となるといろいろ情報開示が求められますし。」

甲　氏：「そうですね。一口に企業内容の開示といっても，法定開示，適時開示，それに任意開示があって，何か起こったときにどれに該当するかはなかなか瞬時には判断がつきません。あと，開示内容が誤っていたり虚偽記載があったりした場合の法的責任も重そうですよね。」

（以下略）

（設問 1）

次の①～⑥の事項のうち，その開示が会話の中の下線部（適時開示）に当てはまるものの組み合わせとして，最も適切なものを下記の解答群から選べ。

① 業務上の提携又は業務上の提携の解消

② 会社業務における法令違反事実等の不祥事の発覚

③ 有価証券報告書，四半期報告書

④ 有価証券報告書及び四半期報告書の提出遅延

⑤ 中期経営計画

⑥ 事業報告における内部統制システムに関する取締役会決議の概要

〔解答群〕

　ア　①，④　　イ　①，⑤　　ウ　②，③　　エ　④，⑥

解答	ア

■解説

　上場企業における適時開示（タイムリー・ディスクロージャー）に関する問題である。

　東京証券取引所は，有価証券上場規程の中で，直ちに内容を開示しなければならない事実を定めている（同規程402条）。本問の①〜⑥の中でそれらにあたるものは，①業務上の提携又は業務上の提携の解消（同条（1）p），④有価証券報告書及び四半期報告書の提出遅延（同条（2）u）の2つである。

　よって，アが正解である。

金融商品取引法の各種書類	ランク	1回目		2回目		3回目	
	B	／		／		／	

■**平成 30 年度　第 22 問**

下表は，金融商品取引法に基づき作成が義務付けられる書類の名称とその内容について説明したものである。空欄 A～D に入る語句の組み合わせとして，最も適切なものを下記の解答群から選べ。

名称	内容の説明
A	新たに有価証券を発行する場合，又は，既発行の有価証券の売出しをする場合において，その取得の申込みの勧誘を行う相手方の人数及び発行（売出し）価額の総額等が一定の基準に該当するときに，発行者が内閣総理大臣に提出することが義務付けられる書類
B	発行（売出し）価額の総額等が A の提出が義務付けられる基準に満たない場合において，新たに有価証券を発行し，又は，既発行の有価証券の売出しをするときに，発行者が内閣総理大臣に提出することが義務付けられる書類
C	有価証券の発行者が，事業年度ごとに，内閣総理大臣に提出することが義務付けられる，事業の内容に関する重要な事項を記載した書類
D	有価証券の募集又は売出しに当たって，その取得の申込みを勧誘する際等に投資家に交付する文書

〔解答群〕

ア　A：有価証券通知書　　B：有価証券届出書
　　C：目論見書　　　　　D：有価証券報告書

イ　A：有価証券届出書　　B：有価証券通知書
　　C：目論見書　　　　　D：有価証券報告書

ウ　A：有価証券届出書　　B：有価証券通知書
　　C：有価証券報告書　　D：目論見書

エ　A：有価証券報告書　　B：有価証券届出書
　　C：有価証券通知書　　D：目論見書

解答	ウ

■解説

　金融商品取引法に基づき作成が義務付けられる書類について問われている。一見難しく見えるが，一番基本的な空欄C（有価証券報告書）さえ知っていれば正解できる。

・空欄A：

　　発行（売出し）価額の総額が1億円以上の有価証券の募集や売出しを行う場合などに，発行者が提出する書類である「有価証券届出書」が入る。

・空欄B：

　　発行（売出し）価額の総額が1千万円超〜1億円未満の有価証券の募集や売出しを行う場合などに，発行者が提出する書類である「有価証券通知書」が入る。

・空欄C：

　　株式公開している会社や有価証券届出書提出会社等に，各事業年度終了後3か月以内に提出が義務付けられる「有価証券報告書」が入る。

・空欄D：

　　有価証券の募集又は売出しにあたって投資家に交付する文書で，当該有価証券の発行者や発行する有価証券などの内容を説明するものである「目論見書」が入る。

　よって，ウが正解である。

金融商品取引法 （公衆縦覧期間）	ランク	1回目	2回目	3回目
	B	╱	╱	╱

■令和元年度　第 8 問

下表は，金融商品取引法に定める縦覧書類の公衆縦覧期間をまとめたものである。空欄 A〜C に入る数値の組み合わせとして，最も適切なものを下記の解答群から選べ。

縦覧書類の名称	公衆縦覧期間
有価証券報告書	受理した日から　A　年を経過する日まで
半期報告書	受理した日から　B　年を経過する日まで
内部統制報告書	受理した日から　C　年を経過する日まで

〔解答群〕

　ア　A：5　　B：3　　C：3

　イ　A：5　　B：3　　C：5

　ウ　A：7　　B：3　　C：3

　エ　A：7　　B：5　　C：5

解答	イ

■解説

　金融商品取引法の定める書類の公衆縦覧期間について問われている。金融商品取引法は，ディスクロージャー制度の一環として，有価証券届出書をはじめとする各種開示書類の提出を有価証券の発行者等に義務づけ，それらを公衆縦覧（各財務局とEDINET で閲覧できる状態）に供している。

・空欄 A

　　有価証券報告書の公衆縦覧期間は，「受理した日から 5 年を経過する日まで」である。

・空欄 B

　　半期報告書の公衆縦覧期間は，「受理した日から 3 年を経過する日まで」である。

・空欄 C

　　内部統制報告書の公衆縦覧期間は，「受理した日から 5 年を経過する日まで」である。

　よって，イが正解である。

第 11 章

社債発行の手続

1. 社債発行の手続

▶▶ 出題項目のポイント

　社債発行は，資本市場からの資金調達である点で，株式発行と同じ「直接金融」に属する。どちらも有価証券の発行によるが，株式は返済の義務がない（自己資本になる）のに対し，社債は返済の義務がある（他人資本になる）点に違いがある。

　社債には，株式発行に比べて短期間で実施できる，株式価値を損ねずに資金調達できる，等のメリットがある。

　社債発行会社は，社債の発行条件（金利，償還金額，償還日等）を決定し，引き受けを募集する。証券会社を通じて不特定多数を募集するものを「公募債」，少数の投資家が直接引受するものを「私募債」と呼ぶ。「私募債」は，勧誘対象の性質と数から，「プロ私募債」と「少人数私募債」に分かれ，それぞれ手続要件が定められている。

　社債に関するもう1つの分類として，普通社債，転換社債，新株予約権付社債（ワラント債）の区別がある。転換社債とは，普通社債の要件に加え，ある一定の価格においてその会社の株式に転換することができる条件が付帯した社債である。新株予約権付社債とは，社債を発行した会社の株式を決められた価格で買い取る権利を付した社債である。

　新株予約権付社債には，社債券と新株予約権が不可分なもの（非分離型）と，2つの分離が可能なもの（分離型）がある。現行法では，非分離型のみを「新株予約権付社債」と呼ぶようになったため，分離型の法的性質は「新株予約権と普通社債の同時発行」となる。

▶▶ 出題の傾向と勉強の方向性

　社債は2〜4年おきに出題されている。内容的には，株式と比較した社債の特徴，私募債の発行要件，新株予約権付社債の発行要件（普通社債とは異なり，新株予約権の発行の手続に準じて行うべきものとされる）が問われている。過去問を学習し，出題者が問いやすい（すなわち受験生を引っかけやすい）箇所を把握しておくことが必要である。

　また，過去において有限会社は社債を発行できないと解されていたが，会社法では株式会社・持分会社ともに社債を発行できるので，間違えないようにしたい。

　令和元年改正会社法（2021年3月1日施行）では，社債管理者不設置債を対象とする新たな社債管理機関として「社債管理補助者」が設けられ，会社は社債管理補助者に社債管理の補助を委託することができるようになった。あわせて，社債権者集会に関する改正も行われた。今後の学習上，注意はしておきたい。

■取組状況チェックリスト

1. 社債発行の手続						
社債発行の手続						
問題番号	ランク	1回目		2回目		3回目
平成27年度 第19問	A	／		／		／
令和元年度 第5問	A	／		／		／
令和3年度 第1問	A	／		／		／

社債の発行	ランク	1回目	2回目	3回目
	A	／	／	／

■平成 27 年度　第 19 問

会社の社債に関する記述として最も適切なものはどれか。

ア　株主が違法な社債の発行の事前差止めを求めて訴えることはできず，専ら事後的に取締役・執行役の損害賠償責任を追及するしか是正手段がない。

イ　総額 1 億円未満の少人数私募債については有価証券届出書の提出等の開示義務がなく，届出がないこと等について投資家への告知義務もない。

ウ　取締役会設置会社においては，社債を発行するに当たり，募集事項の決定を代表取締役に委任することができない。

エ　振替社債については，社債券が発行されていないので，投資家保護のための開示規制が適用される有価証券に該当しない。

解答	イ

■解説

社債の発行について，幅広く問われている。

ア：不適切である。新株予約権付社債の発行については，株主が不利益を受ける
おそれがある場合，発行の中止を請求することができる（会社法247条）。
それ以外の社債については，法令違反行為によって会社に著しい損害が生ず
るおそれがある場合，発行の中止を請求することができる（会社法360条）。

イ：適切である。発行総額1億円未満の少人数私募債については，有価証券届出
書や目論見書の提出等の開示義務，投資家への告知義務など，投資家を保護
するための義務が課されない。

ウ：不適切である。取締役会設置会社においては，社債発行について，法務省令
で定める事項についてのみ取締役に委任できないとされ，それ以外の事項は
代表取締役に委任できるとされている（会社法362条4項5号）。

エ：不適切である。振替社債とは，社債券が発行されない社債をいう。金融商品
取引法は，振替社債も有価証券とみなす旨を規定している（同法2条2項）。

よって，イが正解である。

株式と社債	ランク	1回目		2回目		3回目	
	A	/		/		/	

■令和元年度　第5問

　株式と社債の比較に関する記述として，最も適切なものはどれか。

　　ア　株式：会社が解散して清算する場合，株主は，通常の債権者，社債権者等の
　　　　　　　債権者に劣後し，これら債権者の債務を弁済した後に残余財産があれ
　　　　　　　ば，その分配を受ける。
　　　　社債：会社が解散して清算する場合，社債権者は，通常の債権者に常に優先
　　　　　　　し，これら債権者の債務の弁済前に，弁済を受けることができる。

　　イ　株式：株券を発行する旨の定款の定めのある公開会社は，当該株式に係る株
　　　　　　　券を発行しなければならない。
　　　　社債：募集事項として社債券を発行する旨を定めている場合，会社は当該社
　　　　　　　債に係る社債券を発行しなければならない。

　　ウ　株式：株式の対価として払込み又は給付された財産は，全て資本金の額に組
　　　　　　　み入れられる。
　　　　社債：社債の対価として払い込まれた金銭は，全て資本金の額に組み入れら
　　　　　　　れる。

　　エ　株式：株式引受人の募集は，有利発行ではない場合であっても，公開会社・
　　　　　　　非公開会社を問わず，株主総会の決議事項である。
　　　　社債：社債の引受人の募集は，公開会社・非公開会社を問わず，株主総会の
　　　　　　　決議事項ではない。

解答	イ

■解説

　株式と社債の異同について問われている。正解のイがわかれば解答できるが，他の選択肢も株式と社債に関する知識の整理に役立つので，内容を吟味してほしい。

　ア：不適切である。株式に関する記述は正しい。株主は，残余財産分配請求権（会社の解散時に債務を弁済した後に残る財産の分配を請求できる権利）を有する（会社法 105 条 1 項 2 号）。社債に関する記述は誤りである。社債権者は特別法で例外的に優先扱いされる場合（例：電気事業法 27 条の 30）を除き，他の一般債権者と同様の地位である。

　イ：適切である。株券を発行する旨を定款で定める株式会社は，株式を発行した日以後遅滞なく，当該株式に係る株券を発行しなければならない（会社法 215 条 1 項），社債券を発行する旨を募集事項に定めている場合，会社は社債を発行した日以後遅滞なく，当該社債に係る社債券を発行しなければならない（会社法 696 条）。

　ウ：不適切である。株式に関する記述は誤りである。株式会社は，払込または給付された額の 2 分の 1 を超えない額を，資本金に計上しないことができる（会社法 445 条）。社債に関する記述も誤りである。社債は借入金の一種であり，償還期限まで 1 年を超えるものは固定負債，1 年以内のものは流動負債とされる。

　エ：不適切である。株式に関する記述は誤りである。公開会社では，有利発行の場合を除き，取締役会において募集事項を決定する（会社法 201 条 1 項）。非公開会社では株主総会において募集事項を決定する点は正しい（会社法 199 条 2 項）。社債に関する記述も誤りである。取締役会設置会社では，取締役会決議により，募集に関する事項を決定する（会社法 362 条 4 項 5 号）。取締役会非設置会社においては，一般に株主総会の普通決議事項（会社法 295 条 1 項）と解されている。

　よって，イが正解である。

株式会社の社債	ランク	1回目		2回目		3回目	
	A	／		／		／	

■令和3年度　第1問

　会社法が定める株式会社の社債に関する記述として，最も適切なものはどれか。

　なお，本問における会社は取締役会設置会社である。

　　ア　公開会社ではない会社においては，社債の募集事項の決定は，株主総会の決
　　　　議によらなければならない。

　　イ　公開会社においては，社債の募集事項の決定は，すべて取締役会の決議によ
　　　　らなければならず，代表取締役に委任できる事項はない。

　　ウ　社債権者は，社債の種類ごとに社債権者集会を組織する。

　　エ　社債を発行する場合，発行する社債の総額が1億円以上である場合には，必
　　　　ず，社債管理者を設置しなければならない。

解答	ウ

■**解説**

　株式会社の社債について問われている。社債とは，企業が資金調達の手段として，投資家から資金を募る際に発行する有価証券であり，その法的性質は当該会社を債務者とする金銭債権である（会社法2条23号）。本問とは関係がないが，現行法では，株式会社のみならず持分会社も社債発行が可能であることを押さえておきたい。

　ア：不適切である。社債の募集事項は，取締役会非設置会社においては，株主総会の普通決議事項（会社法295条1項）と解されている。しかし，本問で前提とされる取締役会設置会社においては，株主総会ではなく取締役会の決定事項とされる（会社法362条4項5号）。

　イ：不適切である。取締役会設置会社においては，募集社債の総額（会社法676条1号），その他の社債を引き受ける者の募集に関する重要な事項として法務省令で定める事項（会社法施行規則99条：利率に関する事項，払込金額の総額の最低金額等）については，代表取締役に委任することができない（会社法362条4項5号）。しかし，それら以外については代表取締役に委任することができる。

　ウ：適切である。社債権者集会とは，社債権者の利害に重大な関係がある事項について，社債権者の総意を決定することができる合議体である（会社法716条）。社債権者は，社債の種類ごとに社債権者集会を組織する（会社法715条）。ここにいう「種類」とは，利率，償還方法・期限等の違いを指している。

　エ：不適切である。社債を発行する会社は，原則として，社債管理者を設置して社債の管理を委託することとされる（会社法702条本文）。ただし，各社債の金額が1億円以上である場合その他社債権者の保護に欠けるおそれがないものとして法務省令で定める場合（会社法施行規則169条：50口未満の場合）は，社債管理者の設置は不要である（会社法702条ただし書）。本肢は「発行する社債の総額が1億円以上である場合には，必ず，社債管理者を設置しなければならない」とするが，社債の総額は社債権者の設置義務とは関係しない。「1億円」に反応して本肢を適切と判断しないよう注意したい。

　よって，ウが正解である。

第**12**章

株式公開手続

1. 株式公開手続

▶▶ 出題項目のポイント

　株式の上場は，企業にとって，資金調達，社会的信用力と知名度の向上，優秀な人材の確保，従業員の士気の向上および社内管理体制の充実など，さまざまなメリットをもたらす。（株式の「公開」と「上場」は同義に扱われることも多いが，ここでは「公開会社」との混同を避けるため，「上場」と呼ぶことにする。）

　上場にあたっては，各証券取引所が定める上場審査基準に適合する必要がある。この審査基準には，形式要件（株主数，株式数，時価総額など）と実質要件（継続性および収益性，健全性，管理体制，企業開示の適正性など）がある。通常，上場の3期前には上場準備に着手し，幹事証券会社や監査法人のサポートを受けながら，これらの基準に適合できるように社内体制を整備していく（下図参照）。

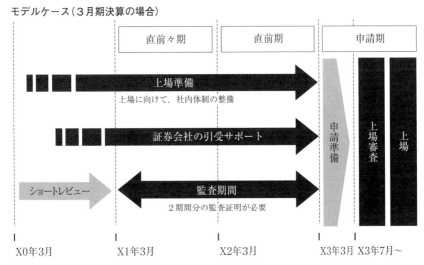

出所：日本取引所グループホームページ
　　　（https://www.jpx.co.jp/equities/listing-on-tse/new/basic/02.html）

▶▶ 出題の傾向と勉強の方向性

　上場準備は，広範かつ専門的な知見を必要とするものである。しかし，試験対策上は，準備の大まかな流れと主要な形式基準・実質基準を押さえておけば，易しい問題には対応できる。

　近年は証券市場の統廃合が進んでおり，証券市場の種類や上場基準についての問題が出ている。上場基準については最低限の知識として，ベンチャー色が強くなるほど「赤字企業でも成長可能性があれば可」などハードルが低くなることを押さえておきたい。

　なお，2022年4月4日に東京証券取引所の4市場が「プライム」「スタンダード」「グロース」の3市場に再編された。過去の上場審査基準が今後出題されるとは考えにくいのですべてランクCとした。新たな3市場についての上場審査基準について，チェックしておきたい。

　時間的に余裕がなく手が回らない場合は，この分野全体の学習をカットし，頻出分野（特に会社法と知的財産法）の学習に時間を充ててもよい。

■取組状況チェックリスト

1. 株式公開手続						
株式公開手続						
問題番号	ランク	1回目		2回目		3回目
平成28年度 第18問	C*	／		／		／
平成29年度 第3問（設問1）	B	／		／		／
平成29年度 第3問（設問2）	B	／		／		／
平成29年度 第21問	C*	／		／		／
令和元年度 第22問	C*	／		／		／

＊ランクCの問題と解説は，「過去問完全マスター」のHP（URL：https://jissen-c.jp/）よりダウンロードできます。

ストック・オプション（新株予約権）	ランク	1回目	2回目	3回目
	B	／	／	／

■**平成 29 年度　第 3 問（設問 1）**

　以下の会話は，中小企業診断士であるあなたと，上場を目指しているベンチャー企業である X 株式会社（以下「X 社」という。）の代表取締役甲氏との間で行われたものである。この会話を読んで，下記の設問に答えよ。なお，X 社の定款には特段の定めがないものとする。

（前略）（注：あなたはストック・オプションについて甲氏に説明している）

　あなた：「会社法では，新株予約権と呼ばれているものなのですが，会社に対して行使することにより株式の交付を受けることができる権利のことをいいます。」

　甲　氏：「それをどう使うのですか。」

　あなた：「まず，言葉の意味について説明しますね。新株予約権の付与を受けた時点で付与を受けた者が会社に払う金額を『払込金額』といい，その後新株予約権を行使して株式の交付を受ける時点で新株予約権者が会社に払う金額を『行使価額』といいます。また，新株予約権者が新株予約権を行使できる期間を『行使期間』といい，新株予約権者が新株予約権を行使する際に満たしていなければならない条件を『行使条件』といいます。」

　甲　氏：「それで？」

　あなた：「そこで，例えば，新株予約権の内容を

　　　・　 A 　を無償とすること

　　　・　 B 　について，現在の X 社の株価と一致させるか，又は現在の X 社の株価より　 C 　すること

　　　・行使期間を，新株予約権の付与を受けた日後 2 年経過した日以降とすること

　　　・新株予約権行使時まで X 社の役員又は従業員の地位を維持していることを行使条件とすること

　　　にすれば，御社の業績を今よりも向上させようという気持ちを従業員に持たせることができると思います。」（以下略）

（設問1）

　会話の中の空欄A～Cに入る語句の組み合わせとして，最も適切なものはどれか。

　　　ア　A：行使価額　　　B：払込金額　　　C：高く

　　　イ　A：行使価額　　　B：払込金額　　　C：安く

　　　ウ　A：払込金額　　　B：行使価額　　　C：高く

　　　エ　A：払込金額　　　B：行使価額　　　C：安く

| 解答 | ウ |

■解説

　上場を目指すベンチャー企業の経営者に対して助言するという設定で，従業員への
ストック・オプションとしての新株予約権の付与が問われている。

　ストック・オプションとは，会社役員や従業員があらかじめ定められた価格（行使
価額）で自社の株式を購入できる権利をいい，報酬形態の１つである。株価上昇時に
権利行使して売却すれば，その時点の株価と行使価額の差額が利益となる。日本では
方法として新株予約権が用いられ，権利行使時は会社が自社株式（金庫株）を放出す
るか，新株を発行する。

　空欄Ａ～Ｃの下の「あなた」の発言にある「御社の業績を今よりも向上させよう
という気持ちを従業員に持たせることができる」という目的に相応しい新株予約権は，
以下の内容となる。

・払込金額（空欄Ａ）は無償とする。権利付与の時点ではお金を支払わなくてよい
　という安心感や，ストック・オプションの税制適格要件（税務上のメリットを受け
　られる要件）の１つに払込金額が無償であることが含まれる点などを考慮して，通
　常はストック・オプションの払込金額は無償とされる。
・行使価額（空欄Ｂ）は現在の株価と同じかそれより高く（空欄Ｃ）する。業績が向
　上して株価が行使価額よりも上昇すれば，会社役員や従業員自身が権利行使した際
　に利益が出るため，会社業績向上のインセンティブとして有効である。

　よって，ウが正解である。

ストック・オプションの留意点	ランク	1回目	2回目	3回目
	B	／	／	／

■平成 29 年度　第 3 問（設問 2）

　以下の会話は，中小企業診断士であるあなたと，上場を目指しているベンチャー企業である X 株式会社（以下「X 社」という。）の代表取締役甲氏との間で行われたものである。この会話を読んで，下記の設問に答えよ。なお，X 社の定款には特段の定めがないものとする。

（前略）（あなたはストック・オプションについて甲氏に説明している）

甲　氏：「なるほど，その仕組みなら少なくとも 2 年間は定着して頑張ってくれそうですね。従業員にストック・オプションを付与するに当たって注意しなければならないことはありますか。」

あなた：「　D　。専門家の協力を得ないまま，ストック・オプションを発行することは難しいと思います。詳しい方を紹介しますから，一緒に相談に行ってみませんか。」

甲　氏：「ぜひお願いします。」

（設問 2）

　会話の中の空欄 D に入る記述として，最も適切なものはどれか。

　　ア　株価が値下がりした場合のリスクを従業員に負わせることになります

　　イ　株主総会において，議決権を行使することができる株主の半数以上であって，当該株主の議決権の 3 分の 2 以上に当たる多数をもって，募集事項を決定する必要があります

　　ウ　従業員だけでなく，社外のコンサルタント等にもストック・オプションの取得を勧誘する場合には，有価証券届出書の提出が義務付けられることがあります

　　エ　租税特別措置法に定める要件を満たしていない場合，株式売却時に売却価格と行使価額の差額部分について譲渡所得として課税されてしまいます

解答	ウ

■解説

　上場を目指すベンチャー企業の経営者に対して助言するという設定で，従業員にストック・オプションを付与する際の留意点が問われている。

　ア：不適切である。通常はストック・オプションの払込金額は無償とされるため，付与後に株価が値下がりしても従業員にリスクを負わせることはない。

　イ：不適切である。イの記述は，株主総会の特別決議の要件である。旧商法では，ストック・オプションは有利発行として株主総会の特別決議が必要であった。会社法では，従業員に対して付与する場合は，金銭による報酬に代えて適正な価額で発行する限り，ストック・オプション発行に関する募集事項を取締役会の決議で定めることができる（会社法240条1項）。なお，役員に対してストック・オプションで新株予約権を付与する場合は，報酬の支給に該当するため，報酬に関する株主総会の決議が必要である（会社法361条）。

　ウ：適切である。金融商品取引法上，ストック・オプションは新株予約権証券の募集にあたり，原則として，発行に際して有価証券届出書による開示が求められる（同法5条1項）。ただし，当該権利の譲渡を禁止する旨の制限が付され，かつ会社の役員または使用人を相手方として取得を勧誘する場合は，有価証券届出書の提出義務が免除される。ウのように，社外のコンサルタント等にもストック・オプションの取得を勧誘する場合は，有価証券届出書の提出が義務付けられることがある。

　エ：不適切である。租税特別措置法に定める要件（行使価額が年間1,200万円を超えないこと他）を「満たしている」（税制適格ストック・オプション）場合，株式売却時に売却価格と行使価額の差額部分について譲渡所得として課税される。租税特別措置法に定める要件を満たしていない（税制非適格ストック・オプション）場合，①権利を行使した時点で，行使時の時価が行使価額を上回る部分について給与所得（通常は譲渡所得より税率が高い）として課税され，②当該株式を売却した時点で，譲渡価額と行使時の時価との差額部分について譲渡所得として課税される。

　よって，ウが正解である。

■経営法務　出題範囲と過去問題の出題実績対比

大分類	中分類	小分類		ページ	H26	H27
【Ⅰ】事業開始・会社設立及び倒産等に関する知識	(第1章)事業の開始	1. 法人の事業開始(株式会社)	設立手続	10〜21		
			現物出資			
			株式割当			
		2. 法人の事業開始(株式会社以外)	持分会社・LLP・NPO法人	23〜32	第17問	
	(第2章)組織再編と倒産処理	1. 組織再編	組織再編全体	34〜64		
			合併			
			会社分割			
			事業譲渡		第18問	
			その他			
		2. 倒産処理	法的倒産処理全般	65〜69		
			破産手続			
			会社更生手続			
			その他の企業再生に関する知識			
【Ⅱ】知的財産権に関する知識	(第3章)知的財産権・産業財産権総論	1. 知的財産権と産業財産権	知的財産権	74〜94		第11問(設問2)
			産業財産権		第13問	
	(第4章)知的財産権・産業財産権各論	1. 特許権	特許権の取得	96〜126		
			職務発明			
			特許権の効力			
			特許権の共有, 他			
		2. 実用新案権	実用新案権	127〜138		
		3. 意匠権	意匠権	139〜156	第7問	第12問
		4. 商標権	商標権の取得	157〜188	第8問	第8問,第11問(設問1)
			商標権の効力		第9問	第10問
		5. 不正競争防止法	混同惹起, 冒用等	189〜212	第6問	第9問
			営業秘密			
		6. 著作権	著作権の性質	213〜240	第10問	第7問, 第14問
			支分権, 著作隣接権			第13問
		7. 国際条約, 外国出願	国際条約, 外国出願	241〜252		第6問
【Ⅲ】取引関係に関する法務知識	(第5章)外国企業との取引	1. 国際取引	国際取引	257〜260	第16問	
		2. 英文契約書	英文契約書	261〜274	第15問	第16問
	(第6章)契約の類型と内容	1. 各種の契約	各種の契約	277〜288	第2問(設問1)	第15問

H28	H29	H30	R1	R2	R3	R4	R5
				第2問		第6問(設問2)	第5問
		第1問	第1問			第4問	
		第2問					
				第5問	第3問		第6問
第3問(設問1)	第2問						
			第2問			第5問	
		第5問					
第5問			第3問		第4問		
							第8問
	第6問,第8問	第13問					
	第7問		第10問,第15問	第8問	第15問	第8問	
				第10問		第14問	第14問
第7問		第18問(設問1)					
		第9問	第13問	第13問	第11問	第9問	第9問
		第18問(設問2)				第16問	第11問
第6問		第10問		第12問		第12問	第10問
第8問,第9問	第9問	第8問	第12問		第9問		
第10問	第10問	第12問			第12問		第13問,第15問
			第14問		第13問		
第11問	第13問	第11問		第11問,第14問	第8問	第11問	第12問
第12問							
・	第11問,第12問		第9問,第11問	第9問		第10問,第15問	
				第15問			
		第14問		第10問	第14問	第13問	
第15問(設問2)							第16問(設問2)
第15問(設問1)	第15問	第15問	第16問	第16問	第17問	第17問	第16問(設問1)
					第16問	第7問	

大分類	中分類	小分類		ページ	H26	H27
【Ⅳ】企業活動に関する法律知識	(第7章)民法	1. 総則・債権法	債権者保護と債権回収	293〜332	第4問	
			契約総論・各論		第11問, 第12問, 第14問	
			契約によらない法律関係			
		2. 相続法	相続法	333〜367	第1問	第5問, 第17問
	(第8章)会社法	1. 株式・株主	株式・株主	370〜392	第3問	第2問
		2. 会社の機関	機関設計	393〜424		
			株主総会		第2問（設問2）	
			取締役			第1問
			監査役・会計参与・執行役など			
		3. 会社の計算	会社の計算	425〜430		
	(第9章)その他の法律	1. その他の法律	独占禁止法・下請法	432〜454		第3問, 第4問
			消費者保護に関する法律		第5問	
【Ⅴ】資本市場へのアクセスと手続	(第10章)資本市場に関する基礎的知識	1. 資本政策	資本政策全般	458〜466		
			金融商品取引法			第18問
	(第11章)社債発行の手続	1. 社債発行の手続	社債発行の手続	469〜476		第19問
	(第12章)株式公開手続	1. 株式公開手続	株式公開手続	478〜484		

H28	H29	H30	R1	R2	R3	R4	R5
第14問	第16問	第17問, 第19問	第18問, 第19問	第1問, 第19問, 第20問	第18問	第19問, 第20問	第21問
第13問, 第16問, 第17問	第14問, 第17問	第16問	第20問	第18問, 第21問, 第22問	第2問, 第19問, 第20問	第18問	第20問
			第17問	第17問			
第4問	第5問	第3問, 第20問	第4問, 第21問	第4問	第7問	第21問, 第22問	第17問
第2問	第1問	第6問		第7問			
		第21問		第6問		第1問, 第3問, 第6問 (設問1)	
			第6問	第3問			第1問
第1問					第6問	第2問	第2問, 第3問
							第4問
	第4問	第7問					
第3問 (設問2)			第7問				第7問
	第18問, 第19問, 第20問	第23問			第5問		第18問, 第19問
		第4問					
		第22問	第8問				
			第5問		第1問		
第18問	第3問, 第21問		第22問				

489

参考文献

【総合】

・法令データ提供システム「e-Gov 法令検索」　総務省

【民法】

・内田　貴『民法 I-IV』東京大学出版会
・法務省民事局『民法（債権関係）の改正に関する説明資料』
・中小企業庁『中小企業経営承継円滑化法申請マニュアル（令和 4 年 12 月改訂版）』
・中小企業基盤整備機構『中小企業経営者のための事業承継対策（令和 5 年度版）』

【会社法・税制】

・江頭　憲治郎『株式会社法　第 8 版』有斐閣
・中小企業庁『よくわかる中小企業のための新会社法 33 問 33 答』
・中小企業の会計に関する指針作成検討委員会『中小企業の会計に関する指針』
・中小企業庁『中小企業税制（令和 5 年度版）』

【倒産処理・事業再生】

・山本和彦ほか『倒産法概説　第 2 版補訂版』弘文堂
・中小企業の事業再生等に関する研究会「中小企業の事業再生等に関するガイドライン」
・J-Net21 ホームページ『ビジネス Q & A』

【知的財産権】

・特許庁『工業所有権法（産業財産権法）逐条解説　第 22 版』
・特許庁『2023 年度　知的財産権制度説明会（初心者向け）テキスト』
・特許庁『商標の国際登録制度活用ガイド』
・特許庁ホームページ
・日本弁理士会ホームページ
・文化庁『令和 5 年度著作権テキスト』
・文化庁ホームページ
・経済産業省『不正競争防止法の概要（テキスト 2022）』

【国際取引，英文契約書，各種の契約】
・吉川達夫・飯田浩司『英文契約書の作成実務とモデル契約書　第 4 版』中央経済社
・国際商業会議所日本委員会『インコタームズ 2020』
・JETRO ホームページ貿易・投資相談 Q&A
・横張清威『ビジネス契約書の見方・つくり方・結び方』同文舘出版
・一般社団法人日本フランチャイズチェーン協会ホームページ

【独占禁止法・下請法】
・公正取引委員会『知ってなっとく独占禁止法』
・公正取引委員会『優越的地位の濫用〜知っておきたい取引ルール〜』
・公正取引委員会『知るほどなるほど下請法』
・中小企業庁『下請取引適正化推進講習会テキスト（令和 5 年度)』
・公正取引委員会ホームページ

【消費者保護に関する法律】
・消費者庁「早分かり！消費者契約法」
・消費者庁『事例でわかる！景品表示法』
　消費者庁「比較広告ガイドライン」
　消費者庁「表示に関する Q&A」
・消費者庁『特定商取引法ガイド』
・消費者庁ホームページ
・総務省『特定電子メールの送信の適正化等に関する法律のポイント』

【金融商品取引法】
・近藤光男ほか『基礎から学べる金融商品取引法　第 5 版』弘文堂
・仁木一彦・久保惠一『図解　ひとめでわかる内部統制　第 3 版』東洋経済新報社
・金融庁ホームページ
・日本公認会計士協会ホームページ
・日本取引所自主規制法人『上場会社役職員のためのインサイダー取引規制入門』

【株式公開】
・日本取引所グループ「新規上場ガイドブック」
・日本取引所グループホームページ
・日本証券業協会ホームページ

■編著者

過去問完全マスター製作委員会

中小企業診断士試験第1次試験対策として，複数年度分の過去問題を
論点別に整理して複数回解くことで不得意論点を把握・克服し，効率
的に合格を目指す勉強法を推奨する中小企業診断士が集まった会。

「**過去問完全マスター**」ホームページ
https://jissen-c.jp/

頻出度ランクCの問題と解答は，ホームページから
ダウンロードできます（最初に，簡単なアンケートがあります）。
また，本書出版後の訂正（正誤表），重要な法改正等も
こちらでお知らせします。
誤植・正誤に関するご質問もこちらにお願いいたします。ただし，
それ以外のご質問に対しては回答しかねます。

2024年4月5日　第1刷発行

2024年版　中小企業診断士試験
過去問完全マスター　5 経営法務

編著者　過去問完全マスター製作委員会
発行者　脇　坂　康　弘

発行所　株式会社　同友館

東京都文京区本郷 2-29-1
郵便番号　113-0033
電話　03(3813)3966
FAX　03(3818)2774
https://www.doyukan.co.jp/

落丁・乱丁本はお取替えいたします。
ISBN978-4-496-05686-4

藤原印刷
Printed in Japan

同友館 中小企業診断士試験の参考書・問題集

2024年版 ニュー・クイックマスターシリーズ

2024年版 過去問完全マスターシリーズ

https://www.doyukan.co.jp/

〒113-0033　東京都文京区本郷 2-29-1
Tel. 03-3813-3966　Fax. 03-3818-2774